행복을 위하여

행복을 위하여

조성원 수필집

책을 내며

행복으로 향하는 길

　일에 열중하면 힘든 지도 모르고 시간 가는 줄도 모른다. 신바람 난다고 하는 말, 하지만 반복되는 패턴은 때로는 싫증을 유발하고 권태로움을 낳는다. 공연스레 딴청도 생긴다. 일상에 충실치 못한 탓에 우리는 때로는 시간의 소중함을 시시때때 실기하고 만다. 허송세월이란 말이 그 의미를 담고 있다. 얼른 제자리로 돌아와 최선을 다해 오늘 하루를 제대로 살아야 할 테지만 반복되는 일상은 번번이 이를 잘 견뎌내지 못한다.
　실제로 하루하루 사는 게 즐겁고, 매일매일 신나게 사는 사람은 많지 않다. 처리해야 할 일은 왜 그리도 많고, 세상에는 왜 그리도 슬픔과 고통이 많은 것일까. 우리 가운데에는 모래를 씹는 듯 살얼음을 내치는 듯 인생의 황무지를 지나는 이들이 제법 있다. 권태로움이 누군가는 행복에 겨워 라고 말을 할 테지만 기실 팍팍한 현실이나 권태로움이 행복한 현실은 아니다. 생각해 보면 세상에 걱정 근심 없는 사람은 아무도 없다. 행복으로서만이 삶이 이루어질 수가 있을까. 사람들은 저마다 제 인생의 무게를 감당하며 살아가야 한다. 짐이 너무 무거워 비틀거릴 때도 있고, 어떤 짐도 거뜬하게 짊어질 수 있을 것 같은 느낌이 들 때도 있다.

늘 우리는 어떻게 살아야 하느냐고? 잘 사는 게 어떤 것이냐고? 묻고 산다. 나도 그렇게 묻곤 하지만 답을 여직 모른다. '잘 사는' 것이라는 live와 '잘사는'이라는 rich는 분명히 다르다. live는 재산을 많이 갖고 떵떵거리며 사는 것을 의미하지는 않는다. 나는 그런 관점에서 잘 사는 것이란 행복한 삶을 말하는 것이라고 정의하고 싶다. 행복은 모든 이들이 바라는 소망이다. 그러기에 우리는 행복하면 그만이다. 그런데 참 이상하다. 사람들은 입으로는 행복을 되뇌면서 더 많이 갖는 일에만 매달린다. 돈, 명예, 권력 따위를 많이 가질수록 꿈도 커지고 행복도 덩달아 늘어날 것처럼 여기고 행동한다.

그런데 그렇지 않다는 것은 이를 나타낸 '행복지수'에서도 여실히 보여준다. 가난한데도 행복하다는 사람이 많은 나라가 엉뚱하게도 부탄이라는 편리함은 눈에 씻고 찾아도 볼 수 없는 척박한 땅에서 나왔다. 소유의 양과 행복의 양은 별 상관이 없음이다. 행복의 사전적 의미는 '만족과 기쁨을 느끼어 흐뭇한 기분이 드는 상태'를 뜻한다. 흐뭇한 기분을 가지려면 먼저 기쁜 일이 있어야 한다. 유서 깊은 고적지를 둘러보고 풍광이 빼어난 해변을 걷는 것, 값비싼 선물 받는 것, 행운의 추첨에 당첨되는 것, 시험에 합격하는 것, 승진하는 것, 집을 사는 것 등등 이러한 좋은 일들이 우리에게 기쁨을 주는 것은 분명하다. 하지만 그런 일이 살면서 과연 얼마나 될까.

좋을 것도 없고 나쁠 것도 없는 그저 그런 일들이 대부분이다. 만약 기쁜 일만 행복이라고 여긴다면 행복의 총량은 크게 줄어 삶의 우울함이 기고만장하여 삶을 우중충하게 만들고 그로 병에 걸리지 않을까. 그런 의미에서 우리는 행복 바이러스를 스스로 지니고 살 필요가 있다. 힘들 때 가족사진 꺼내 보듯 작은 일에도 감격하고 조금에 불과한 따뜻한 종량을 늘이고 힘들거나 권태로운 것들을 줄여 나가야 한다. 요즘 이를 우리는 소소하지만 확실한 자신감 속의 행복이라 부른다.

그런 행복도 아주 상대적이다. 2010년도 '행복지수' 세계 1위 나라가 2019년도쯤에는 94위로 엄청난 추락을 했다. 이유는 단순하고 간단했다. SNS 보급, 상대 비교는 마음에 큰 흠집을 낸다. 행복은 마음에 달렸음을 여실히 보여주는 결과다. 그런 행복에도 여러 질이 존재한다 싶다. 작은 것으로부터 자신을 잘 지탱하자는 의미의 얼마 전 유행을 탄 '소확행'이 있지만 거룩한 신들은 그 너머를 우리에게 늘 권하고 있다. 신은 행복을 '자기희생의 보자기'에 싸 놓았다고 한다. 역설이요 하나의 모순이다. 당장 어른거리는 행복을 포기해야 하는 자기희생 속에 진정한 행복을 숨겨 놓았으니 모순일 수밖에 없다. 하지만 이것은 또한 만고의 진리이다. 矛(세모진 창 모), 盾(방패 순)이라는 앞뒤가 안 맞는 이야기 말에서 모순(矛盾)이라는 말이 나왔듯이, 시련을 견뎌 보아야 진정한 행복을 찾는다는 말도 맞는 말이라 여겨진다.

내가 꼭 그랬다. 직장에서 파면도 당해보고 큰 병으로 죽을 고비도 넘겨보고 그러면서 간절히 기도하는 마음으로 떠오른 게 어쩌면 고작이라 할 소소한 삶의 행복에 대한 것이었다. 사람은 자기가 잘 먹고 자신이 잘 입기 위해서 평생을 일하며 산다. 어찌 보면 참 고달픈 행로이다. 이에 반해 누군가를 위해 노력하고 일하고 헌신한다고 생각해 보자. 어머니는 자녀와 남편을 위해 그리고 아버지는 아버지대로 아내와 자식을 위해서 평생을 두고 일하며 고생해도 이를 좀처럼 고생이라고 여기지 않는다. 남을 위하여 자기를 희생하는 사랑 속에서 아름다운 행복이 진정으로 발원한다 싶다. 진정한 행복은 아낌없이 주는 것이고 더불어 용서하고 포용하는 마음씨야말로 인생의 가장 행복한 삶일 것이다. 사랑도 기술이 필요하고 행복도 마찬가지다.

요즘 애틋함과 평범함이 행복에 더 가깝다는 걸 깨닫는다. 부드러운 솜털 같은 포근함이 그 안에 있다. 그저 사랑하는 이들과 함께 비난받지 않는 삶을 살고 싶다. 고난과 역경이 덕성을 가르친다는 것도 조금은 알 것 같은. 분명 덕을 키운다는 건 함께 살아가는 운명을 지닌 우리의 삶을 인정하고 곱게 수용하는 것이다. 곱기 위해 슬프다면 그것도 마저 수용하고 싶다. 정갈하게 마음을 빚는 것이 바로 고운 색깔이다.

참으로 인간에게 아름다움의 추구는 큰 행운이다. 행복을 가꾸는 삶의 소재가 아름다움이 되곤 한다. 그렇게 곱게 늙고 싶다. 오늘 소소한 마음으로 내 농막에 돌 화단 작업을 곱게 해야 할까 보다. 돌 하나로는 그냥 버리는 돌일 뿐인데 꽃나무와 어우러지니까 자금성에 수석보다 깊은 맛을 자아낸다. 어울림이 이런 것이고 수수함이 바로 이런 것이 아닐까 싶다. 촌티 나는 늙수그레한 몰골이지만 그들 속에서 진정한 아름다움을 연출해 내고 싶다. 평범함에서 수수함으로 아름다움을 연출하는 그런 세상, 덕은 그렇게 쌓인다고 여겨진다. 자못 기대되는 아침이다. 행복하고 싶다.

           계룡산 산자락 농막에서
              2025년 6월
                조성원

차례

책을 내며 | 행복으로 향하는 길 … 4

I. 행복하고 싶다

수필가답게 살자 … 16
행복하고 싶다 … 20
너무 걱정 마! … 24
희망은 내 편 … 30
아픔에 대하여 … 34
5인 병실의 두 노인 … 38
안개꽃을 바라보며 … 44
항암치료 … 49
갑천은 또 다른 나의 병원 … 54
내 사유의 길 … 59
가을은 바람이려니 … 62
고물 기기와 나 … 67
관계 속 행복이라니 … 72

2. 행복을 다시 생각하며

스트레스가 넘치면 … 80
노조비 한 달 치 … 86
열 명의 할머니가 말하는 수필의 진솔성 … 93
미움을 버리는 법 … 101
쾌족(快足)이 곧 행복이다 … 107
소확행의 의미 … 112
몽테뉴의 수상록 … 118
큰 아픔은 후유증이 깊다 … 126
지속적인 행복은 가능한 것일까 … 131
웃어야 할지 울어야 할지 … 137
행복의 요소 … 145
미래의 우리는 늘 현재의 우리를 배신했다 … 149

3. 행복을 위하여

작게 사는 희망으로서의 행복 ⋯ 156
이사를 하며 ⋯ 163
지족상락(知足常樂) ⋯ 167
행복과 욕망 ⋯ 173
비틀즈 드러머, 피트 베스트(Pete Best) 이야기 ⋯ 178
코로나가 남긴 것 중에서 ⋯ 183
이른 시각 대덕단지 길은 잠자고 있었다 ⋯ 188
퇴직 바로 전 내가 한 일 ⋯ 195
행복으로 위장 전입한 돈이라는 존재 ⋯ 202
달라져야 할 우리의 습성 ⋯ 209
가용시간 31시간 ⋯ 213
슬로시티가 17개나 있는 우리나라 ⋯ 220
나의 취미 해석 ⋯ 226

4. 행복합니다

소소한 서정으로서의 행복 ⋯ 234
아직 못 산 연필통 ⋯ 243
하나의 소중함 ⋯ 249
아내의 웃음소리 ⋯ 253
뒷담화의 참 의미 ⋯ 257
고독한 남자 ⋯ 262
취미의 변천사 ⋯ 268
백수 생활은 만족스럽지 않다 ⋯ 273
시련 속에 피는 꽃 ⋯ 280
자연 속에서 산다는 의미 ⋯ 288
아점 집에서 ⋯ 294
엄마의 구순과 자존감 ⋯ 229
행복은 어디서 오는가 ⋯ 304
딱 이틀만 아프자 ⋯ 308

에필로그 ⋯ 313

I.
행복하고 싶다

수필가답게 살자

글을 쓰는 것이 이제는 일상적인 일이 되었다. 요즘 들어 내 마음의 안식과 정착을 글에 맡겨두었다고 하여도 거의 틀린 말이 아니다. 글이 흡족히 써지면 단 표정이 되어 나도 모르게 싱글벙글하게 되고 미욱하다 하면 언뜻언뜻 떠오르는 아쉬움에 잠도 설치기까지 한다. 글 쓴 지 20여 년, 문과 출신도 아닌 사람이 무던히 노력한 세월이다. 어릴 적에 비해 훨씬 발전되었고 지금도 게을리하고 싶지는 않다. 나는 성장률이 매년 2%는 된다고 믿는다. 분명 글 쓰는 취미로 내 아우라는 탄탄해지고 있다. 책을 좋아하지만 그렇다고 학창 시절 공부를 잘한 편이 못된다. 오히려 어릴 적은 반에서 중간 쯤 머문 나다. 그러면서도 나는 취미생활에 늘 독서 아니면 문학이라는 단어를 기입했다. 왜 그랬는지 모르지만 가능성이라기보다는 단순한 희망사항이었다고 말하는 게 맞다.

그런 내가 나를 나타내보자고 온 동네에 떠들어 댄 것은 나이 사십 넘어 수필이란 장르에 등단하고부터다. 내가 스스로 장하다 여겼고 그간에 움츠렸던 어깨를 활짝 펴고도 싶었다. 수필이란 모름지기 자기 자신을 얼마만큼 가감 없이 드러내고 자성하느냐는 글의 장르라 여긴다. 초심은 그랬다. 그런 내가 스스로 가소로운 존재가 된 것은 책을 한 권 두 권 내고부터서다. 나는 직장에서 부르는 호칭 대신 작가라는 칭호에 더 애착을 가졌다. 작가라는 호칭이 종전의 나를 넘어서 더 알려줄 것 같았고 이를 발판으로 삼고자 한 의식이 그득했다. 글집을 만들면 시중에 유명한 선생님의 서평을 받아 더불어 신분상승을 하고자 한 것도 엄연한 사실이다. 수필이 나의 모난 부위를 깎고 다듬는 것이라고 생각하면서도 내 마음 한 편은 영 딴판이었다.

 사회에 한창 발을 들인 때 누구든 의당 자기 PR시대에 걸맞은 행위를 꾸리기 마련이다. 나도 글 쓰는 것을 그 방편의 일환으로 이용한 것이다. 하지만 그게 잘못된 것이라고 굳이 말하고 싶지는 않다. 수많은 군중들 틈에 껴 사는 존재로서 존재의 가치는 꼭 필요하다여기기 때문이다. 하지만 자기 PR이 지나치면 문제가 속출한다는 것을 나는 50대가 다 지나도록 잘 몰랐다. 다 겪어 본 것이지만 내 나이 또래는 공부에 대한 서열화가 꽤 깊다. 경쟁 구도가 심한 나라에서 공부를 잘하면 출세를 한다는 게 보편타당한 논리이고 시대적 질서이기도 했다. 공부가 너무 지대하게 사회를 장악했다. 소년 급제 하나로 평생을 편하게 누리는 직종이 꽤 많다. 내 근무처만 해도 명문대를 넘어서 명문고까지 세밀히 따져서 출신을 구별했다. 내가 작가라는 타이틀을 얻으려는 것도 이 때문인지도 모른다.

 숱한 세월 속에서 많은 것이 달라지고 변했지만 변하지 않으려는 게 고정관념이다. 이 고착화 된 관념은 상당히 무섭다. 공부를 잘 하던 아이들은 그 위치를 지키려 평생 힘들었고 또 나이 들어 자연히 갖는 상실감에서 허덕인다. 이 대목에서 나는 배고파도 기슭으로 내려오지 않는 킬리만자로의 표범이 떠오른다. 내 근무처의 똑똑한 사람들이 퇴직하고 나서 우울증을 앓는 경우를 많이 보았다. 박사라는 타이틀이 무용지물같이 스스로 느끼기 때문일 것이다. 그런 구도는 자신을 위축시키는 데서 끝나지 않고 남에 대한 배려나 존중에서도 야박하게 작용하는 경우가 많다. '나 때는 말이야.'란 말이 그래서 비아냥 소리로 풍자되는 요즘이다.

 내 나이는 여행을 많이 간다. 여남은 인생, 그간 하지 못했던 즐거움을 넓히고 싶은 욕망이 스멀스멀 차오른다. 친구들한테 자랑삼아 여행 이야기를 한 적이 있다. 아무리 그 여행의 달콤함을 말해도 닿지 않으며 그것은 순전히 내 감정이지 듣는 사람의 소유가 아님을 되돌아서며 알아차렸다. 어리석었다 싶었고 이게 바로 오버구나 하였다. 들어줄 형편이 아닌 사람한테는 무례함도 같이 전한 것이다. 요즘 나는 내 머릿속을 대수선중에 있다. 그간 글쟁이랍시고 잘나지도 못한 처지를 너무 앞세운 나머지 또 다른 나를 너무 잃고 있다. 예전 친구들이 점점 멀어진다. 나이 탓도 있겠지만 너무 과대포장을 한 나머지 그들이 나를 질투하는 것 같고 경계하는 것도 같이 느껴진다. 종전의 내가 아닌 나를 어찌 대할 것인지 망설이는 것도 같다. 경쟁이 심화된 환경 탓인지 어쨌든 속이 편치 못한 것이 분명해도 보인다. 이는 공부에 대한 편견이 빚은 기나긴 세월의 후유증인 것도 같지만 실은 나 자신에게도 문제가 있다.

 수필은 자성의 욕구충족이지 자신을 돋보이게 하려는 속성이 아니다. 무릇 나는 첫 출발이 잘못된 것이다. 어제 잡초를 뽑으며 잡초와 대화 중에 문득 떠오른 생각이다. 도 닦는 정성, 비로소 나를 찾는 길을 택하지는 못했다. 은둔이란 말이 새삼 떠오른다. 깊은 산 속에 수도승이나 동안거에 들어간 은둔을 마다하지 않는 스님들의 행위는 알았지만 정작 혜안을 미처 생각 못 했다. 참선이라고 하던가. 정진하는 자세 속에 그 답이 있다. 심안의 눈으로 조용히 천착하여 글쟁이는 글로서 말을 하는 것이다. 창피하다. 지금의 나, 실속 없이 너무 나댄 나머지 지탱할 여력이 거반 남아 있지 않다. 행복은 내 마음에서 오롯이 사는 마음의 등불이고 내가 찾고자 하는 길이다. 그간 키워왔던 마음속 꽃밭은 어느새 시들고 또 다른 향기를 불쑥 내민다. 다행이다. 지금이라도 깨친다는 것이….

행복하고 싶다

 알몸으로 침대에 반듯하게 누웠다. 빈손으로 왔다가 빈 몸으로 간다는 말이 왜 이럴 때 떠오르는 것일까. 조금 전만 해도 입이 타들어가고 긴장감으로 끈적거렸는데 이제는 차분한 마음마저 든다. 깊은 두려움은 몸을 굳게 만든다. 꽁지머리를 한 흰 가운의 의사가 다가왔다. "선생님은 마음만 편하게 먹으면 됩니다." 아마도 그는 큰처남이 부탁했다는 마취과 의사일 것이다. 주마등처럼 한순간에 가족과 내 바쁜 일상이 다가왔다 아득하게 멀어져 간다.
 입원 내내 식은땀이 흘렀다. 몇 번이고 마음을 다독였지만 두려움은 가시지 않는다. 수술 당일 새벽, 만약을 대비해야 할 것 같은데 도무지 생각이 나질 않았다. 의식이 있을 때 생각을 해두어야 하는데 머릿속이 무한정으로 어지러웠다. 죽은 자보다 죽은 자를 대하는 산자의 아픔이 문제라더니. 꼭 그럴 것이란 생각이 든다. 내 일생을 정리하자니 딱히 할 말이 없다. 그보다는 남겨질 가족이 안쓰러웠다. 가장이라고 내 위주로 산 세월이 너무나 후회스럽다. 나를 얼마나 원망할까. 그 생각만 하면 눈물이 났다. 통한의 눈물, 살 수만 있다면 앞으로는… 끝내 더는 말을 잇지 못하였다. 이는 어쩌면 마지막이 될지도 모르는 나의 간절한 삶의 소망이었다.

수술 전날 밤에 큰아들이 서울에서 내려왔다. 심호흡하고 아들을 불렀다. 생의 마감을 대비하여 자식에게 남겨두고 싶은 말. 하지만 차마 입이 떨어지지 않았다. 아니 무슨 말을 어찌해야 할지 몰랐다. 나는 말 대신 아들 손을 꼭 잡고 수술실에 들어섰다. 마취는 정말 무서운 약물이다. 의식이 멀어지기 전 꼭 기억했다가 해야 할 것이 있다 싶었다.

의식을 다시 차린 것은 꼬박 8시간이 지나서였다. 의식은 돌아왔는데도 추운 방에 벌거벗은 채 혼자였다. 가족이 너무 보고 싶었다. 이윽고 문이 열렸다. 긴장한 아내가 제일 먼저 보였다. 맥이 풀렸는지 나를 보자마자 주저앉고 만다. 그 뒤로 두 아들이 보였다. 군에 간 막내아들도 휴가를 얻어 나왔다. 애써 지은 나의 엷은 미소 그리고 "굿 에프터 눈". 이는 죽었다 살아난 자가 꼭 해야 할 의식이었다. 그래야만 그나마 그들이 위로받고 내 마음이 편안해질 것 같았다. 수만 리 떨어진 곳에서 귀향이라도 한 듯 그렇게 보고 싶었던 가족. '오! 하느님. 감사합니다' 나도 모르게 눈물이 났다. 아내가 울고 막둥이가 군인답지 않게 눈물을 삼킨다.

오랜만에 온 가족이 그렇게 말없이 울었다. 얼마 만에 회포를 푼 사랑스런 가족의 정성인가. 순간, 이 사랑하는 가족에게 차마 못 할 말이 있겠구나 싶어진다. '내가 죽으면…'이라는 단정은 쉬이 할 것이 아니다. 그 말을 할라치면 적어도 행복한 삶을 무수히 영위한 후가 합당하지 않을까. 수술이 잘 끝났는데 글썽이는 이 눈물은 필시 행복을 염원하는 가족애이다. 이제부터라도 전혀 다른 새로운 인간이 되고 싶다. 아껴두고 아껴두다 어쩌다가도 쓰지 못하는 게 더 나을 것 같은 말이 있음을 비로소 알 것 같다.

벌써 날은 어둑해졌다. 겨울철이라 창가가 제일 춥다. 나는 5인실 창가에 기대앉아 잠을 청했지만 도통 잠이 오지 않았다. 허리가 끊어질 듯 아팠다. 수술실에서 억지로 반듯하게 누워있던 게 이제야 통증이 나타났다. 똑바르지 않은 몸이라는 것이 새삼스럽다. 그간 똑바르지 않았던 내 삶도 그 안에 들어 있다. 참 안일했다. 피와 오줌을 받는 통을 끼워서 반듯해야 하는데 똑바로 누울 수가 없다. 고통으로 눈물로 밤을 지새웠다. 아내가 시중을 들다가 겨우 잠든 새벽, 동편에는 붉은빛이 스며들고 있었다. 계족산과 식장산을 아우르는 큰 음영이 이제 막 무너지고 있었다.

강렬한 빛은 식장산 경계를 마저 삼키더니 당당한 기세로 하늘로 치솟는다. 빛은 태초 자연 그대로의 빛이지만 인류에게는 아주 특별한 문명의 빛이기도 하다. 빛의 문명은 늘 찬란하였다. 인류를 이끌고 지금도 마치 빛의 속도로 어딘가를 여전히 향하고 있다. 내가 이 병실에 이렇게 선 것도 바로 빛의 덕이다. 의술의 발달은 그야말로 문명의 총아로서 큰 부분을 차지한다. 작게 보아 X

레이니 CT니 방사선이니 하는 탐사가 없다면 어찌 내 병을 찾을 수 있을까. 과거엔 생각하지도 못할 꿈같은 일이다.

　나는 또 문명의 빛을 빌어 수술대에 올랐다. 빛의 눈으로 지켜보며 전기 납으로 혈관을 지지고 자르고 꿰매고. 하지만 병실 창틀에 갇혀 맞이하는 태양이 조금은 야속하고 서럽기도 하다. 나의 어둑함과는 달리 오늘따라 태양은 유난히 화사하고 찬연히 빛나 보인다. 야속한 것은 저 눈부신 태양이 아니라 나 자신이다. 제멋대로 산 작자로선 더 이상 할 말이 없다. 시린 빛에 얹힌 푸른 수술복이 싸늘하다 못해 죄수복처럼 느껴진다. 나는 맑은 영혼을 제대로 지탱하지 못했다.

　암 덩어리는 분명 불경한 나의 소산이다. 낫는다고 해도 종전 의식의 반복이라면 생의 가치에 아무런 의미가 없다. 도려내는 암 덩어리보다 어쩌면 도사린 불경한 생태가 더 큰 문제인지 모른다. 분명 앞으로는 새로운 신념이 필요하다. 자연스러운 삶이 마냥 그립다. 여명이 깃든 새벽을 맞이하며 내 마음속에서도 희망의 빛이 드리워지기를 간절히 빌었다. 한낱 통증이 문제가 아니었다. 그날처럼 나의 앞날에 대해 그리고 행복에 대해 구체적으로 생각해 본 적이 없다. 나는 정말 행복하고 싶다.

너무 걱정 마!

"몸 관리 잘하세요." "많이 좋아지셨네요." 조금은 형식적인 말이지만 병원에서 제일 많이 쓰는 말이다. 병원에서는 환자들의 고통소리만큼이나 많은 위로의 말들이 오간다. 말 한마디가 얼마나 환자에게 힘이 나는지 겪어 보지 못한 사람은 잘 모른다. 나는 이왕 하는 격려의 말이라면 "너무 걱정 마. 잘 될 거야."라는 표현을 추천하고 싶다. 찾아온 옆 침대에 손님을 물끄러미 바라보자면 건네는 말의 어감으로 친근한 정도를 알아차릴 것만 같다.

"몸 관리 잘하세요."라는 말은 제일 많이 들은 말이지만 어느 정도 거리감을 느끼게 된다. "너무 걱정 마. 잘 될 거야." 이 말은 격의 없는 느낌처럼 아주 가까운 사이이거나 부부간에 주로 많이 쓴다. 환자가 보호자에게 때로는 보호자가 환자에게 쌍방으로 통하는 말이기도 하다. 반면에 "몸 관리 잘하세요."란 말은 환자가 손님에게 쓸 수 있는 말은 아니다. 수술하러 가는 절박한 상황에서 나는 아내에게 아내는 또 내게 "걱정 마. 잘 될 거야." 이 표현을 했다. 그 말 한마디로 아내가 진정으로 나를 사랑하고 있다고 생각했고 아내 역시도 똑같은 신의를 느꼈을 것이다. 부부는 서로 간의 믿음이 원천이다. 하지만 이 든든한 표현이 때론 위로와 친근감을 넘어서 애틋함으로 안타깝게 비추어질 때도 있다.

중앙시장에서 청과물 장사를 했다는 윤 씨 아저씨. 그는 내 옆자리 짝꿍이다. "재주 많은 청설모가 굶는다."란 옛말을 들추며 자신을 한탄하는 그의 말대로 안 해본 것이 없다는 그의 잡기는 실로 무궁무진했다. 덕분에 고달픈 병상 속에서도 듣는 조그만 즐거움이 있었다. 나의 우상이었던 옆집 살던 창동이 형이 다시 찾아온 것 같았다. 그 형 덕분에 나는 공기총을 쏴보고 오토바이도 타보도 곤로 고치는 조수가 되어보기도 했다. 형은 자동차 기술을 배운다고 양평동인가 영등포로 떠나가 버렸다. 지금도 여전히 아쉬움을 갖는 그리운 형이다. 내게 온정을 베풀며 따스하게 대하는 윤 씨 아저씨. 언제나 환한 대보름 같은 즐거운 그였지만 어딘가 눈빛에 흐르는 온기 없는 구들장 신세 같은 느낌이 드는 것은 또 어쩔 수 없었다. 그에게는 보호자는커녕 온종일 면회 오는 사람도 없었다.

아내가 없는 것일까. 윤 씨 아저씨는 아예 가족이 없는 것 같았다. 그렇다고 물어볼 말은 아니었다. 나보다 수술이 일주일 이상 빨랐던 그는 예견한 대로 월요일 아침 회진 시간, 퇴원해도 좋다는 허락이 떨어졌다. 군 제대하는 기쁨도 아마 이 정도쯤 될 터이다. 병실 사람들은 그에게 축하의 인사를 건넸다. 그런데 당사자는 정작 기뻐하는 기색이 아니었다. 풍류를 내게 전수하던 때와는 사뭇 느낌이 달랐다. 수술비가 바로 떠올랐다. 혼자 끌탕을 하는 작은 소리를 들은 것도 같다. 그런데 그날 밤 10시면 자동 취침할 시간인데 누군가가 그의 곁으로 다가가는 인기척이 느껴졌다. 그리고 자박자박 그들의 말소리를 들렸다.

그의 아내였다. 난 그가 퉁명한 말투로 말을 하리라고 생각했다. 고독한 환자로선 그쯤의 권리는 있지 않은가. 그런데 의외였다. 기어들어 가는 목소리로 여전히 아프다는 시늉을 하는 그였다. 강아지가 엄마 개에게 밥 더 내놓으라고 칭얼거리는 그런 느낌이었다. 그는 말끝에 "너무 수고가 많아."란 말을 힘주어 덧붙였다. 그제야 대충 짐작이 갔다. 돈벌이 나간 아내가 퇴원 소식에 급히 달려온 것이다. 무주를 넘어 산골짝에 과일 차떼기를 하러 몇 명이 트럭을 빌려 찾아 들어가 대전 근처 노는 비닐하우스를 빌려 쟁여 놓고 팔고 있다는 것이다.

다가올 설날 대목이 그녀의 외출과 관련이 있다는 생각이 들었다. 그의 아내는 "너무 걱정 마, 잘 될 거야."란 말을 하고는 이내 병실을 떠났다. 그 말에 안심이 되었는지 지난밤의 바스락거리는 소리 대신 윤 씨 아저씨의 코 고는 소리가 바로 들렸다. 덕분에 나도 흐뭇한 단꿈을 꾸었다. 입 끝이 달았다. 드디어 퇴원 날, 기대와는 달리 그는 짐을 꾸리지 않았다. 병원비가 7백만 원인데 돈이 모자란다는 것이다. 동네 농협 신용카드 대출로 2백만 원을 챙기려고 아내가 그곳에 가 있다고 했다. 그런 그는 그다음 날도 퇴원하지 못했다. 왜 그런지 그 시절 나에게 안타까운 이별을 선사했던 창동이 형이 자꾸 떠올랐다.

뒤척이던 끝에 쓸개 빠진 짓이라도 한번 해보자는 생각을 했다. 나는 이번 수술에 장을 잘라낸 거였지만 쓸개도 같이 떼어냈다. 성모병원은 이름에서도 알 수 있듯이 아침마다 8시에 성모 마리아에게 기도하고 찬송가도 방송으로 흘러나온다. 낮에는 신자들이 무료 봉사로 찾아와 안내도 하고 기도를 해주기도 하며 수녀님도 병실을 돌며 따스한 교리를 전한다. 나는 무턱대고 찾아온 수녀님을 졸랐다. 막무가내이긴 하지만 그렇다고 전혀 논리가 없던 것은 아니다.

"저 환자는 쓸개를 떼어내려고 왔다가 간암 수술도 한 환자입니다. 그러니까 간암 같은 중증 환자에게 주는 국민의료보험 혜택을 받을 수 있는 거죠. 쓸개를 떼는 일부 검사비를 중증으로 돌리는 게 맞고 그러면 저분 퇴원이 가능할 겁니다. PET-CT 검사비가 일반으로는 70만 원이 넘는데 중증으로는 12만 원밖에 안 되지 않습니까."

나는 나름대로 원무과에 미리 알아보았었다. 수녀님은 느닷없는 요청에 무척 당황해했다. 미안도 하고 괜한 말을 했다 싶기도 했는데 가끔은 먹힐 때도 있는 모양이다. 수녀님은 기쁜 표정으로 나를 다시 찾아왔다. 1백5십만 원이 깎였다는 것이다. 어찌 그게 가능했던 것인지에 대해서는 묻지 않았다. 단지 수녀님이 병실에 오실 때 늘 쓰는 말 '성령의 이름으로'라는 말의 힘이라고 생각했다. 이 소식을 듣자 얼굴이 금세 벌게진 윤 씨 아저씨는 그때부터 황급히 움직이기 시작했다. 친구로부터 어렵사리 1백만 원 융통한 그는 활기찬 목소리로 아내에게 전화했다. 그의 아내는 다 됐다는 말이 믿기지 않은 지 몇 번을 되물었다. 그녀의 목소리가 쩌렁쩌렁 내 귓전까지 울렸다. "아니야, 여기는 새마을금고." 그녀는 다급한 마음에 농협을 포기하고 새마을금고로 달려간 것 같았다.

그날 오후 그들이 떠난 5인 병실의 침대마다 빨간 사과가 수북하게 놓여 있었다. 볼품은 적지만 그들을 닮아 달착지근한 맛 그대로였다. 지금도 나는 그녀가 늦은 밤 한 말을 마음속으로 새겨 듣는다. "너무 걱정 마, 잘 될 거야." 분명히 이 말은 든든함을 기초한 애정 어린 표현인데 때로는 위로와 친근감을 넘어서 애틋한 슬픔으로 들릴 때도 있다. 아니 단단한 사랑의 구심점이란 생각도 한다.

이 세상은 잘사는 사람도 많지만 어려운 사람도 많다. 한 끼 식사로 2백만 원을 쓰는 사람이 있지만 큰일에 단돈 백만 원을 못 구해 쩔쩔매는 서민들도 의외로 많다. 황제 노역이라 하여 죄를 지어 들어온 교도소 노역 일당이 5억인 사람의 뉴스가 한때 항간을 떠들썩하게 만들기도 했다. 윤 씨 아저씨는 내게 자랑삼아 잡기를 펼쳐 보였지만 말끝에 재주 많은 사람이 밥 굶는다는 말을 후렴으로 꼭 덧붙인 데는 스스로 생각하기에도 한심하여 그러하였을 것이다. 하지만 나는 그들 부부의 말, "너무 걱정 마, 잘 될 거야."에서 비록 가난할지언정 인간의 행복은 가난과는 또 별개라는 것을 자득하기도 한 셈이다. 내 침대 맡에 놓인 빨갛게 달아오른 달콤한 사과가 방긋이 그렇게 말하고 있었다.

희망은 내 편

병실의 밤은 일찍 찾아온다. 딱히 할 일도 없는 처지, 먹고 자는 게 일이라면 일이다. 지난밤도 일찍 잠을 청했다. 그래서인지 혈압을 재러 오는 새벽 4시 잠이 깨지더니 도통 잠이 오지 않는다. 새벽부터 링거를 끌고 돌아다닐 수도 없고 그냥 누운 채 천장만 응시하고 있다. 라디오를 켰다. 들려오는 노래가 나를 울컥하게 한다. 가을에 들으면 센티 해지는 이 노래가 한겨울 새벽 내 마음을 적신다.

정말 내 삶이 낙엽 따라 가버린 사랑이 되어 버린 셈이다. "아~ 아~ 그 옛날이 너무도 그리워라." 왜 이 말이 사무치게 다가오는 것인지. 그동안 편안하게 잘 지내온 세월이라 그러한가 보다. 보고 느끼고 즐긴 숱한 시간들이 우수수 낙엽처럼 흩어지는 기분이다. 아낌이 없었다. 다시금 떠올려도 가슴이 벅차고 황홀해지는 순간들. 어구마다 떠오르는 갖은 잔상들이 그간의 삶을 말한다. 어쩌면 나는 쾌락에 젖은 삶을 즐거움으로 간주하며 꽤 긴 세월 흥청망청 살았는지 모른다. 즐거웠다지만 다시는 돌아가고 싶은 마음은 전혀 들지 않는 게 기이하다.

정녕 행복하지는 않았기 때문은 아닐까. 누구에게도 좋은 일만 계속되고 또 슬픈 일만 생기는 것도 아니다. 슬픈 가슴속에도 기쁜 웃음이 피어날 수 있으며 기쁨에 찬 사람에게도 아픈 눈물은 있다. 즐겁다 해서 그것에 도취되어서는 안 될 것이며 슬픔에 빠져 나락으로 떨어졌다 싶은 사람들 또한 자신의 마음을 차분히 가꾸어 평정심을 이루어야 한다 싶다. 생각해 보면 즐겁다는 시간은 아주 짧은 시간에 불과했다. 고작 찰나에 불과한 즐거움을 위해 내가 바친 수많은 희생과 노고라니. 허무하다는 생각이 든다.

달리 생각하면 지금 나한테 찾아온 불행은 단지 고통이고 아픔일 뿐 정녕 슬픔은 아니다. 고통을 감내하고 아픔을 이겨내며 마음을 다스리는 쉬어가는 휴식기가 내게 찾아온 것이라고 애써 말하고 싶다. 마음먹기에 따라 절망의 나락으로 떨어지는 슬픔이 될 수도 있고 희망의 발판으로 새 기운을 차릴 계기가 될 수도 있다. 설령 슬프다고 해도 절망을 일삼을 것은 정녕 아니다. 아파보지도 않고 고통을 감내하지도 않고 슬퍼할 수는 없는 노릇이다. 그렇다. 나는 지금 슬픔의 문턱 앞에 서 있을 뿐 앞으로의 향방은 모른다.

아프면 자연 일을 최소로 줄이고 버틸 수밖에 없다. 우선 느끼는 것이 나 없이도 잘 돼가는 세상이고 생활이란 것이다. 죽음이란 모든 아는 것들과의 단절인 것인데 그와 같은 죽음이 어느 때

나를 짓누르며 엄습하기도 한다. 그럴 때마다 가족을 생각한다. 그렇게 슬픔에 밀려나지 않으려고 나는 안간힘이다. 희망은 내 편이다. 그렇게 단출한 차림으로 내가 병상에 누워있다. 많은 부대낌이 마음속에 자리하기도 전 눈처럼 녹으며 포기를 종용한다. 움츠리고 수그러든 처지가 아직은 서럽기는 하지만 나로서는 용단이 필요한 시점이다. 아픔은 아픔으로 순순히 받아들여야 한다.

슬퍼하기에는 너무 이르다. 그간의 나는 내 안의 나를 잘 살피지 못하였다. 허욕에 찌들고 세파에 물들고 보이는 나에 급급한 나머지 진정 나는 나로 살지 못하였다. 어리석었던 자신에게 용서를 구하는 일이 아직 남아있다. 그러기에 바보처럼 주저앉아 무턱대고 슬퍼할 수는 없는 노릇인 거다

생사를 넘나드는 지금 처지에에서는 고통도 즐거움도 차원이 다른 이야기다. 슬퍼할 겨를이 내게 없다. 나는 허리에 찬 피 주머니를 단 이틀 만에 뽑고 링거 병을 무슨 신주 단지인 양 꿰차고 달그닥 달그닥 매일 병원 복도를 걸었다. 그렇게 해야 나 자신에게 덜 미안할 것 같았다. 시련은 왜소함을 낳고 아득함을 마저 느끼게 하여 멀다고 느끼는 삶을 절실하게 만든다.

참 그런데 이상하다. 아픔 속에 생각이 깊고 마음이 맑아지는 것은 왜일까. 그 누구에게도 자리할 아픔이란 것을 느낄 것도 같고 진정한 은둔을 알 것도 같다. 그래서일까, 속세를 접은 깊은 골에 비추어지는 양광이 그 무엇보다 맑고 따스할 것이란 생각이

드는 것이. 뜻깊은 사색의 근저에 아픔이 같이 산다고 생각하기도 한다. 그런 아픔은 고독 속에서 또 다른 자양분이 된다는 것을 알 것 같기도 하다. 눈을 지그시 감고 생각하고 또 생각을 접는다. 생각을 접는다는 것은 어쩌면 욕망을 잠재운다는 말인지 모른다. 아프면서 그렇게 숱하게 세상에 닿는 것을 접는다. 지금도 천장을 빤히 응시하며 허튼 세상의 그 무엇을 접고 있다. 그렇게 또 나를 접으며 접혀야 할 이유를 부단히 생각한다. 접다 보니 왠지 욕된 마음속 켜켜이 찌든 역 물이 토해지고 허물어지는 것만 같다.

 그렇게 빼곡히 담은 아픈 느낌을 접고 접어 다시 마음에 꼭꼭 챙겨 넣는다. 그러면서 진정함과 소중함의 어느 사이 그쯤의 내 안에 내가 나에게 말한다. "침잠의 눈빛으로 참고 견뎌 내 볼 것이 이 세상이다." 지금 나는 나락에 떨어진 처지로 탈 없이 도약하기 위하여 열심히 마음을 다잡고 있기도 한 것이다. 그렇게 나는 잠시 휴식을 취하고 있을 뿐이라고 자신에게 체면을 걸고 있다. 단출하니 가벼운 의식이 청량제처럼 맑게 내 마음속에 파고드는 것은 그간의 나를 용서하고 새 의지가 움이 트려는 것은 아닐까. 그런다면 정말 고마울 것이다.

아픔에 대하여

'아프다'란 말을 사전에서 찾아보면 "이상이 생겨 몹시 괴로운 느낌이 있다."로 표기하고 있으며 '슬프다'란 말은 "서럽거나 불쌍하여 마음이 괴롭고 아프다."란 뜻풀이로 적혀 있다. 흔히 두 말을 '괴롭다'란 동질의 감정으로서 유사한 상황에 혼돈하여 같이 쓰기도 하지만 같은 느낌이라고 말하기는 좀 그렇다. 이를테면 '아파서 슬프다'란 말은 형용이 되어도 '슬퍼서 아프다'란 말은 맞지 않는다.

'슬프다'란 뜻풀이에 들어 있듯 '아프다'란 말은 슬픔에 포함될 수 있지만 슬픔은 아픔에 전적으로 포함되지 않기 때문이다. 이른바 슬픔은 큰 울타리고 아픔은 한 부분으로서 포함될 수도 포함 안 될 수도 있는 말이다. 달리 살펴볼 수도 있다. 슬픔의 반대 말은 기쁨이다. '아프다.'의 반대편 말은 의외로 '건강하다'란 말이 제격이다. 그러니까 건강이란 말이 그렇듯 아픔은 서사적인 면도 있으며 다분히 도식적이다. 순수한 감정의 표현만은 아니다.

아픔엔 고통이 뒤따른다. 슬픔 또한 고통이 대개 수반이 되지만 어느 전개된 상황만이 아닌 무작정일 수도 있다. 황량한 들판을 보고 왠지 모르게 눈물이 날 수 있고 슬퍼질 수 있는 것이다. 그러기에 아픔으로는 눈물이 안 날 수 있지만 슬픔은 결과론적인 의미가 짙어서 눈물이 배거나 눈물이 난다. 아픔과 괴로움, 아픔이 한창 더하여 고통과 고뇌하는 상황이 괴로움이다.

흡사 아픔이란 수렁에 빠진 상황 자체이며 괴로움은 한 발 더 내디뎌 얻는 산물이고 슬픔은 이를 느끼는 감정이 아닐까 싶다. 아픔은 나 혼자 겪는 것이고 슬픔은 너와 나같이 느껴질 수 있는 감정이다. 그러기에 아픔은 자신의 가슴에 멍이 들고 짧은 여행으로 끝이 날 수 있지만 슬픔은 두고두고 마음이 저리며 깊이만큼 긴 시간 여행일 수 있다.

흔히 아픈 사람이 아픔을 얘기하는 것은 희망을 포기하지 않기 때문이다. 아직 남은 고통을 재고 들여다보며 그것을 채워줄 따뜻한 오후의 햇살을 기다리는 것이다. 아픔의 시작과 끝, 내 경우 몸 안에 아픔은 일찍이 잉태하고 있었으나 병명이 판명나고 난 후에 비로소 아픔을 인정한 셈이 된 것이다. 이 식으로 하자면 내 아픔의 끝은 '다 나았습니다.'라는 판명이 떨어진 그쯤이다.

하지만 꼭 그렇게 말할 것은 아니다. 몸은 나았다고 할 수 있겠으나 마음이 여전히 성치 않다면 통증은 사라졌지만 아픔이 사라진 것이 아니다. 아픔 또한 슬픔처럼 상대적이라서 생각하기 나름이다. 비록 아픔의 시작은 내 편이 아니었으나 아픔은 내 편이고 아픔의 끝 또한 나한테 달려 있다고 생각한다.

　나는 밀레의 〈만종〉이란 그림을 좋아한다. 병실에 누워서 상상만 해도 아른거리는 〈만종〉, 저녁노을이 지는 들녘에서 가난한 농부 부부가 고개를 숙인 채 기도하고 있고 바닥에는 감자가 흩어져 있다. 멀리 보이는 교회당이 정지된 아름다움의 극치를 보여준다. 평온하다기보다는 평온해야 한다는 삶의 의지와 가치가 연상된다.

　물감을 살 돈조차 없는 가난한 화가는 그림을 인수하는 조건으로 1000프랑을 지원받아 이 그림을 그렸다. 그 무서운 가난과 고뇌 속에서 어쩌면 이렇게도 모든 사람의 심금을 울리는 목가적 평화경을 탄생시킬 수 있었을까. 하지만 그림에는 슬픈 이야기가 숨어있다. 부부가 바구니를 밭에 놓고 기도하고 있는데 사람들은 그 바구니가 씨 감자와 밭일 도구를 담은 바구니로 알고 있다. 그런데 사실은 그 바구니 안에는 죽은 아기가 들어 있다. 그 시대 배고픔을 참고 씨감자를 심으며 겨울을 지내면서 봄이 오기를 기다리고 있었다. 하지만 아기는 배고픔을 참지 못해 죽은 것이다. 죽은 아기를 위해 마지막으로 부부가 기도하는 모습을 그린 그림이 〈만종〉이다. 그림을 본 밀레의 친구는 큰 충격을 받고는 간곡히 아기를 넣지 말라고 부탁했다고 한다. 밀레는 고심 끝에 감자를 그려 넣었다고 한다.

　훗날 루브르 미술관은 자외선 투사작업을 통해 그 감자 자루가 초벌 그림에서는 실제로 어린아이의 관이었음을 입증했다. 죽은 아기를 그려 넣은 사실적인 아픔은 화가의 고뇌로서 평화경으로 재탄생된 셈이다. 마음먹기 따라 참담한 현실이 될 수도 있고 마음의 평정을 이룰 수도 있다는 것이 마음에 와닿는다. 아픔과 고뇌 속에서 아름다움을 뽑아낸다는 것, 이는 곧 아픔의 승화를 말한다. 영혼을 정화하고 높고 맑은 자의 세상을 구현하는 원동력은 고통과 아픔 속에서 우러난다. 고난 속에 핀 꽃은 참고 견뎌낸 만큼 강인하고 아름답다.

김정희의 〈세한도〉나 정약용의 저술서가 참혹했던 유배 속에서 얻어진 것임을 나는 잘 안다. 그러기에 김정희의 소나무와 잣나무는 더 고결해 보이고 정약용의 『목민심서』는 더욱 심금을 울렸다. 한때 유행하였던 노래 〈아픈 만큼 성숙하고〉는 꽤 어색한 말의 조화라 여겼는데 생각해보니 아주 당연한 말이고 그 뜻을 알 것도 같다. 지금 나에게 찾아온 불행은 단지 고통이고 아픔일 뿐 결과론적 슬픔일 리 없다. 고통을 감내하고 아픔을 이겨내며 마음을 다스리는 휴식기가 내게 찾아왔을 뿐이다. 아픔으로 절망을 말하는 것은 어리석은 일이다. 절망은 아픔의 끝에 다다른 즈음에 해도 늦지 않다. 나는 슬픔 또한 경계한다. 정작 나는 슬프지 아니한데 주변에서 슬픔을 느끼는 것만 같아 애석하다. 분명 나는 영혼을 정화하고 높고 맑은 자신을 얻고자 잠시 휴식을 취하는 것이다. 그렇게 나는 고통을 견뎌내며 행복을 찾아 길을 나서기도 한 셈이다. 결국 행복은 내 마음의 평안을 말하는 것이 아닐까. 그렇게 행복을 나는 꿈꾼다.

5인 병실의 두 노인

　사람이 모이는 곳은 어디든 분위기란 게 있다. 아늑하다든지 냉랭하다든지 우중충하다든지 하는. 병실 특유의 가라앉은 느낌은 어쩔 수 없지만 내 병실은 그래도 꽤 온화한 편이다. 이는 두 노인 덕분이다. 처음 그들을 보았을 때 형제가 의좋게 나란히 앉아 있는 줄 알았다. 두 분은 너무도 닮았다. 그들의 은은하게 흐르는 인자한 눈빛이 그 사유라고 생각했다. 나이 들어 패인 고달픈 몰골은 어쩔 수 없다고 하여도 눈빛만은 변함없이 마음 그대로 남는 게 아닐까.

　그러한 두 분은 수혈 병도 똑같이 꽂고 있었다. 우리 병실은 대장암 환자들이 항암치료를 받는 곳이다. 당연히 백혈구가 모자라 수혈하는 중으로만 생각했었다. 그런 내 추측은 어긋났다. 대천서 오셨다는 노인은 맞지만, 연장자이신 85세의 노인은 그렇지 않다. 그는 암 말기였다. 다가오는 죽음을 대비하며 어지럼증을 달래고 안정을 취하기 위해 단순히 수혈하는 것이다. 짐작하겠지만 한 분은 의지적인 삶을 다른 한 분은 순순한 죽음을 택하였다는 차이가 있다.

삶의 의지와 초연한 삶. 죽음을 맞이한 상황에서 내게 조금 더 빛을 달라 말하였다는 괴테와 이제 됐다고 말하였다는 칸트가 문득 떠오른다. 당연히 죽음을 선택한 노인에게 시선이 쏠린다. 왜 그는 의지의 날개를 스스로 접은 것인가. 그의 죽음을 대하는 모습이 너무나도 태연해 나를 놀라게 한다. 아직 나는 죽음을 깊이 있게 생각해 본 적이 없다. 이 암 병동에 들어오면 누구든 죽음을 염두에 둔다. 태연한 척해도 음울한 구석은 다분히 죽음에 대한 공포가 저마다 짙게 깔려 있기 때문이다. 실제 암을 견디다 폐렴으로 번져 중환자실로 옮겼다가 이내 지하 영안실로 가는 경우를 보곤 한다. 암 병동 사람들은 이에 익숙한 사람들이다.

죽음을 목전에 둔 노인치고는 참 여유롭다 싶었다. 세수하고 기도하고 성경을 읽고 한가로이 산책도 하는 그다. 편안한 마음으로 평상시같이 신문을 살피는 그를 보고 놀라지 않을 수 없었다. 휴일 낮에는 멀리서 딸들이 다녀갔다. 그들은 빨리 회복이 되어야 한다는 말을 하지 않았다. 외손녀에게는 시집가야겠다며 립 서비스를 아끼지 않는 노인. 누가 그를 임종을 목전에 둔 노인으로 생각할까. 딸들이 다녀간 후 노인은 수간호사를 부르더니 호스피스 병동에 대해서, 가정 방문이 가능한 가정 의학에 대해서 꼬치꼬치 묻고는 수첩에 적었다.

나는 그가 죽음을 영접하고 있다고 생각했다. 그것도 편안한 자세로 겸허히. 죽음에 이르러선 수첩에 적힌 대로 하라고 자식들에게 말할 것 같은 그의 초연한 의지에 절망은커녕 오히려 나는 탄복했다. 산 사람에 대한 그의 마지막 배려인지도 모른다. 누구든 어쩔 수 없이 삶의 의지와 죽음의 갈림길에 선다면 삶의 의지를 택할 것이다. 하지만 그 선택만이 옳고 당연한 것은 아니란 생각도 들었다. 그 노인 때문에 달리 생각해 보는 죽음이다. '죽음'이란 인간의 경험과 자각의 영역을 넘어서는 차원의 문제이기 때문에 숱한 논쟁의 대상이지만 해답은 없다.

죽음은 누구에게나 평등하고 언젠가는 반드시 우리를 찾아온다. 하지만 우리는 거부할 수 없음을 알면서도 죽음을 외면하려 든다. "개똥밭에 굴러도 이승이 낫다."라는 옛 속담에서 볼 수 있듯이 우리는 삶에 대한 애착이 강하다. 기실 죽음에 대해 우리가 아는 것은 우리 모두 언젠가 죽는다는 것 말고는 아무것도 확실히 아는 것이 없다. 확실하지 않기 때문에 죽음을 더 두려워할 수도 있다. 하지만 그 막연함보다는 실은 우리가 겪은 경험 때문에 그러한지 모른다.

죽음은 사랑하는 사람과의 관계를 지우거나 눈물을 흘리게 하거나 부조리한 많은 상태나 결과로 나타남을 우리는 잘 알고 있다. 이는 참으로 무섭고 두려운 경험이다. 이를 아는 누구도 죽음을 진정으로 원하지는 않을 것이다. 하지만 우리는 죽음이 우리 곁에 있음을 너무 잘 알고 있다. 우리는 생물학적으로 서서히 노화되면서 기능이 저하되고 결국 죽음에 가까워진다. 타인의 죽음이나 기르던 개나 고양이의 죽음, 심지어 떨어지는 낙엽을 보면서 죽음을 상상하곤 한다. 이미 죽음에 친숙하고 익숙한 우리다.

이 세상 원하는 모든 것을 누리고 죽는 사람은 극히 드물다. 사람의 욕망이 그러하고 또한 시간이 충족하기엔 너무 짧다. 아무튼 어차피 내가 죽으면 모든 것이 끝인데 열심히 살아야 하지 않겠나 하는 생각을 하게도 되고 아등바등해 봐야 죽음인데 하는 생각도 같이 든다. '죽으면 모든 것이 끝이다.'라고 하는 것과 영혼의 의미는 서로 대치한다. 영혼과 육체, 웃음은 입술을 벌리고 치아를 드러내는 특정한 육체적 행위를 일컫는다. 치아, 입술, 잇몸, 혀는 몸의 일부지만 웃음은 아니다. 플라톤의 이데아처럼 인간이 육체와 영혼으로 이뤄졌다고 보는 이원론자들의 논법이 이러하다 할 수 있다.

이에 반해 인간이란 육체만으로 이뤄졌으며 정신이나 영혼이란 것도 고도의 육체적 작용의 연장이라고 보는 일원적 물리주의자들은 그런 생각을 말도 안 된다고 본다. 육체 없는 웃음이라는 비물질적 존재가 도대체 따로 어디에 있단 말인가 하고 반문한다. 영혼도 마찬가지란 얘기다. 영혼의 존재를 부정하는 말이다. 단지 사람들은 영혼이 있다고 믿음으로써 마음의 평안을 얻고 종교적인 이유로 영혼을 믿는다고 보는 것이다.

노인에게서 죽음과 친숙해지자는 것이 무리가 없으며 평상시의 삶과 똑같이 자연스럽게 받아들여져야 할 필수적인 인간의 조건이란 생각을 해본다. 일원적으로 영면, 정지되고 소멸이 된다고 하여도 그렇고 이원적으로 수납하여 천국이나 극락에 올라도 좋고 영원한 안식이 깃들어도 그렇고. 죽음이 예전과 달리 두렵지는 않다. 썰렁한 겨울밤이지만 그날은 유난히 달이 밝아 싱숭생숭 도시 잠을 이룰 수가 없었다. 달을 보다가 어둠 속의 노인 쪽을 바라보았다. 그 역시 잠이 오지 않는지 달을 물끄러미 바라보고 있었다. 그 순간 얼어붙은 땅을 비추는 겨울달만큼이나 그가 슬퍼 보였다. 그도 죽음은 두려운가 보다.

그러자 밑도 끝도 없이 '죽으면 모든 것이 끝이다.'라는 말이 떠오르고 결국 눈물이 나는 노릇이었다. 다음 날 아침 수혈을 마친 노인은 퇴원했다. 죽음을 수용한 그에게 병원이 딱히 해줄 처방은 아마 없을 것이다. 곧바로 그 자리엔 다른 사람으로 채워졌다. 내가 수술하러 들어올 때의 멤버들은 모두 나가고 대천에서 온 의지의 노인과 단둘만이 그렇게 남았다. 외래 진료뿐 아니라 병실도 시장 마냥 북새통을 이룬다. 건강해야 행복하다는 귀결은 지극히 당연한 것이고 병원을 찾는 사람들은 그런 행복을 염원한다. 나는 속으로 외쳤다. 죽음아! 조금 참아다오. 진정으로 행복하고 싶다. 문득 가버린 노인은 그간의 삶이 행복하였기에 그렇게 또 초연히 죽음을 영접하는 것이 아니겠는가 하는 그런 생각이 들었다. 아니 그렇게 믿고 싶었다.

『논어(論語)』에서 자로(子路)가 물었다. "감히 죽음에 대해 여쭙고자 합니다." 이에 공자는 "삶조차 모르는데 어찌 죽음에 대해 알 수 있겠는가."라고 대답하였다. 공자의 대답은 적극적인 삶의 태도를 드러낸 것이다. 인간은 한계 속의 존재이다. 우리가 알 수 있는 것도, 할 수 있는 것도 모두 제한되어 있다. 이러한 제한 속에서 우리가 할 수 있는 모든 것은 주어진 현재를 최선을 다하여 살아가는 것이다. 그리고 우리가 항상 현재에 충실할 때, 행복한 미래가 주어지는 것이다. 따라서 우리가 알 수 없는 미래를 걱정하느라 귀중한 현재를 허비하는 것은 어리석은 짓이라고 공자는 말한 것이다. 행복한 미래는 미래를 앎에서 주어지는 것이 아니라 현재에 최선을 다함으로써 주어지는 것이라고 나도 그렇게 꼭 믿고 있다.

안개꽃을 바라보며

웬만하면 병실은 다수가 쓰는 곳이 낫다. 비용도 그렇지만 가뜩이나 시무룩한 환자에게 의기소침을 가중할 필요는 없다. 동병상련이다. 물론 독립적으로 조용히 지내고자 한다면 몰라도 같이 있으면 서로 위안도 되고 힘도 나기 마련이다. 화장실 사용도 그렇고 북적거리는 게 다소 불편하기는 하다. 그렇지만 상대방을 통해 자신을 발견하는 묘미도 있다. 아주 가까이서 보호자를 포함해 나를 반추해 보는 계기도 되는 것이다. 어쨌거나 종일 번거롭다 보니 덩달아 병실 냉장고가 수십 번 들락날락 쉴 새가 없다. 주인 따라 음료수도 이리 팔리고 저리 쫓기고 정신을 못 차린다. 음료수가 미아로 남아 병실을 지키는 경우도 허다하다. 요즘은 병실이 모자라서 그런지 어느 병원이든 환자들이 조기 퇴원한다. 밥술을 뜰 무렵이면 바로 퇴원 명령이다. 그렇다 보니 아직은 미덥지 않은 상태라 환자가 음료수를 마시는 경우는 거의 없다. 그렇다고 필요가 없다는 말이 아니다.

방문객이 들고 온 음료수병은 다시 방문객의 차지다. 앞선 위문

그룹이 들고 온 것은 그다음 차지가 되고 또 그다음은 또 그다음이 소진하게 된다. 손에 딱 들기 좋게 만든 음료수 한 상자. 이에는 음료수만큼이나 달착지근한 '情'과 '孝'가 듬뿍 담겨 있다. 어느 병원이든 1층을 들어서면 외래 환자들만큼 분주하게 갈 곳을 찾는 부류가 방문객이다. 음료수 한 상자를 들고 우왕좌왕하는 사람들을 쉽게 만난다. 나는 그 광경을 어수선하지만 아주 달게 맛본다. 우리나라에서만 볼 수 있는 특이한 진풍경이지 싶다. 우리에게는 효라는 DNA가 뼛속 깊숙이 들어앉아 있다. 음료수 한 상자, 단돈 1만 5천 원의 매체로 정과 사랑을 우리는 전하고 나눈다. 그 녀석이 없었다면 어찌했을까 싶다. 친척, 동료, 친구, 사돈에 팔촌까지… 가까운 사이라면 의당 나서는 게 도리인 우리다. 효가 밑천인 사회에서는 미운 정 고운 정, 따라붙는 '情'도 자연 뒤따른다.

오늘 모처럼 꽃다발이 한 아름 들어왔다. 병원 옆에는 꽃집이 있지만 실제 보기는 오늘이 처음이다. 둘 곳이 마땅하지 않아 간호사실로 옮겼지만 들어오는 순간의 화사함이려니, 겨울철에는 보기 힘든 안개꽃이다. 나는 수수한 안개꽃이 마음에 든다. 결코 부유해 보이지 않으면서도 얕잡아보지 못할 깔끔한 꽃이다. 달리아처럼 요란하지 않고 칸나처럼 강렬하지 않아 한가운데 자리한 성미 급한 장미가 토라질 것도 없이 늘 그 언저리에서 차분한 숨결의 속삭임이 고운 미소다. 그러기에 안개꽃은 다 피어도 되바라진 데 없이 단아하고 오긋한 모습으로 늘 정갈하며 일목요연하다.

어느 태생인지 모르나 수수한 생김으로나 촘촘히 수를 놓듯 가지런한 다소곳함은 동양적이고 특히 한국 여성을 그대로 빼어 닮았다. 혼자로는 살 여력이 없다 느껴져서일까. 들녘에서도 화병에서도 그저 하얀 색채의 배경이 되기를 자처한다. 그런 그들의 합창은 초가을 풀벌레 소리이고 하얀 눈이 소리 없이 펄펄 내리는 포근한 자태이며 안개 자욱한 새벽길을 잠잠히 적시는 새하얀 이슬비다. 파리하게 솟은 꽃대 하나로는 감당이 되지 않아서 여럿을 모아도 모습은 여전히 애잔하여 마음을 실없이 망연하게 한다. 그러기에 어느 이름 모를 무덤에 놓아진 안개꽃을 보노라면 괜스레 슬픔이 더해진다. 그쯤에 하얀 색채는 정녕 말 못 할 아픔을 지닌 슬픈 미소이다. 화사한 꽃과 더불어 꽃병에 놓일 때는 말쑥하게 양장을 차려입은 여인 같더니만 들녘 후미진 곳에서 바람결에 하늘거릴 때는 청초한 슬픔이 되고 마는 것이다.

채워지는 것에 따라 달리 보이는 이를 아쉬움과 체념을 넘어선 고귀한 가치의 전용이라 하면 어떨까. 청초함과 고상함을 지닌 원형의 것이란 무릇 놓인 곳에 따라 이러하듯 색감과 느낌을 달리하지만 자아내는 미소는 어디에서든 곱고 여리다. 그렇다고 안개꽃은 그런 원형의 고귀함으로 결코 화사한 주역이 되고자 하지는 않는다. 소담하면서도 정갈한 것이 그 본형이기 때문이다. 아내가 좋아해 나도 덩달아 이에 동참한 것이다. 어찌나 좋아하는지 한 무리를 시시때때로 가져와서는 그 다발이 시들시들하여 이제 그들을 자유롭게 해주면 어떨까 싶을 때까지도 꽃병에 두고 그러고도 시든 안개꽃 다발을 송두리째 줄에 매달아 둔다. 안개꽃은 평소 향기로운 여느 꽃과는 달리 여릿한 향내가 거의 코끝에 닿을 듯 말 듯 그 냄새를 맡기가 여간 어려운 것이 아니다.

그런데 묘하게도 안개꽃은 그쯤에 그러니까 자기의 모습이 다하였다 싶은 때쯤부터 향기가 진하여 그 맡아선 향기가 오랫동안 간다. 총총히 모여서도 수다스럽지 아니한 채 조용히 지내다가 허접해질 무렵 그 느낌을 전하고 스러지는 것이다. 도드라져 나서지 않으면서도 은은히 전하는 데에 소홀함이 없는 기품은 내 마음을 놓지 않는다. 이러한 배경으로서의 들러리로만 살다 가기가 어디 쉬운가. 생의 뒷자리에서 변함없이 애틋하게 살다가는 안개꽃의 잔잔한 품성이 화사한 꽃보다 더 아름답다. 오늘 간호실 책상 위에 외따로 놓인 안개꽃 그 차분한 숨결의 속삭임이 가슴속으로 파고들어 한층 고운 미소를 내보이고 있다. 나는 온종일 그 곁을 맴돌았다. 그러면서 나는 새삼 안개꽃 같은 배경으로서의 내 모습을 본다.

솔직히 나는 지금껏 내가 배경이 된다는 생각을 한 번도 해본 적이 없다. 용납이 안 되었을 것이라는 표현이 맞을 성싶다. 나는 어디서고 주인공이 되고 싶고 그러기 위해서 최선을 다했다. 문득 얼마나 많은 곳, 무수한 생이 나를 위해 봉사해 주었는지 생각하게 된다. 가정에서조차 주인공으로 군림해 아내와 아이들조차 나를 받드는 배경이었다. 그런 생각을 하니 나를 돋보이게 한 것은 내 능력보다 배경으로 나를 받든 가족이었음을 새삼 깨닫는다.

 앞으로는 의당 내 가족의 든든한 배경이 되고자 한다. 캄캄한 밤하늘이 있어 별은 더욱 반짝이고, 동구 밖을 지키는 큰 느티나무는 고향 마을을 더욱 정이 서리게 한다. 물론 그런 거창한 배경이야 될 수는 없겠지만 병원을 나선다면 나는 새로운 마음으로 살고 싶다. 한 가정에 배경이 되는 자상한 아버지, 남편이 되어 내 아내, 내 아이들이 주인공이 되는 그런 배경, 그것에 충실해도 내 생은 앞으로 벅찰 것만 같다. 이제야 철이 들려나 보다. 나의 든든한 배경은 바로 이 안개꽃이다. 나 역시도 수수한 안개꽃이려니. 배려가 행복을 낳고 행복은 내 가슴속에 있음을 그렇게 되뇌어 보는 것이다. 안개꽃은 삶의 가치가 무언지 제대로 아는 꽃이다. 오늘 나를 가르치려 먼 길 찾아 일부러 들어온 것만 같다.

항암치료

똑똑똑…. 유리병을 밀치고 튜브에 미끄러진 수액이 내 몸속을 파고들었다. 병실은 조용하다. 다들 수액 한 병 침대 곁에 두고 찔끔 떨어지는 작은 물방울을 쳐다본다. 나 역시도 이제나저제나 하며 수액 병을 들여다본다. 저 수액 병이 비면 나는 비로소 병실로부터 해방이다. 암세포를 죽이고 새로운 삶을 안겨다 주리라 믿는 항암제. 나에게는 희망의 이슬이며 생명수다. 의식적으로는 오아시스에 물 한 모금 찾듯 정성 가득한 수액이지만 막상 닥친 상황에선 빨리 벗어나고만 싶다. 살아야 한다고 다짐하지만 기실 죽을 맛이다. 3박 4일간 머물며 8병 정도의 유리병을 상대해야만 비로소 옷을 갈아입을 시간이 찾아온다. 막상 밖으로 나오면 하늘은 샛노랗고 자꾸 어지럽고 까무러칠 듯 희미해서 서 있기조차 힘든데도 맞이하는 태양 빛은 그야말로 산 자만이 누리는 특혜 같은 기쁨으로 다가온다. 그런 때 나도 모르게 자조적으로 하는 말 '이제 조금만 참으면 된다.'

수술을 마치고 20일 정도 쉬다가 시작한 항암치료다. 항암치료에 쓰이는 화학제재나 치료 횟수는 상태에 따라 달리 적용되는데 내 경우는 유방암 제재같이 머리카락이 쑥쑥 빠지는 증상을 보인 다기보단 손발 저림의 심한 후유증을 낳는 항암제라고 보면 맞다. 예전에는 무척 독하여 부작용도 많았고 가격도 비싸서 어떤 제재는 한 번 맞는데 3백만 원에서 1백5십만 원 하던 때도 있었다는 항암치료제다. 지금은 의료보험 혜택에 많은 발전과 대중화가 된 셈이다. 암에 걸리면 거액이 들어 치료는 엄두도 못 냈다는 말이 그냥 헛소문이 아니다. 치료 때마다 주입되는 8병의 유리병, 병원에 입원하면 기본적인 검사로 우선 X레이를 찍고 피검사하고 심전도 검사를 한다. 항암치료를 받으면 자연 암세포나 새로 태어나는 세포들을 겨냥하기 때문에 기능이나 체내 수치가 치료받을 만한 안정권인지 확인하는 것이다. 그리고 식염수를 연거푸 두 병 정도 맞으며 유체가 체내에 들어갈 신호를 알린다. 그리고 스테로이드계 항암치료제를 시작으로 항암치료가 시작된다. 이를 두 시간 반 정도 다 맞고 나면 혈관에 남은 잔여 물질을 씻어내는 액체가 투입된다.

이윽고 추가 1시간짜리 항암제로 확인한 후 22시간짜리 항암제가 두 병 연거푸 투입된다. 이 항암제는 빛을 차단하기 위해 검은 비닐봉지에 쌓여 공급되는데 거의 연이틀 맞는 통에 지루하고 숨이 탁탁 막힌다. 이윽고 똑똑똑… 수액 방울이 모두 소진됐다. 4번째 치료 후 CT촬영을 위해 주섬주섬 옷가지를 챙기고 병원을 나선다. 2주 후에 다시 입원해야 한다. 이렇게 12번을 맞고 견뎌내야 한다고 하니. 생각만 해도 아찔하고 가슴이 조여온다.

처음 항암치료 때 의사는 가볍게 말했다. "별것 아닙니다. 직장 다니시면서 맞아도 될 정도입니다. 굳이 집에서 쉴 필요 없습니다." 나는 이 말을 전적으로 믿었다. 하지만 맨 처음 치료받고 나면서 예사롭지 않음을 직감했다. 몸의 거부반응은 심했다. 식은땀이 연실 흐르고 어지럼증에 화장실을 자주 가고 설사까지 하는 통해 벌써 이 정도인데 어찌 앞으로 열한 번을 견디나 싶고 겁이 더럭 났다. 두 번째도 증세는 마찬가지였다. 흔히들 암 환자들은 암보다 먹지 못해 죽는다고들 한다. 병원에서 식욕 촉진제를 주는 이유가 다 그런 점을 고려해서일 것이다.

그런데 나는 사정이 달랐다. 당뇨가 있는 나로서는 잘 먹어야 한다는 말을 따르니 그로 혈당수치만 높았다. 특히 스테로이드계 항암제를 투약하면 치수는 급격히 올랐다. 나는 먹는 게 문제가 아니라 당수치가 높아 그것이 걱정이었다. 이를 해결하기 위해선 운동이 필수라고 생각했다. 하지만 항암치료를 받고 귀가하면 만사가 귀찮아진다. 나는 이를 이겨내야 살아난다고 축 처진 육체를 바로 세우곤 했다. 하루 두 시간 동네 하천을 걸었다. 그래도 혈당은 평상시보다는 높았다. 두 마리 토끼를 다 잡을 수 없으니 이 정도로라도 어쩔 수 없이 유지해야 한다는 생각이 들었다. 잘 먹어야 버틸 수 있고 면역세포가 생성되어 암세포에 대항하고 이길 수 있기 때문이다. 암을 도려냈기 때문에 한창 성이 나 어디서든 광분을 할 수 있는 암의 존재다. 어느 정도 항암치료에 적응이 되자 욕심이 생겼다.

그런데 이는 과욕이었다. 면역 증강제를 먹었는데 피검사에서 간 수치가 높은 결과가 나와 면역제를 끊어야 했다. 아마도 해독의 문제가 뒤따랐던 것 같다. 알다시피 항암치료는 암세포뿐 아니라 새로 태어나는 세포에도 영향을 미친다. 머리카락처럼 빨리 자라고 침샘이 나오거나 위의 점액질 분비를 하는 생성이 빠르거나 원활한 생식 부위가 주공격 대상이고 모든 기능이 약해지는 것은 어쩔 수가 없다. 치료를 받는 사람 중에는 중도에 포기하는 사람도 생겨났다. 견뎌내지 못하는 환자를 볼 때마다 두려움도 따라 일고 옆 동료인데 안타까워 속이 미어터졌다.

치료 횟수가 늘어날수록 식욕은 점점 떨어졌다. 병원 밥만 봐도 고개를 돌리게 되고 매운 것은 아예 먹지 못하였다. 그런 와중에도 다행히 백혈구 수도 간 수치도 어느 정도 유지한 상태로 항암치료에 응할 수는 있었다. 음식에 맛이 느껴지지 않으며 구토도 일어나는 상황은 거듭됐다. 하지만 토할지라도 씹고 또 씹었다. 씹는 게 행복을 향해 가는 길이라고 믿었다. 그렇게 나는 이겨내고 꼭 행복해야 할 것이었다. 그런데 열한 번째부터 문제가 발생했다. 스테로이드계 항암제가 투약되자 바로 몸에서 거부반응이 일었다. 혈압이 떨어지고 혈당은 오르고 몸에 두드러기까지 생기며 가려움증이 순식간에 온몸으로 번졌다. 순간 이렇게 죽는 것이구나 싶었다.

  그 절명의 순간, 하늘이 도왔는지 응급조치를 취하고 무사히 위기 상황은 면했다. 마지막째도 똑같은 상황이었지만 당황하지 않았다. 만약 치료 중간에 이런 일이 발생했다면 어떠했을까. 환자는 매 순간이 무섭고 아찔하다. 진정으로 하느님에게 감사했다. 신의 계시라 여겼다. 잘 버텨준 내 몸이 고맙다 싶지만 기실 이의 원동력은 이겨내야겠다는 의지력이었으며 그보다는 무사히 항암치료를 마치도록 이끌어준 아내의 사랑이었다. 든든히 받쳐준 아내의 보살핌과 인내가 아니었다면 아마 가능하지 않았을 것이다. 예전엔 미처 생각지 못한 가족의 사랑. 그렇다면 '너는 어찌 살아야 할 텐가.' 자꾸 자문하게 된다. 분명 나는 다시 태어난 것이다. 이렇게 다시 태어난 삶은 삶 자체가 행복이 아니겠는가. 그렇게 나는 '행복이'라는 이름의 한 살 나이로 잘 살고 싶다.

  2013년 초 대전 성모병원에서 내 수술을 집도한 분은 이상철 교수란 분이었다. 그분은 단일공 복강경 수술 분야에 최초 최다 기록을 보유한 권위자다. (평생 잊지 못할 그분은 현재 진주 제일병원에 계시는 거로 알고 있다.)

갑천은 또 다른 나의 병원

 항암치료를 받지 않는 날은 갑천 변을 향했다. 의사는 무리한 등산 대신 걷는 운동을 권유하였다. 갑천은 병이 발발하기 전에도 종종 찾던 장소였지만 그쯤의 갑천은 또 다른 치료제였다. 견디고 이겨내야 산다는 적극적인 의지가 팽배해진 간절한 소망이 담긴 행로로써 지친 발걸음은 더디며 마냥 주춤거렸지만 멈출 수는 없는 것이다. 더딘 발걸음이지만 걸으면 걸을수록 자신감도 생기고 평안해지는 기분이 들었다. 그래서일까. 늘 본 풍광들이 더욱 예뻐 보이고 소중하다 싶었다. 바라보는 하늘이 그냥 곱고 흐르는 하천의 물소리가 정겹다. 소담한 풍경의 그윽함과 청청히 물결 외치는 소리를 놓치고 살아왔다는 게 의아해진다.
 꽃이 피는 걸 시샘하듯 날씨가 어수선하고 바람은 세차게 불어도 봄을 알리는 들꽃들은 앞을 다투어 피어난다. 그때가 아마 항암치료 네 번째를 막 넘길 무렵이었을 것이다. 몸은 아파 찌들고 노구가 다 되었지만 내게 큰 희망을 선사했다. 봄은 그 누구도 막을 수 없으며 거를 수도 없으며 어느 곳이든 꼭 찾아온다. 이보다 값진 행운이 지구상에 또 있을까 싶다. 봄은 곧 축복이며 행복이다. 소외되거나 아프거나 삶이 힘든 사람들은 봄을 단지 한 계절의 시간으로만 생각하지 않는다. 누구에게든 마음속의 봄은 시작이고 희망이기 때문이다. 나 역시도 봄에는 어느 기다림이 꼭 다가올 것만 같았다. 그래서 청량한 물소리에 귀 기울이고 파란 하늘을 높이 올려보고 들길을 살포시 걸으며 나지막이 읊조리게 된다. 나의 희망을.

올봄은 또 어디쯤 오고 계시는가. 들길에 피어난 수많은 꽃, 예전엔 들풀로 간주한 탓에 꽃을 보아도 이름을 몰라 명명하지 못하는 게 아쉽고 미안하기 그지없었다. 도록을 간간이 보며 이제야 살펴보는 야생초, 고깔제비꽃, 광대수염, 금난초, 남산제비꽃, 각시붓꽃, 산괴불주머니, 애기나리… 모두 너무 아름다운 봄꽃들이다. 그나마 갑천에 즐비한 노랑 민들레, 봄까치꽃, 별꽃, 냉이꽃, 제비꽃쯤은 제대로 알아보는 게 다행이다. 들꽃은 아무리 고와도 아름다움 이전 우리에게는 굶주린 삶의 한 부분이었으며 수단이어서 다정하고 친근했다지만 그 이상의 의미는 둘 수 없었을 것이다.

들꽃 스스로 꽃인 줄 모르고 피어난 양 한결같이 들녘 복판도 아닌 왜소한 곳에 숨어 피듯 자리하고 형태도 다소곳하며 아주 작은 몸체로 겨우 꽃임을 알리는 정도로 세상과 조우하는 경우가 참 많다. 요즘 변두리 길을 걷는 나와 닮은 듯 소심한 들꽃이 나는 마음에 든다. 수줍은 모습이 곱고 처연하여 정이 간다. 겸허가 들꽃에는 자연스레 실려 있다. 갑천의 봄은 유별난 꽃이 없어서인지 3월이 다가서도 미지근하였다. 그런데 노랑 민들레가 천변 곳곳 봄의 문을 열자 확 달라진 분위기로 변했다. 역시 파릇한 들길에는 노란빛이 제격이다. 보랏빛이나 하얀 꽃이 없었던 것이 아닌데 이상스레 노랑 민들레가 들어서자 도드라지는 들길이다. 그렇다고 민들레는 유별난 꽃은 아니다. 오히려 흔하디흔한 누구도 다 아는 작달막한 들꽃이 아닌가.

나는 민들레를 볼 때 지난해 피었던 국화가 소생하여 다시 돌아온 것만 같았다. 국화와 닮은 민들레는 수수한 꽃으로 소국같이 몰려 넘실거리지도 않아 온 천지 헤프지만 외롭다 싶은 그런 평이한 꽃이다. 민들레는 어디든 날아 틈만 나면 비집고 들어가 꽃을 피운다. 철로에서도 시멘트 담벼락에서도 감히 꽃을 피울 생각을 하는 꽃은 민들레밖에 없다. 민들레는 사주에 '遷易'이 몸에 밴 집시 같은 꽃이고 바람의 꽃임에 틀림이 없다. 홀홀 날아오른 솜털을 보면서 나는 식물도 다 팔자소관대로 사는가 보다 했다. 그러하기에 누구는 바람을 타고 떠나는 민들레 홀씨에 비유하여 구도의 길을 말하기도 하고 그리움을 품은 사랑의 전도사인 양 노랫말로 지어 부르기도 한다. 하지만 민들레는 친근하고 따뜻한 천성으로 때와 장소를 구분 못하고 풍수처럼 웃을 줄만 아는 하찮은 들꽃일 뿐이다.

유월이 다가서자 개망초가 들녘의 배경이 되고 보랏빛 엉겅퀴가

만발하고 원추리가 다소곳하다. 다문화 시대를 사는 게 우리만이 아닌 듯 외래종인 루드베키아가 어느 결에 들녘의 터줏대감 행세를 하는 것이 또한 이채롭다. 사월만 해도 쑥과 토끼풀이 쑥쑥 올라 온천지가 그들의 세상 잔치로만 보였는데 씀바귀, 메꽃, 민들레가 퍼지더니 지금은 순회공연을 하듯 들꽃들이 자신의 차례에 맞춰 모습을 드러내고 자신을 뽐낸다. 쑥과 토끼풀이 초봄에 올라올 때 주변이 아직 잠잠하여 여타 들꽃은 생각하지 못하였다. 우리는 안목이 짧고 한정 지어 산다. 보이는 것이 전부가 아닌 것을 번번이 잊는다.

저 정도 생동감이라면 금세 내 허리춤에 닿겠다 싶었는데 쑥은 저만치, 토끼풀은 요만치 키로 고만고만한 것이 묘한 여운이다. 우리도 자신만의 높이로 살 듯 들꽃들 또한 자신만의 위치가 따로 있나 보다. 이 세상 모두는 저마다의 위치가 있고 위치가 다르다. 나 역시도 지금까지 나를 지켜온 것은 나만의 위치로서다.

자신만만했던 것도 자신이 없었던 것도 내 위치로부터다. 하지만 우리는 위치 자리매김이나 신분에 급급한 나머지 헛된 욕망을 늘 꿈꾸며 살아왔다. 괜한 자존심을 앞세워 욕망을 키우고 욕망은 또 포기 못할 욕심으로 스스로 가두지는 않았던가. 들꽃들은 자신의 분수에 맞는 높이만큼만 자라서 자신의 위치를 차지하다 이내 그 자리도 내주고 또 자신의 길을 간다. 별것이 아닌 그저 평범한 들꽃의 일상인데 아프고 나서부터는 달리 보이는 것도 참으로 고

마운 일이다.

　초봄 쑥은 우리 주변 어디서든 널려 있다. 쑥은 5월 단오 무렵 채취하는 게 가장 좋다고 했다. 잘 말려서 3년이 지난 쑥은 산삼을 능가한다고도 한다. 순한 잎을 내주던 시기가 지나자, 쑥은 어디에 숨었는지 잘 보이지도 않는다. 누드베키아 꽃 무더기에 가려진 녀석을 용케 발견해 향기를 맡아본다. 유월이 다 간 지금은 아마도 독이 올라 있을지 모른다, 자신의 분수에 맞게 자라나 널리 쓰이고 시들 때는 최소한의 자존 같은 쓴맛을 지닌 채 사라지는 딱 그 정도가 우리네 삶의 정석에도 들어맞지 않을까. 아니라면 민들레처럼 낮게 멀리 퍼져 세상을 훨훨 날아다닌다면 또 어떨까. 진즉 그리 진한 향을 몸에 담고 높이 낮추며 살았다면 얼마나 좋았을까. 나는 그저 평범한 들꽃이 정말 마음에 든다. 내 행복도 그쯤 어딘가에 있겠다 싶은 것이다.

내 사유의 길

　나는 오늘도 내 작은 우주에 머문다. 시간을 정하거나 목표를 점을 찍고 걷지는 않는다. 직장생활 삼십여 년, 그간 나는 시공간의 노예로 전락하여 살아온 것만 같다. 늦은 시각이면 깜짝 놀라고 모자란 시간이면 가슴 조이고 발표 시간은 숨도 제대로 못 쉬며 그렇게 안달복달로 바쁘게 살았다. 아프고 나서는 앞으로는 적이도 시간에 쫓겨서는 안 되겠다고 생각했다. 걷는 곳의 자유는 내 마음의 자유이고 또한 스스로 판단하는 자율이다. 자연스럽게 생각하고 행동을 해야 내 병도 치유되고 마음도 평안을 되찾는다고 여긴다. 나는 그곳에서는 사유하므로 고로 존재하는 데카르트이고 생각하는 갈대의 파스칼이기도 하다. 그곳에서 나는 생각하고 마음을 풀기도 하고 다지기도 하며 글거리도 만지작거린다.
　걷는 것이 단순히 걷는 것만은 아니다. 꼭 산책길이 아니더라도 우리는 그렇게 어딘가로 향하고 있으며 또 매일 분주히 움직인다. 어제도 걸었고 내일도 걸으며 우리는 꿈속에서라도 늘 걷는다. 인생은 걷는 과정에 널려 있는 그 무엇이란 생각이 든다. 걷다 보면 보이는 모든 사물이 흥미롭기만 하다. 유심히 관찰하는 것은 아니지만 보이는 것들은 보이기 위해 존재하는 듯싶기도 하다. 걷다보면 어느새 저 멀리 가 있다. 어느 땐 목적지를 지나쳐 있기도 하고 가는 길을 잃어버리거나 목적지를 아예 까먹을 때도 더러 생긴다. 그런데 목적을 향한 발걸음은 얻을 욕심만큼이나 마음이 바빠서인지 보는 것들이 그리 대수롭지 않다.

하지만 걷기로 작정한 길은 그렇지 않다. 보이는 일상의 사물들이 실제의 형상과 달라 보일 때도 많다. 부대끼는 바람과 사람 사이 어느새 나는 한 마리 은빛 연어가 되어 유유히 헤쳐 나가고 있다. 그러다가 더러는 아무 생각이 안 날 때도 있다. 걸으면서 상념에 빠져들다가도 흩어져 무심해져 버린다. 그쯤 되면 생각하기 위해 걷는 것이 생각 없이 되어버린다. 공간과 시간 속을 자유로이 헤집으며 공간을 유영하는 것만 같다. 때로는 걷다가 보면 잡다한 것들이 가시처럼 돋아나 사유하는 마음을 회유하기도 하지만 부지런히 걸으면 몸동작이 최면을 거는지 마음의 안쪽을 향해 걸어 들어가는 것 같다.

손은 곤충의 더듬이처럼 드는 바람을 시원스레 맞이하고 머리는 머리대로 이쪽저쪽을 살피고 발걸음은 느릿하다가 속도를 내었다가 제멋대로이다. 육신이 모두 한껏 열려 있다. 누워있거나 책상에 앉아 잡념을 떨치려 할 때보다 더 활기찬 사고다. 널따란 하늘 아래 나는 어떠한 존재이고 보이고 느껴지는 것들도 그러하지만 사유되는 모든 것들이 소중하다는 것도 걷다 보면 알게 된다. 또 멀리 떠난 그 무엇들은 어찌하여 애틋함을 지녔는지 알 것도 같다. 그러다 보면 문득 그 무엇이 그립기도 하고 그러하여 사랑도 눈물도 내게 가까이 다가옴을 느낀다.

 복잡한 착상은 정돈되고 고민거리들은 말끔히 씻기고 닦아져 수수한 옷차림으로 바뀌어 또 말짱한 느낌으로 길을 걷게 한다. 그래서 별것도 아닌 걷는다는 것이 인생에서 말하는 그 의미 있는 무엇이 되어 평범한 일상으로 뚜벅뚜벅 되돌아오는 것만 같다. 알고자 하는 그 무엇이 그 걷는 길에 그렇게 무수히 깔려 생각의 주인을 따로 기다리고 있다. 〈걸어서 하늘까지〉란 어느 영화제목이 떠오르는 별이 총총한 이 밤에도 나는 산책길이다. 인생의 그 무엇 필시 그윽하고 애틋한 향을 피울 것 같은 밤하늘 속 그 무엇. 그렇게 걷는다는 행동 속의 사유는 나의 즐거움이고 작은 행복이다. 생의 보배가 내 곁에 있다. 이를 이제야 비로소 깨닫는다.

가을은 바람이려니

추운 겨울에 수술하고 이듬해 여름이 지나고서야 독한 약물치료를 마쳤다. 9개월 남짓한 시간, 어찌 이 난관을 헤쳐 왔는지 믿기지도 않고 그저 꿈만 같다. 돌이키고 싶지 않은 과거 하면 어쩔 수 없이 나는 이 시기를 말한다. 그런 내 몸은 한마디로 너덜너덜 만신창이라고 해도 가히 틀리지 않는다. 후유증으로 몸은 가라앉을 대로 축 처지고 쇠약해져 서서 지탱하기조차 어려울 정도였다. 정신은 흐릿해 어제 일조차 기억이 가물가물해 정상적인 생활로 다시 돌아갈 것 같지도 않았다. 생명을 되찾는 대신 너무도 가혹한 지경이 되어버린 것이다.

그나마 등등한 기세로 주야장천 뿜어대는 삼복염천의 열기가 다소곳해진 것이 다행이었다. 아침저녁으로는 어디선가 불어오는 바람이 코끝을 간질이며 달게 느껴져서 걸 만했고 생각도 이제 막 가르마를 타는 듯싶었다. 그것은 살기 위한 동물적 감각과도 같은 것이었다. 촉각은 예민해져 빛을 쫓는 행방의 나라는 생각이 들었다. 승승장구하는 문명의 행적에 퇴보란 말이 걸맞을까 싶지만 나는 늦지도 않았는데 급격히 퇴보하고 지쳐있었다. 폭염이 한풀 꺾이자 그악한 매미 울음소리가 잦아들고 바로 등장한 여치의 엷은 떨림, 귀뚜라미 같은 풀벌레들의 울음소리가 제법 맛을 돋우는 기분을 자아냈다. 참 예민한 종자들이다. 녀석들의 울림이 내 심장에 작은 파문을 일으킨다.

 가을의 전령사는 역시 듣던 대로 풀벌레로부터다. 생명체의 소중함, 가만 생각해 보면 벌레의 등장도 순서가 있고 소리 또한 정해진 양하며 그것도 떨림에서 울음으로 차츰 성대해지며 변화한다. 갑천이란 엉성하기 짝이 없는 생태 터에도 가을은 구별 없이 똑같이 찾아들고 있다. 산골짝을 겨우 빠져나온 바람 한 떨기가 스치자 나를 살포시 흔들고 하찮다고 여긴 벌레들도 하나둘 스멀스멀 기어 나와 제자리를 향해 아우성치듯 달려간다. 그래서인가, 가을은 하늘에서 내려온다고 했다. 가을은 또한 벌레 소리로 익는다고도 했다. 혀끝에서 느끼는 가을의 맛이 감미롭기 그지없다.

 순응, 적응 그리고 진화에 대한 흔적을 시멘트 바닥에 낭자하게 펼쳐놓는 종자들, 그들로 나는 집으로 향할 때 많은 생각을 하곤 한다. 나란 존재, 나의 시련은 이쯤 머물다 사라졌으면 싶다. 이제 나는 직장에 복귀해야 한다. 9개월을 쉬었으니 조금만 더하면 일년을 꼬박 쉬는 게 된다. 아마 일반 직장 같았으면 어림도 없을 것이다. 더는 늦출 수 없다 싶어 복귀하기는 하는데 몸이 정상도 아니고 한 많은 사연으로 원래 하던 일을 제대로 할 처지도 아니다. 단순 일을 자청해서 해야 할 판국이라 망설임이 크다. 퇴직을 생각 안 해본 것도 아니다. 정년은 아직 7년이나 남았다. 명예퇴직을 하려 해도 최소한 2년은 더 다녀야 한다. 앞으로 나는 행정일을 해야만 한다. 한 번도 해본 적 없는 일이라 막막하기만 한데 견뎌낼지 의문이다. 하지만 참고 견뎌 보려 한다. 아이들이 아직 공부를 하고 있는 상황이라 나로서는 어쩔 수 없다. 행복을 위해서 가족을 위해서는 어떤 것이든 참고 견디겠다고 병상에서 굳게 다짐하지 않았던가. 내 작은 의지가 가정의 행복이라면 더 할 것이 없다.

 늘 느끼는 거지만 강가의 가을은 지극히 짧다. 폭염을 제치고 수많은 풀벌레가 출현하여 북새통을 이룬 시멘트 길인데 시월도 가기 전에 어느새 빈 터로 변했다. 난무하듯 쏟아지는 녀석들로 늘 교통 마비였는데 어느새 덩그러니 홀로 남은 도로를 보자니 밀려오는 쓸쓸함은 어쩔 수가 없다. 저렇게 짧게 사는 생이 있다니 말이다. 참 덧없이 그렇게 빨리 지나간다. 나도 그렇지 않을까 하는 작은 두려움이 일기도 한다. 하지만 그러기에는 나는 너무 이르다. 나는 녀석들처럼 어떤 결실도 못 보았다. 그냥 바람 타고 나의 고충이 훌쩍하고 저 멀리 떠났으면 싶다. 가을은 알고 보면 바람이다. 바람으로 시작하여 바람으로 끝이 나는 것이다. 혹서를 몰아내고 녀석들을 몰고 온 것도 바람이었으며 또 녀석들을 바람같이 사라지게 한 것도 다름 아닌 바람이다. 가을 풀벌레들은 봄

철의 벌레들과는 달랐다. 시간의 종속을 예견이라도 하듯 서두르는 기색이 역력했다. 우왕좌왕 제 갈 길을 찾을까 하였더니 나보다 갈 길을 먼저 나섰다. 가을은 인간의 오곡백과만이 풍성한 것이 아니라 그들에게도 결실의 계절이고 수확의 계절이었다.

온습도를 끔찍이 사랑한 딱정벌레와 노래기, 일찍이 온도 감지를 터득한 여치와 귀뚜라미, 이슬이 찾아오기만을 한사코 고대하던 달팽이, 건조한 날만을 기다리던 메뚜기. 가을비를 끝으로 태양의 숭배자가 된 지렁이. 죽어라 메뚜기를 쫓다 엉뚱하게 객사한 사마귀. 헤아릴 수 없는 무수히 많은 가을벌레는 한결같이 빛을 감지하고 시간을 또박또박 재고 있었다. 바람이 신나게 불 때 녀석들은 연인의 기회를 얻었으며 또한 바람 소리로 갈 곳을 점찍어 두었던 게 분명하다. 그들이 머물던 달포의 짧은 기간, 바람 따라 녀석들은 삶의 행방을 찾았으며 하루의 일정도 구분하여 새벽, 한낮, 밤의 여정이 모두 달랐다. 분명 섬세하고 예민한 시간의 종속이고 삶이었다.

산다는 의미엔 치밀한 의지와 처절한 항쟁이 있다. 그리고는 연이어 우수수 부는 가을 찬바람, 흩날리는 낙엽, 새삼 비애감이 암흑처럼 그렇게 찾아들더니만 기다리다 기대하다 지친 표상들을 기억이나 하는지 바람은 그렇게 늘 마음 주고 홀연히 떠나는 시간의 여행자였다. 그러면 그들도 연이어 바람을 쫓아 사라지는 것이다. 순응하는 느낌으로 눈을 감았다. 녀석들도 그리 느꼈듯이 오곡백과가 여물고 모든 것이 풍성하여 겨울은 나름 또 따뜻하지 않을까. 나도 한낱 바람이려니, 견디고 살다 보면 어느 결실을 이루고 사는 게 보람이었다고 말할 날도 올 것이다. 한 줌 바람이 내 곁을 스친다. 그래! 이 또한 바람처럼 언제 그랬냐는 듯 훅하고 저 멀리 지나가리라.

고물 기기와 나

　직장에 복귀해 자산팀의 일원이 되었다. 행정 일이라는 어설픈 옷차림이었지만 이를 따질 상황이 아니다. 9개월 넘게 쉬다 온 사람에게는 어느 일이든 감지덕지일 수밖에는 없다. 아이러니하게도 내가 맡은 일은 나를 꼭 닮은 친구를 다루는 일이다. 오늘은 현장 출동을 한다. 야적장에 모아둔 고물 기기를 한데 모아 처분한다. 집게가 물어뜯듯 꽉 쥐고 우지끈하자 부지직부지직 소릴 연발하는 기기. 순식간 형체는 알 수 없이 되어버렸다. 이보다 '인정사정 볼 게 없다.'란 말을 실감 나게 표현할 명장면은 없지 싶다. 나를 보는 듯 지켜보는 마음이 괜스레 조마조마하고 착잡하기까지 하다.

　저 장비로 말하자면 수십만 달러라는 비싼 값에 들어온 국내 몇 없다는 실험 테스트 장비가 아닌가. 들어올 때는 고사도 지내고 포만감이 연구소 전체에 그득했다. 숱하게 박사논문도 만들고 유명하다 하는 학술지에 뽐을 내며 소문이 자자한 명품이란 말을 늘 듣던 기기다. 사람으로 치면 이분으로 말할 것 같으면 '○○이시며 ○○이시며'를 대여섯 족히 단 명사격인 존재다. 그런 명품이 한순간 그야말로 역사 속으로 순식간 사라져 버렸다. 고정자산에 생기는 가치의 소모를 결산기마다 계산하여 자산의 가격을 감해 가는 회계상의 절차. 감가상각. 회계장부상 감가상각 셈수가 이제 더 이상 용납이 안 되는 상황에 다다른 것이다. 이를 우리는 불용자산이라 부르고 시중에선 고물이라 말한다.

즉 용도 수명을 다한 기기이다. 사람도 나이가 들면 흡사 용도의 가치를 다한 양 퇴직하고 사회와 자연히 멀어진다. 요즘은 중도 탈락도 심심치 않은 게 갈수록 용도 수명이 짧아지는 추세다. 명품 고물이 처참히 무너져 어느새 퇴물 테이블 곁에 자리를 같이한다. 어제만 해도 존재의 가치로는 비교도 안 됐는데 이제는 동료 고물이다. 어제의 가치는 어제이고 고물로서의 등급은 따로 있다. 신이 난 집게 차를 보면 단박에 알 수 있다. 마구 휘두르는 폼이 흡사 대어를 낚은 양한다. 고물은 재활용이 가능한 철판이라면 최고의 가치이다. 천도 넘는 용광로를 거쳤던 철판은 이제 새 삶을 위해 다시 용광로로 향하는 채비를 할 것이다.

우리도 재활이라 할까. 그와 같은 부활이라 한다면 얼마나 좋을까. 이런 말이 시중에 있다. '남자 나이 오십이면 잘 났던 놈이나 못났던 놈이나 그 얼굴이 그 얼굴이고, 남자 나이 육십이면 많이 배운 놈이나 못 배운 놈이나 그 머리가 그 머리고 남자 나이 칠십이면 돈 많은 놈이나 돈 없는 놈이나 돈 쓸 일 없기는 매한가지다.' 씁쓸한 이 말은 용도를 중시하는 한 사회의 단면이다. 사람들은 사회를 너무 따르기 때문에 쓰임이 이 세상 전부인 양 종종 착각한다. 나이 들어 팔다리도 쑤시고 자연히 고물이 되기는 하지만 나는 굳이 헉헉대며 사회를 추종할 필요는 없다고 본다. 급급한 사회는 용도를 챙길 뿐 목적에는 관심이 없다.

하늘의 뜻을 안다는 지천명(知天命), 천지만물(天地萬物)의 이치에 통달하고, 듣는 대로 모두 이해할 수 있다는 60세 이순(耳順), 이 나이가 바로 삶을 목적으로 바라볼 좋은 때가 아닐까. 영혼이 있는 삶의 목적은 각기 다르고 가치 또한 고유하기에 진중할 필요가 있다. 어려서는 이를 감내하거나 감당하기가 쉽지 않다. 시중의 말대로 그 나이의 좁은 시야로는 넓은 세상을 바라볼 수 없으며 뜻을 달리 둘 수도 없다. 생각에 따라서는 그 나이쯤 홀가분하여 만사가 편하고 쾌청한 사랑의 가을 하늘일 수 있다. 사유할수록 이 세상은 넓고 해야 할 일도 많다. 가끔 자신의 과거를 유창하게 현재성으로 말하며 과거를 늘려 만끽하려는 분들을 만나곤 한다. 나는 그럴 때 솔직히 쓴웃음이 난다. 스스로 쇠퇴하고 있음을 말할 뿐이다.

아직도 명예와 권위에 매달리는가 싶고 소견이 좁다고도 여겨진다. 철 지난 괜한 용도에 붙들려 자기 손해가 이만저만이 아니란 생각도 한다. 나는 재생하는 철 조각 마냥 용광로에서도 끄떡없을 신념으로 용도가 아닌 목적, 지식이 아닌 지혜의 삶으로 부활하기를 꿈꾼다. 인간은 분명 그 나이의 값이 있다. 나는 가끔 감히 골동품을 꿈꾸기도 한다. 누구나 갖고 싶어 하는 골동품은 오랜 과거인데 미래를 수용한다. 고물인데 용도로서 찾는 것이 아니다. 품위 있는 골동품은 뭔가 다른 구석이 있다. 그만의 역사를 갖고 예술성을 지니고 세월을 초연한 영혼을 갖고 산다.

너저분하게 널린 평수를 차지한 마당 한가득 고물을 치우는데 고작 한 시간도 채 안 걸렸다. 채우니 8톤 트럭이 전부고 값은 1천5백만 원. 철판이 아니었더라면 5백만 원도 안 되는 값이다. 나는 과거를 들먹이며 용도로서 현실에 연연하거나 무시하는 기만행위를 결단코 하지는 않을 것이다. 이는 그야말로 볼품도 포기한 폐품임을 스스로 말하는 것이다. 대신 값으론 절대 평가가 불가한 자유로운 영혼을 꿈꾸며 나만의 역사를 만들며 살아가겠다. 나는 나만의 가치로 그렇게 사회의 용도가 아닌 고유한 존재로서의 행복을 견인하고 싶은 것이다. 사회와 작별하는 고물 기기가 내게 많은 생각을 전한다.

"부디 고성능 정밀질량분석기여, 잘 가라! 그간 찌지직 고문의 전기 맛 잘 견디며 수고했다. 그간 너의 위엄답게 너무 고생했다. 이제 네 영혼은 자유다. 마음속에 너를 꼭꼭 간직해두마. 무명이 어느 때 유명보다는 살기로는 더욱 편하단다. 너는 새로워지는 것이다."

왠지 나에게 해야 할 말을 쭈그러진 녀석에게 대신으로 말하는 것만 같다. 어차피 명성이야 한때인 거고 때가 되면 누구든 그 무엇이든 가는 게 맞는 것이 아니겠는가 그렇게 자조적으로 말하면서 나는 근무처 제일 한가한 곳에 배치된 야적장을 빠져나오는 거였다. 이곳은 한 번도 와보지 않은 직장의 유배 장소 같은 외진 곳이다. 나는 아쉬움에 멈칫 다시 뒤를 돌아다보았다. 그러면서 또 드는 생각, 나도 야적장같이 그렇게 누구도 알 리 없이 깊은 나락으로 추락해 고요해질 수도 있다. 인생은 어디서나 성심껏 열심히 잘해야 한다.

관계 속 행복이라니

팀에 날아온 국정감사 요구자료가 드세다 못해 기가 찰 정도였다. 최근 5년간 3만 달러 이상 수입 연구 기자재를 나라별로 구분해서 제출하라는 것을 필두로 가지가지 여간 많은 것이 아니었다. 자료를 제출하면 제대로 들여다보는 것인지 이런 식의 요구자료가 밑도 끝도 없이 너무 많다. 겨우 엑셀을 다루는 처지로 거의 불가능에 가까운 일거리였다. 기어코 일자리가 나를 배신하고 퇴직을 강요한다 싶었다. 엑셀 책을 들여다봐도 머리에 담기지도 않는다. 어제 일을 오늘 까먹는 처지로 이런 고급 사양은 당연히 정량 초과다. 할 줄 모르니까 머리가 쥐가 날 이유도 없다. 촌각을 다투는데 차일피일 시간을 끌 수도 없고 나는 같이 근무하는 기한부 계약직인 젊은 친구에게 부탁했다.

그 친구는 내 근무처 근무가 세 번째다. 2년 근무하면 퇴직금도 주고 고용해야 하는 관계로 2년간은 다른 일터로 갔다가 돌아오기를 그렇게 반복하며 내 팀에 머물러 있다. 참으로 법 제도가 알쏭달쏭하다. 일 처리 능력은 나무랄 데 없지만은 정직원이 될 수 없는 처지, 그는 이른바 연구단지 내 떠돌이 인생인 셈이다. 2년마다 연구단지 주변을 옮겨 다녀야 하는 그는 그해 말 또 다른 근무처를 찾아야만 한다. 문제는 그가 이제 삼십 대 중반을 넘어서 나이가 많다는 데 있다. 계약직도 웬만하면 젊은 여성을 선호한다. 잘 나가는 편리한 도구 같은. 이런 특성은 기기와 별반 다르지도 않다.

그런 친구는 주말까지 나와 내 고충을 잘 해결해 주었다. 이 돈벌이로는 가족 생계가 여부족이라 그는 동네에서 저녁때 기타를 가르치기도 하는데 선뜻 나를 위해 나서준 것이다. 그런 그는 사무 일은 말할 것도 없고 뭐든지 척척박사라 우리 팀의 허드렛일은 그 친구 선에서 모두 해결이 됐다. 그런다 해도 그 친구를 내보내지 않을 뾰족한 수는 없다. 내 근무처는 과기부가 할당해 준 T/O 제도를 철저히 지켜야만 한다. 나는 생각 끝에 그 친구에게 제안을 하나 했다.

"너 용접을 배우지 않을래, 손끝이 야무진 게 바로 자격증을 딸 것 같아. TIG용접이라고 스테인리스 용접은 돈벌이가 만만치가 않다."

솔깃한 그였다. 원자력이나 화학 공장에서는 TIG용접사 하면 부르는 게 값인데 기타 다루는 솜씨 하며 그의 손재주를 보아 아주 잘할 것 같았다. 그날 이후로 근무처의 공작실이라는 데 양해를 얻어 1시간가량 기초를 배워나갔다. 그리고는 신탄진 학원에

거금 백만 원을 들여서 등록하고 한 달 만에 용접 기능 자격증을 따냈다. 내가 잘 아는 설비회사에 취직하고 싶다면 그리 해줄 요량이었다. 그러던 중에 내게도 호재가 찾아왔다. 당시 부장인 사람이 내 사무실 근처에 등나무 밑으로 나를 불러대더니 대뜸 제안했다.

"팀장님!(나는 10년째 팀장을 하다 자리를 놓아야만 했다.) 여기에 계시면 인원수가 얼마 안 돼서 몸이 시원치 않으신데 쉬엄쉬엄할 수도 없고 고통스러울 겁니다. 몸이 다 나은 게 아니지 않습니까. 단순한 일부터 하게 해드릴 테니 차라리 인원 많은 구매팀으로 가시면 어떠세요."

눈물이 왈칵 솟았다. 처지를 꿰뚫고 정곡을 쑤시는 그의 제안은 실로 감개무량한 말이었다. 하루에도 너덧 번 올 말까지 다니다가 관두어야 할 모양이라고 자신과 승강이하며 하루하루를 겨우 버텼는데 아니 그럴 것인가. 자산팀이 본관에서 외따로 떨어져 있어서 대인기피증을 앓는 처지로 그것 하나 믿고 버텼는데 그것만으로는 역부족이다 싶었다. 도저히 업무수행 능력이 뒤처져 속상하고 또 너무 마음이 아팠다. 나는 주저하지 않고 구매팀으로 자리를 옮겼다. 그렇게 새 정착지에서 단순 구매 업무를 시작했다.

눈치는 보였지만 다행히 많은 동료가 감싸주고 아껴주었다. 그렇게 나는 그곳에서 몸 회복도 하면서 일도 차츰 늘려나갔다. 그리고 그곳에서 꿈에 그리던 정년퇴직을 했다. 이 얼마나 놀랍고

괄목할 만한 성과인가. 연구원으로 들어와서 비록 말년에 행정 그것도 구매 업무를 한 것이지만 어느새 대인기피증을 이겨내고 대장암도 완쾌하고 7년을 꽉 채우고 정식 퇴직을 한 것이다. 이는 내 의지만으로는 절대 될 수 없는 것이다. 당연히 동료들이 양해해 주고 이끌어주었기 때문에 가능했다. 36년의 직장생활, 죽음의 문턱에서 다시 살아난 것만으로도 스스로 '행복아'라 하였는데 더할 것이 없는 또 다른 행복을 만끽하며 여유롭게 직장을 떠날 수 있었다.

그쯤 나는 행복은 맺어진 인간관계에 있다고 생각했다. 물론 내 기준으로 말하는 소리다. 나이 들어서는 큰돈을 벌 수도 없는 노릇이고 맺어진 인간관계가 큰 위력을 발한다 싶다. 물론 지금도 같은 생각이다. 그런데 나와 똑같이 생각하는 이가 있었다. 2023년 초 내 생각을 그대로 옮겨 놓은 것 같은 대담 프로를 보았다. <행복은 부(富)-명예(名譽)-학벌(學閥)이 아닌 인간관계에 있다>라는. 새해 특집에 실린 글로벌 석학 인터뷰 기사다. 미국의 하버드 대학 명예교수는 지난 85년간 연구 결과 인간의 행복은 "사람들과의 따뜻하고 의지할 수 있는 관계."라고 결론지었다. 특히 "50대일 때 인간관계에서 가장 만족도가 높았던 사람들이 80대에 가장 건강한 사람들이었다."고 강조했다. 마치 내 삶을 들여다보고 하는 소리같이 느껴졌다. "물론 기본적으로 살 곳이 있고, 먹을 것이 있고, 의료 서비스엔 접근할 수 있는 수준은 돼야한다."라는 전제는 있다.

 그렇다면 이런 인간관계를 맺기 위해서는 어떻게 해야 할까? 2023년, 새해에는 가족과 친구들에게 시간과 에너지를 써야 하며, 이것이 우리가 할 수 있는 최고의 투자라는 것이다. 그렇다면 따뜻하고 건강한 인간관계란 어떤 관계를 말하는 것일까? "자신을 숨길 필요 없이 나 자신으로 있을 수 있다."고 느끼는, 그런 관계라고 한다. 그렇다면 좋은 관계는 누구와의 관계를 말하는가? 배우자뿐만 아니라 형제자매, 자녀, 친구들, 직장동료 등 의지할 수 있는 모든 관계를 말한다.

 이번 연구 결과를 발표한 미국의 하버드 대학 로버트 웰빙어 교수는 한국이 특히 학벌을 많이 따지지만 행복은 결코 학벌, 명예, 부(富)에만 따르지 않는다는 것을 명확하게 설명했다. "행복의 90%는 인간관계에 달려 있다."고 키르케고르가 말했고 "나 혼자서는 따로 행복해질 수 없다. 원하든 원하지 않든 우리는 서로 연결되어 있기 때문이다."라고 달라이 라마가 말했다. 삶의 관계야말로 놓을 수도 놓칠 수 없는 중요한 설정이라는 생각을 한다.

 7년 전 내 일을 도와주고 용접을 배우자마자 퇴직해야만 했던 기간 계약직 친구, 한동안 잊고 지냈는데 그로부터 연락이 온 것은 5년쯤 전이다. "팀장님 덕분에 테크노밸리 벤처업체에 취직했는데 들어갈 때는 대리 직함이었는데 지금은 차장입니다. 항우연(항공우주연구원)이 주 고객이고요." 사무 일도 맡으라고 해서 현장

작업은 물론이고 사무까지 보느라 정신없이 산다는 그 친구. 내가 내 동료들을 밝은 햇살로 기억하고 있듯이 그 친구 또한 나를 그런 느낌으로 간직해줘서 너무도 영광이었고 행복하였다. 아프고 나서 자존감이 바닥을 칠 때 이 또한 지나가리라 하며 입 굳게 다물고 암울하게 시작한 내 행정 업무가 이렇게 소담한 결실을 가져다줄 줄은 정말 몰랐다. 혼자 살 수는 없는 노릇, 분명 행복은 나와 설정된 관계에 달려 있다. 그런 좋은 관계는 스스로 어울리며 만드는 것이고 달콤하게 꾸리는 것이다.

2.
행복을 다시 생각하며

스트레스가 넘치면

내 병의 원인은 무엇 때문이었을까. 지금도 묻곤 한다. 나랑 같이 치료받는 분들은 열 명 모두 공통점이 있다. 고기를 좋아한다는 것이고 그보다는 모두 술을 사랑한다는 것이다. 대장암은 크게 중년층과 장년층 발병으로 나눌 수 있는데 중년층은 뉴스에서 나오는 말처럼 잦은 술타령이 주된 이유로 붙고 노년층의 경우는 축적된 식생활 습관 때문이라는 생각이 들었다. 물론 유전인자도 25%를 차지한다고 하니 이 또한 사유 중의 하나가 될 수 있겠지만 그보다는 지방질을 유독 좋아하며 술을 사랑한 식생활 습관이 바로 화근이다 싶다.

병원에서 9개월 남짓 같이 지낸 사람들을 보면 대개 그러했다. 그런데 좀 더 내밀하게 다가서면 중년층들의 경우 술로 스트레스를 풀자는 것이 오히려 술로 인해 몸에 진한 스트레스 흔적을 남긴 유형이었다. 흔히 쓰는 표현 '換腸(환장)'이란 말. 마음이나 행동 따위가 정상적인 상태를 벗어나 제정신이 아닌 상태가 된 것을 의미할 때 우리는 이 말을 쓴다. 흔히 쓰는 표현 "이놈이 죽고 싶어서 환장을 했나."란 말은 막다른 골목을 연상시킨다. 한자에서 보듯이 이 말의 장은 바로 신체의 '腸'을 말한다. 옛 선조들이 어찌 알았는지 모르겠지만 바로 우리의 장에는 수억 개가 넘는 신경세포가 모여 살기 때문이다. 그러니까 신경이 곤두선다는 것은 장에 무리를 주는 것이고 이는 곧 스트레스를 받으면 장에 문제가 발생할 소지가 있다는 것을 말한다.

실제 내가 병실에서 만난 분들은 사회생활이 고달팠든지 생업에서 막다른 지경에 이른 분들이 대부분이었다. 나도 2012년 나로선 일생일대의 큰 사건이 있지 않았는가. 들이닥친 어느 암적 인자가 큰 부담으로 필시 작용했을 것이다. 결과적인 말이지만 막힐수록 돌아가야 한다는 아주 흔한 말이 귀감이 된다. 쉬운 것은 아닐 테지만 힘들어도 낙천적으로 받아들이고 즐겁게 살아야 한다. 2012년 봄 나는 근무처 감사부서의 호출을 받았다. 듣기로 누군가의 투서가 빌미가 되었다고 했다. 나는 봄철 내내 그로 시달렸고 결국 그 일로 6월에 이르러 급기야 파면을 당했다. 징계의 내용은 시간 흐름과 더불어 수차 바뀌었는데 최종의 주된 요지는 다음과 같다.

"귀하는 부서장으로서 직원을 격려하고 올바른 업무수행을 지시할 의무가 있음에도 팀장 재임 시 10년간에 걸쳐 허위 출장 및 업무와 무관한 출장 지시(총 100건)로 연구원 예산을 목적 외로 사용(약 1,038만 원)하였으며, 이중 56건(약 600만 원)이 징계 시효 내의 징계 시효에 해당되는 바…."

나는 파면을 당하고 생전 처음 검찰과 경찰서란 곳에 불려 갔다. 나를 아끼는 사람들은 안타까움에 기록 장부가 없었다면 그런 변고는 없었을 것 아니냐고 한다. 나도 한때는 하도 참담하여 장부의 존재를 원망했다. 장부에 허위 출장이 그대로 적혀 있으니 빼도 박도 못하는 상황이었다. 돈 액수와 용처가 빼곡히 적힌 한 권의 가계부. 이것을 감사실은 증거물로 가져가 버린 것이다. 장부는 내 보직 시절 처음 존재한 것이 아니다. 근무처에 입소하여 부서에서 제일 먼저 대한 것이 장부였고 수십 년이 쌓인 부서의 생활기록부였다. 나는 오히려 알뜰살뜰하여 우리 팀의 전통을 말하는 듯 살갑기도 했다. 부서의 살림살이, 장부는 부서원들이 공유하는 만큼 감춘 것이 아니라 오히려 오해가 없도록 입출금은 누가 보더라도 투명하게 보존해 왔다.

나는 당시 시설팀장으로 정규직 15명에 비정규직(조경/전기/기계/목공 등 45명과 청소직 40인 포함)을 통솔해야 하는 직함을 갖고 있었다. 경상비 예산 지출을 나보다 많이 쓴 사람은 연구소에 없었다. 대식구이다 보니 사건 사고 경조사도 끊임이 없었다. 법인카드가 제공되고는 있지만 살림살이에 비해 여실히 부족한 재정이고 용도 또한 극히 제한적이라 늘 아쉬운 게 현실이었다. 운영상의 문제는 입금보다 출금이 많다는 데 있다. 한 예로 비정규직의 경조사가 발생한다고 하면 건수가 너무 많아서 일일이 다 부조할 수 없는 실정이었다. 그렇다고 모른 척할 수도 없고 그런 연유로 팀 명의로 20만 원, 이렇게 책정해서 줄 수밖에 없었다. 그래도 엄청난 비용이 들어간다. 정규직은 왜 비정규직까지 우리가 챙겨주어야 하느냐고 볼멘소리였지만 우리를 도와주자고 그들이 있는 것인데 그럴 수는 없는 노릇이었다. 늘 그들은 최저임금에 허덕이고 있었다.

그때마다 예전에 했던 것처럼 내 계정에 확보한 허위 출장을 청하였고 팀원들은 출장비를 챙겨 담당자에게 전하였다. 이도 모자랄 때는 나는 직책 판공비로 받은 돈을 내놓아 필요한 용처에 그때그때 쓰곤 했다. 용처란 것이 글에 옮기기에도 낯간지러운 아주 일상적인 쓰임이다. 이를테면 커피값, 신문값, 체육 행사비, 전별금. 복날의 개고기 회식 같은 열악한 용역직들의 후생에 관한 것들이 대부분이다. 아이러니하게 최저임금을 받으며 내 근무처의 중요 시설을 지키는 것은 그들이다. 변전실도 그렇고 기계실도 그렇고. 나는 정식 직원보다는 비정규직과 더 친했던 것 같다. 그래서인지 투서는 정규직의 누군가가 노조를 통해 감사실로 직행했다는 소리를 들었다. 어쨌거나 증거가 있으니 죄는 어쩔 수 없고 전후 상황이나 정황을 참작하여 그나마 죄를 낮추어보자고 소명도 하고 진정서도 냈지만, 그런 점에서는 장부가 원수라는 누구의 말도 틀리지는 않는다. 장부가 없다면 증거가 없으니 당연히 죄를 물을 수는 없을 것이다. 그렇다고 내 죄가 없는 것일까.

사실 감사실에서 내 뒷조사를 한다는 소리를 사전에 누군가로부터 들어 장부를 치울 기회가 있었지만 나는 알면서도 그렇게 하지 않았다. 얄팍한 행위라고 생각했기 때문이다. 감수하자 했다. 그런데 내 죄는 생각과 다르게 엄청났다. 파면당하고 검찰청에 고발조치도 당하고. 두 달 새 일사천리로 순식간에 내 운명은 뒤바뀌고 말았다. 런던올림픽이 한창이던 때 나는 둔산경찰서와 검찰청을 다녀야만 했다. 생전 처음 그런 데를 간 나는 억장이 무너졌다. 검찰청 뒤에 변호사 사무실을 찾았다. 이 정도를 가지고 내몰린 것을 그들은 이해하지를 못했다. "또 다른 뭐가 있거나 잘못한 뭐가 또 있는 것 아닙니까."가 그들의 공통된 질문이었다. 뭐에 씌운 것인지 나도 모를 지경인데 온정신일 리가 없다.

그때 어쩔 수 없이 정신과 치료를 받아야 했다. 대인기피증도 그 무렵 생겨났다. 승소해도 공무원이 아니기 때문에 대법원까지 가야 한다고 했다. 그렇다면 5년은 족히 걸리는 상황, 그래서 대부분 포기하고 만다고도 했다. 이 불명예를 안고 여생을 지내야 한다는 게 정말 고통스럽고 억울했다. 개인 착복도 아닌데 사회적 사형이라 할 파면이라니. 하지만 쥐구멍에도 볕 들 날은 있다. 내가 소생할 수 있었던 것은 변호사의 말 한마디였다. 나는 웬만하면 지금도 검찰청이 있는 둔산 쪽은 안 지나친다. 그래도 꼭 생각나는 변호사 한 분. 얼마 전에는 큰 케이크를 들고 아무 말 없이 사무실에 놓고 나왔다. 은인이고 고마움이고 내게 큰 용기를 준 그분이다. 불행이 그러했듯 행운도 예기치 않은 데서 찾아오는 경우가 많다. 이는 음덕으로 베푼 자비가 보은으로 돌아오는 것이 아닐까. 아니면 앞으로 자비를 베풀고 살라는 신의 계시인지도 모른다.

노조비 한 달 치

불행 중 다행이라는 말이 이런 때 통용되는 것이 아닐까. 나는 간부에 해당되었기 때문에 잠재적인 노조원이지 노조원은 아니다. 물론 팀장이 되기 전에는 노조원이었다. 그런데 이런 변고가 터지고 보직에서 물러서자 바로 노조원으로 복귀된 것이다. 딱 한 달 치의 노조비를 냈다. 워낙 경황이 없던 때라 나는 그 사실조차 몰랐다. 파면당하는 날, 복도에서 만난 노조 사무실 아가씨가 "팀장님은 노조원이세요. 화이팅 하세요." 하며 멋쩍은 웃음꽃을 날려주었다. 내가 노조원이라고, 까맣게 잊은 사실이다. 분명 근무처에서 마지막 받은 5월 달 월급에서 노조비가 떼어 있었다. 이는 나에게는 실로 고귀한 혜택이었다. 변호사님은 우선 검찰에서 기소유예를 받아내더니만 불쑥 내게 말을 건넸다.

"밑져야 본전이니 지방노동위원회(지노위)에도 제소를 해보는 게 어때요."

퇴직하고 3개월이 지나면 제소 자체가 불가능하다고 했다. 9월 초던가 저녁 무렵 갑천을 걷는데 나의 처지를 말하는 웬 사내의 전화 한 통을 받았다. 그는 민주노총 소속의 지방위에 파견 나간 전교조를 대표한 국어선생 아무개라고 했다. 그는 다짜고짜로 3일 후 날짜가 잡혔는데 증인으로 같이 올 사람이 있느냐고 했다. 전혀 뜻밖이고 아무런 생각이 없던 상황이라 "무슨 증인이 필요하죠." 하며 반문했다. 그러자 오히려 그가 당황한 듯 보였다. 아마 죽느냐 사느냐 하는 상황인데 내가 한심했던 모양이다. 그의 이어진 말에 이제는 내가 적잖이 놀랐다. 그의 말은 대충 이러했다. 이명박이 들어서서 여실히 좁혀진 노동자 인권이긴 한데 선생님 건은 양정이 심해 구제가 가능하다고 보는데 증인이 뒷받침해주면 아주 좋을 것 같다는 그런 말이었다. 고작 남은 3일, 개인 착복이 아니라는 것과 관례처럼 허위 출장을 썼다는 것이 관건일 것 같았다. 하지만 이 말을 해줄 사람이 과연 내게 있을까. 기실 내 근무처 사람들은 출장 계정을 이용해 연말에 송별회도 하고 급할 때 다 알아서 가짜 출장서를 끊는다. 학교에서는 비일비재하고 관공서는 어디든 또 다한다고도 했다. 공식적으로는 내가 상식 밖이라고 손가락질할지 모르겠지만 이는 관례적인 행위인 것은 그 누구도 다 안다.

지노위 개최 당일, 나와 변호사 그리고 전임 팀장이셨던 K부장님 또 전전 실장이셨던 KKK 실장님을 모시고 법정에 들어섰다.

변호사는 지노위는 결정까지 3개월이 안 걸리기 때문에 노동자들에게는 좋은 제도라고 했다. 충남 지방노동위원회 사무실 대전시 서구 청사로 189, 정부대전청사 2동 12층(둔산동)의 홀. 얼마 전까지만 해도 직장동료로서 선후배로서 한 얼굴을 맞대고 수십 년을 같이 한 사람들인데 이제는 마치 적이 된 양 양편으로 갈라선 형국이라니. 시위대와 전경이 팽팽히 맞선 전경 같은, 그런데 보자면 한쪽은 중대 병력에 버스까지 대동한 첩첩산중인 큰 진영인데 한쪽은 고작 4인에 불과한 실로 가소로운 '조족지혈' 같은 처참한 풍경을 연출하고 있었다.

서서히 싸움은 시작됐다. 단련된 노무사가 한껏 호기를 부리며 먼저 침공했다. 그 사람은 근무처에서 늘 보던 작자인데 내가 잘못 안 게 있었다. 노무사라 해서 노동자를 위한 편에 서든지 중재자라 생각했는데 전혀 딴판이었다. 이야기는 드디어 첨예한 접경에 이르렀다. 분명 그는 나를 대변하는 전문가라 믿어진다. "이쪽은 별로 증인이 없으신데 오신 분들 잠시 소개를 해보시죠." 내가 나섰다. "이분은 전임 팀장님이시고 또 이분은 전전임 팀장님이십니다." 그러자 기다렸다는 듯이 그가 묻는다. "이런 허위 출장이 전례가 있습니까?"

K부장님이 일어서 짧게 답했다. "네." 그러자 그가 또 "옆에 계신 분도 똑같습니까." 그러자 이번에는 KKK 실장님이 똑같이 답을 했다. 그러자 상대방 진영에서 웅성거림이 나오고 누가 그런

말을 하는 거야 하듯 이쪽을 노려보더니만 감사부장이란 사람이 시키지도 않는데 불쑥 말을 했다. "그런 것 없어진 지가 오랩니다." 그러면서 노무사가 말을 이었다. "주말까지 이에 대한 추가 자료를 내겠습니다." 그는 당황하고 있었다. 아무래도 그의 밥벌이에 흠집이 가해지는 것 같았다. 따지고 보면 우리는 그 자리에 모인 것도 다 저마다의 밥벌이로서 모인 것이다. 뭐 원수진 사이도 아니고 저마다의 밥벌이로 이렇게 다투는 것이 아닌가. 김훈의 글에 나오는 대치된 경찰과 군중이 밥시간 때 서로 짜장면을 시켜 먹는 장면이 문득 떠올랐다. 거의 회의가 종착지에 닿는 상황, 내 편에 선 심판관이 내게 묻는 양 스스로 답을 했다. 그 유용한 돈이 결국은 소속원들을 위해 쓴 것이고 그런 것들이 수필에 쓴 것처럼 그대로라는 것이죠. 나는 일어나 답변했다.

"맞습니다. 「열 명의 할머니」 같은 글들에서 알 수 있듯이 열악한 환경에서 일하는 분들의 복지 차원에서 썼던 게 사실이고 대부분입니다."

이제는 막바지, 가운데 정좌한 좌장이면서 중간 입장인 듯 보이는 심판관이 내게 말했다.

"이곳은 복도에 들어올 때부터 시끄럽고 난리법석이기 마련인데 꽤 조용하신데 선생님은 근무처가 한 것에 대해 원망스럽지 않은가요."

최후진술이다 싶으니 섧기도 하고 안타깝기도 한 그러한 내 처지가 가련하단 생각이 먼저 들었다. 나는 거의 울먹이며 말을 했다.

"30년 가까이 봉직한 내 친정을 상대로 이런 소송을 할 것이라고는 꿈에도 생각 못 했습니다. 억울하다기보다는 창피하고 안타깝습니다. 다만 저는 개인 착복을 한 것은 절대 아니니 이점을 헤아려 주십시오."

그리고 변호사가 제일 마지막으로 기소유예가 된 현 상황과 개인 유용이 아님과 더불어 이미 손상액은 전액 반납했음을 상기시켰다.

그리고 집에 돌아와서다. 최소 며칠은 걸려야 최종 판결이 나올 것이라고 했다. 그런데 당일 저녁 민노총 소속의 국어 선생님이 연락이 왔다. 3명 중 두 사람이 완강하게 돌려보내야 한다고 우기는 중인데 확정적이지는 않지만 아마도 잘될 것 같다는 그런 말이었다. 눈물이 왈칵 솟았다. 그리고 3일쯤 지나 지노위 담당자란 사람으로부터 연락이 왔다. 서류를 꾸미는 중인데 아마도 1달 이내 복귀시키라는 공문이 기관에 갈 것이라고 전했다.

그렇다면 끝인가. 결코 그렇게 끝날 내 근무처가 아니다. 지노위에서 지면 중앙노동위원회로 가고 거기서도 지면 그들은 행정소송을 또 할 것이다. 어차피 그들은 들어가는 돈과는 상관없이 기관의 행위가 정당한 것이었다고 끝까지 우길 필요가 있다. 그렇지 않다면 과잉 공권력임을 스스로 자인하는 꼴이 되는 것이 아닌가.

K변호사는 내게 이제 내가 할 수 있는 것은 다 했으니 당장 원장님을 찾아가 무릎 꿇고 복귀시켜달라고 애원하라고 했다. 기관장이라면 그렇게 할 수 있다는 거였는데 파면이 준 고통과 파문은 그렇게 단순하지가 않은 것이었다.

과연 나는 이후 어찌 됐을까. 불행이 불시에 찾아오듯 행운도 어느 날 갑자기 홀연히 찾아오는 것도 분명 맞다. 행복하다는 말보다는 서광이 비친다는 말이 달게 느껴지는 것은 아마도 흐릿한 빛 속에 스며든 어느 가냘픈 희망 때문이 아닐까. 그쯤 내게도 행운의 실마리가 가뭄 끝에 콩 나오듯 파란 잎을 겨우 드리우며 살포시 빛줄기를 한 모금 마시고 있었다. 원장은 아무도 몰래 나를 불렀다. 그리고 말했다.

"내가 곤경에 처해서 너를 그동안 도와주지 못했다. 이번에 중노위에 상정하자는 것을 내가 화까지 내며 말렸다. 너는 11월쯤 복귀하게 될 거다. 과기부 애들이 또 껴들면 곤란하니 잡음 안 나게 조용히 기다려 달라."

내 근무처는 과기부의 반 통제 속에서 사는 게 맞다. 그때는 그랬다. 국정원이 감시하던 때 제 3노조하며 민노총이 정문 앞에서 꽹과리를 친 게 반년이 넘는 그 무렵이었다. 당연히 원장은 무능으로 낙인찍혀 있었고 본인도 자리가 위태로운 상황이었을 것이다. 그리고 11월, 나는 원장님 말처럼 복귀하게 된 것이다. 오죽하면 훗날 아들 장가를 갈 때 〈Secret Garden〉의 연주곡을 개사하여 부른 〈어느 시월의 멋진 날에〉란 노래를 11월로 바꿔 결혼식장에서 부르며 아내가 눈물을 훔쳤을까. 이런 날이 올 줄 몰랐다는 감격의 눈물이었다. 사회에서 사망한 사람이 그렇게 기사회생했다. 결국 지금 나의 생은 암 걸렸던 것까지 해서 세 번째 다시 태어난 것이다. 그러기에 일천한 놈으로서 나는 행복을 누려야만 한다. 아니 행복해야만 할 것이라고 그렇게 굳게 다짐하는 것이다. 분명 쥐구멍에도 볕 들 날은 생긴다.

　나를 위해 지노위에 나와 주신 두 분(곽김구 부장님과 강경철 실장님)은 내 선임자로 지금도 내 곁에 있다. 그분들 말고도 도재범 박사님, 이규암 박사님, 박근배 박사님, 김장호 이사님, 석수동 박사님, 장덕희 부장님, 임성팔 박사님, 김민진 팀장님은 늘 함께하는 나의 든든한 후원자로 이참에 모든 분들께 고마움을 전한다.

열 명의 할머니가 말하는 수필의 진솔성

지노위의 결정은 그야말로 인생의 단비 같은 생명수였다. 뜻밖이라고밖에는 말 못할 나의 소생은 기적처럼 문이 열린 것이지만 그 내면에서는 일맥상통하는 어느 정황이 있다. 단비가 내리도록 도와준 민노총 소속의 어느 학교의 국어 선생님, 그리고 나의 허위 출장비가 착복이 아니라 열악한 시설 용역직을 위해 복리비로 주로 썼으며 이는 그동안 긴 세월의 관례였다고 증언해 준 내 과거의 상관이며 팀장을 역임했던 두 분. 그리고 변호사님, 월급봉투에 찍힌 노조비…. 참으로 잊지 못할 고마움의 내역이다.

하지만 그들로서 순순히 복귀가 이루어진 것일까. 설령 그렇다고 해도 그런 정황을 순순히 받아들이는 것은 결코 쉬운 것이 아니다. 누구든 다 그런 곳에 서면 선행을 아끼지 않은 것처럼 말들을 앞세우기 때문이다. 당시는 이명박 정부 시절로 노동자가 억울하다 하여 노동위원회를 찾아와 구제받는 경우가 극히 드물었던 때로 이는 통계로도 나와 있다. 그렇다면 나의 구제는 순전히 운이었을까. 나는 당시 비록 공금을 유용한 것이지만 내 이득을 위함이 아니라는 내 양심을 전할 방도로 내 수필집에 나오는 글 몇을 첨부 자료로 제출했었다. 사실 통상적으로는 그런 데는 상장 받은 것을 들이민다. 하지만 나는 연구원장이 준 상 말고는 받은 적이 없다. 믿지 않겠지만 내 팀 소속 직원들은 3명 빼고는 모두 과기부 장관상을 받은 사람들이다. 나는 그들의 노고라고 생각해 상을 받도록 공적 조서를 많이 써줬지만 나는 받지 않았다. 초범이냐, 상훈이 있느냐, 죄에 대한 안타까움이 주변에 있느냐 등등 이런 것들이 크게 작용한다고 나를 조사하던 경찰이 말했었다. 일을 당하고 나니 나로서는 그건 큰 패착이었다.

하지만 여느 상장보다 수필집 제출이 주효했다고 나는 본다. 지금도 잊지 못하는 말, 「열 명의 할머니」라는 글 내용을 보아서도 진실성은 엿보이는데 왜 그런 사람이 공금 유용은 한 것입니까?" 이 말은 어떤 상장보다도 더 진실되게 다가간 것으로 느껴진다. 그 말을 꺼낸 위원이 내가 첨부한 그 글을 다른 의원들에게 참작해야 한다하는 듯 높이 들어 보였다. 그다음 수순은 그 유용이 관례적인 측면이 있었느냐는 것이었다. 나는 지금도 내가 복귀하게 된 것은 그 열 명의 할머니 때문이라고 생각하곤 한다. 수필은 그만큼 일상에서 벌어지는 작은 배려 같은 소소한 온정으로서 빛을 발한다. 물론 그간 주인공들도 많이 바뀌었지만 그 열 명의 할머니 중 개중에는 복귀해서도 여전히 내 근무처에서 풀을 뽑는 분들도 있었다.

이미 직을 그만두었는데도 내가 지나가자 아이스크림! 하고 말하는 소리를 들었다. 나는 어쩔 수 없이 아이스크림을 사다가 드렸다. 내 수필에 등장한 몇몇 분들, 비정규직 봉급으로는 부족해 야간 아르바이트를 마저 하고 막걸리를 마시고 귀가하다 교통사고를 낸 사람, 그가 재판을 받는 동안의 아이들 밥이 걱정돼 나는 일조를 한 적이 있는데 그는 두고두고 나를 아끼지 않는다. 일을 하다가 손이 잘려 나간 조경하는 분, 근무처에 손실을 입혔다고 그는 임시직임에도 재고용은 안 된다고 담당자는 완강히 그를 거부했지만 겨우 그를 설득해 지금도 그는 근무처 수목을 가꾼다. 아마 그가 내 근무처를 푸르게 가꾸는 일등 공신이 아닌가 싶다. 그런 그는 지금도 나를 보면 저 멀리서도 쫓아와 꼬박 인사를 한다. 베트남 여인하고 결혼하기 위해 무단 이탈을 감행했던 젊은 친구, 그도 마찬가지고 성년도 되기 전에 결혼해 살길이 막막했던 한 친구, 나는 그에게 추석 무렵이면 쌀 한 말을 팔아주곤 했는데 지금도 그와의 유대가 깊다. 벌써 아들이 다 커서 군 입대를 했고 예쁘장한 딸은 특출난 미모로 장래가 촉망되는 예비스타가 아닌가 싶다. 실제 그 아이는 모델로 활동 중에 있다. 절도를 한 친구를 혼내주려 그의 집에 찾아갔다가 오히려 쌀 한 말을 팔아주고 울고 온 적도 있다. 나는 그때 원룸보다 적은 5평짜리 집이 있다는 것을 처음 알았다. 낯간지럽지만 솔직히 말하여 시설 용역직 사람들은 여전히 나를 예전 팀장 대하듯 하여 오히려 민망스럽고 난처하기 그지없었다. 나의 한때의 작은 배려가 이렇게 고귀한 마음의 선물로 돌아올 줄은 몰랐다. 정작 고마워해야 할 사람은 그들이 아니라 바로 나다. 수필은 성찰과 애틋함으로 여러모로 나란 존재를 성숙하게 만들었으며 그로 나는 구사일생으로 살아날 기회가 생겨난 것이다. 글은 무관의 제왕임에는 틀림이 없다. 그런 내가 어찌 글쓰기를 마다하겠는가. 이참 열 명의 할머니라는 예전 글을 옮겨 싣는다.

열 명의 할머니

오늘도 근무처 잔디밭에서 할머니들이 풀을 뽑고 있다. 꼭 열 분이 일렬로 줄을 늘여 꾸부리고 앉아 일을 한다. 걷는 모습에서조차 힘이 들어 보이는 가냘픈 체구임에 벼랑에 선 느낌도 드는 노릇인데 강단 좋게 열심히 일들을 한다. 노구에 그렇게 일을 하니 온몸이 저리고 삭신이 쑤셔대어 그러다가 얼마간이면 견뎌내지 못할 것 같은데 육신의 아픔은 아무것도 아닌 양 늘 밝은 표정이고 휘청거리지만 가벼운 발걸음이다.

벌써 수년째 난 놀라움과 삶의 깊은 느낌으로 그들을 지켜보고 있다. 난 그 할머니들이 풀을 잘 뽑는 것인가 지켜볼 책임이 있다. 처음엔 풀을 잘 뽑고 있는 것인가란 성과에 대해서만 생각하였다. 그런데 가만 생각해보니 그 성과만의 문제가 아니다. 만약 할머니가 일을 하다가 쓰러지기라도 한다면 그것은 또 다른 큰 문제이다. 아찔한 생각이 들었다. 그로부터 찬찬히 할머니들을 건강검진하듯 살펴보기도 하는데 일면 알 수 없다는 생각이 들고 만다.

분명 휘청거리는 가냘픈 몸짓인데 하루 일이 끝나는 저녁 무렵이면 수북하게 훑어낸 잡초더미가 산더미이고 그다음 날도 변함없는 모습에 이루어낸 성과가 남산만하다. 모자에 긴 수건으로 푹 싸듯 얼굴을 가리고 꾸부리고 앉아 호미 한 자루를 놀리며 하루종일 그렇게 뙤약볕 아래 앉아 있으니 고달픈 육신에 더위에 갈증하며 딱도 한 노릇인데 참으로 대단한 인내력에 강인함이다. 겉에 느낌만으로 단정할 수 없는 내공이 분명히 인간에겐 존재하는 것만 같다.

참으로 알 수 없는 그 무엇이 존재한다. 어릴 적 조회시간 때 잠시임에도 여러 명이 픽픽 쓰러졌었다. 픽픽 쓰러지는 녀석이지만 그래도 달리기는 저 할머니보다 훨씬 더 잘린다. 건강한 것하고 강인한 것의 차이가 따로 존재하는 것이라도 되는가. 작열하는 태양이니 오뉴월에도 일사병이 겁이 난다. 그들의 출근을 당겨보면 어떨까 생각하였었는데 이른 시각엔 버스가 다니지를 않으니 그렇게 할 수도 없다. 작년 8월엔 찜통더위가 연일 계속되었었다.

며칠간만 쉬고 하면 어떨까 하였는데 할머니들은 말을 따라주지 않았다. 강제로라도 어찌 해볼 생각으로 직접 나서서 그들을 만났다가 평생 땡볕에 산 사람들인데 뭐가 문제냐 하며 거의 시위에 가까운 이구동성에 본전도 못 찾고 그냥 돌아서고 말았다. 기실 잡초란 것이 묘하게도 그쯤이 제일 성가시게 뻗어 나오는 때라 그때를 놓치면 허사란 것을 알기도 하기에 솔직히 일의 입장에선 만류만이 능사는 아닌 나의 처지이기도 하다.

그들의 일당이 3만 8천 원이니 그분들 일 값 대신으로 제초제를 사들여 모두 뿌려버리면 어떨까 하는 생각을 해본 적이 있다. 그때 난 제초제란 것이 잎이 넓적한 활엽의 것은 제거가 되지만 유사한 수종은 전혀 효과가 없다는 사실과, 우리나라 잔디 수종이 외국의 것처럼 쭉쭉 뻗어 올라 다른 수종의 번식을 스스로 막고 기계로 깎아주듯 하는 식으로는 어림없다는 사실을 처음 알게도 되었다.

흔히 골프장 잔디는 6번 정도 솎아주고 있다는 것에 놀라지 않을 수 없었으며 골프장 주변이 농약으로 문제가 많다는 뉴스가 무엇인지도 그때 알게도 되었다. 올해 초 나는 할머니들의 성실함을 알면서도 딴에는 두세 패로 나누어 일의 경쟁을 더 높여볼 생각을 했었다. 나는 그런 이중성으로부터 스스로 자책도 했고 그 일로 할머니들로부터도 원성을 들었다. 옹기종기 모여 노래도 해가며 말 풀이도 해가며 줄 맞추어 일을 하는 것을 왜 못 보아주는 것이냐 하는 것이었다.

또 본전도 못 건지고 속만 보이고 괜한 말을 하였다고 후회하였다. 일이 있어 즐겁고 돈을 벌어 즐겁다는데 그 속도 모르고 비가 오는 때는 어쩔 수 없이 쉬어야 함에도 견뎌낼 만한 육신이 고맙고 일할 가치의 존재로서 스스로가 대견스러운 것이라도 되는 양 웬만하면 그들은 나오려 한다. 남들은 반복되는 호미질에 육신만 고달프다 할 것이겠지만 일렬로 늘어 앉아 말 꽃을 피우며 재미를 붙여 하루를 이어 나가는 것을 행복으로 여기며 즐거워하는 것이다.

그러고 보면 이 세상 그 무엇인가를 해낸다는 것보다 소중한 가치는 없다. 일에는 즐거움이 있다. 이 세상이란 생겨 먹은 대로 일은 재미없지만 돈벌이가 괜찮은 경우도 있고 돈벌이는 시원찮은데 일은 재미있는 경우도 있고 이도저도 아닌 삶도 있다 하겠지만 엄밀히 말하여 일이란 보람과 가치 그 덕분으로 그 자체 즐거움이 있다. 노동은 인간만이 가꾸어 온 행복이다.

즐거움이 없는 일이라 여기는 것은 어찌 보면 놓여진 삶이 즐겁지 않은 것이지 일이 즐겁지 않은 것은 아니다. 할머니들은 힘든 일을 흡족하게 여기니 돈 벌이도 괜찮다고 자부하고 있는 거다. 힘들여 번 돈이니 가치 있는 돈임엔 틀림이 없다. 이 세상에 일도 즐겁고 돈벌이도 짭짤하다고 여기며 사는 측이 얼마나 될까. 그리 많은 것 같지는 않아 보인다. 나 역시도 마찬가지이다. 어느 땐 일이 재미없어 죽을 지경이라 하였는데 일의 가치 그 진정한 소중함을 모르고 하는 말이다.

일은 주어져 있어 그저 행복하다 할 것이다. 그런 의미에서 일은 재미없지만 돈벌이는 괜찮다 하는 사람보다는 일은 재밌는데 돈벌이가 영 시원치 않다하는 말이 훨씬 가치 있는 삶은 아니겠는가 생각도 해본다. 요즘 내 나이는 웬만하면 다들 논다. 지금 추세로는 일만 있다면야 무슨 일이든 감지덕지다. 일자리 없는 젊은 이들은 또 어떤가. 할머니들이 점심시간 옹기종기 그늘에 모여 앉아 도시락을 펼쳐서 밥을 먹고서는 한 잠 늘어지게 자더니만 또 수건을 질끈 동여맨다.

비가 곧 내릴 것 같이 후텁지근하기 이를 데 없으니 수건 속에 가린 얼굴이 오죽할까. 나는 그들로 인하여 늘 고맙고 감명 받고 산다. 인간이 얼마나 강할 수 있으며 얼마나 일을 아끼고 사랑하는지 그들로부터 배우고 느끼고 또 각성도 한다. 성한 육신과 정신이 부럽기도 하고 그것이 또한 신기할 따름이다. 졸음이 몰려오는 오후 시간, 창밖 그들을 보자 화들짝 나도 모르게 벌떡 일어나게 된다. 일어난 김에 열 명의 할머니, 그들에게 아이스크림이라도 사 들고 나서야 할 모양이다.

미움을 버리는 법

직장으로 복귀했지만 후유증은 실로 컸다. 제일 심한 게 망각 증세였다. 어제 일이나 방금 일어난 일이 도저히 생각나지 않아 이어지지 않는 증세, 의사에게 물었더니 "그 나이는 다 그래요." 하였지만 나로서는 극히 심한 건망증이었다. 아마도 항암치료 과정 중에 암세포뿐 아니라 산 생식세포도 거덜이 난 것 같았다. 그럴수록 글에 매달렸다. 그것이 치유책이라고 생각했다. 그 무렵 나는 내게 묻곤 했다. 미움이 남아 있는가? 청산할 것이 있다 싶었다. 근무처에서 파면도 시키고 검찰에 고발한 경우는 내가 유일하다. 자기 식구들은 감싸기 마련이라 고발한 연후 그 결과를 보고 징계를 결정하는데 나는 그렇지 않았다. 이런 징계대상거리는 내가 퇴직할 때까지도 계속 발생하였지만 나와 같은 경우는 하나도 없었다. 몇억 원이 문제가 된 사건에도 그렇지 않았다.

참으로 이상했다. 인사위원장은 왜 그랬을까. 그렇게 내가 못된 사람이었나. 응어리지다 못해 가슴속에 알알이 박혀 큰 생채기를 남긴다. 아무리 해도 가시지 않았다. 나는 그에게 전화했다. 이미 그는 인사위원장이란 자리를 놓고 퇴직을 앞둔 그 무렵이다. 무척 당황한 목소리였다. 미안하다는 소리는 안 했지만 떨리는 목소리가 느껴졌다. 그도 나처럼 마음이 편치 않은 게 분명했다. 벌을 준 그도 아픈 것이다. 생각해보면 잘못을 한 나로부터 이런 사단이 모두 벌어진 것이다. 직원들의 배신도 알고 보면 나에 대한 불만의 표출인 것이다. 억울하다고 하지만 그들은 나 때문에 또 괴로운 것이고 나는 원망이 쌓이고 쌓여 증오하게도 된 것이다. 복귀를 못 할 줄 알았는지 동료들도 나를 보고 당황했다. 허둥대는 모습을 보고 귀신이 된 것 같은 기분도 들었다.

나를 어찌 대해야 할지 그들은 미처 준비가 안 된 것이다. 사실 나는 돌이킬 수 없는 치욕적인 과거를 다시금 생각하기도 싫었다. 앞으로 어찌 살아야 하는지 또 어찌해야 행복할 수 있는지에 대해 구체적으로 골몰하고만 싶었다. 내 인생의 세 번째 삶에서는 실패해서는 안 될 것이 아닌가. 그렇게 행복하자고 하였는데 정작 마음속에 증오가 산다면 내가 과연 행복해질 수가 있을까. 떨구지 못하는 마음이 제일 큰 괴로움이었다. 단언하건대 행복은 마음이 괴롭지 않은 평온한 것이다. 넓게 생각하기로 했다. 때로는 곡해가 생기고 진실도 어긋나는 게 세상살이다. 언제나 진실이 통하면 좋으련만 진실이 통하지 않는 경우도 적지 않으며 덕은커녕 오히려 손해가 이만저만이 아닌 경우도 '비일비재'하다. 그것으로 남을 미워하게도 된다. 미워하다는 뜻의 '증(憎)'은 마음 심(心)에서 뜻을 따고, '거듭'을 뜻하는 증(曾)에서 소리를 딴 것이다. 서운한 마음이 거듭 쌓이는 것이 바로 '미움'이다. 대하는 관계가 소홀하거나 소원해지면 반목하게 된다.

'反目(반목)'은 눈을 반대로 한다는 말이므로 눈길을 서로 반대로 쳐다보다, 즉, 서로 미워한다는 말이다. 사랑이 없으면 남을 미워하기가 쉬우며 손해나는 일을 참아내기가 어렵다. 그런데 '憎而知其善(증이지기선)'이라는 말도 있다. 미워하면서도 그 사람의 좋은 점을 알아야 한다는 말이다. 나는 이 말에 애착을 갖기로 했다. 당시 나로서는 역부족인 미움에서 벗어날 실마리가 있다 싶었기 때문이다. '愛憎'이란 말이 붙어서 하나의 뜻을 이룬 것도 사랑하는 마음을 염두에 둔 것이란 생각이다. 미움은 언제고 스르르 녹아 사랑으로 변할 수 있다. 다른 사람을 근본적으로 미워할 권리가 우리가 있기나 한 것일까. 그런데도 미워하게 된다. 미워하지 말자고 하면서도 처한 충동으로 자진하거나 묵혀둘 겨를도 없이 왜 하필 나인가 반문하며 원망하며 억울하다 한다. 솔직히 아무리 벗어나려 해도 머릿속을 맴돌며 나는 미움을 깊게 갖고 살았다.

복직하고서도 앙금은 여전했다. 그렇게 1년쯤 지나서다. 생각해 보니 파면이라는 내 사회생활의 마침표는 매실을 담그는 오뉴월쯤이었다. 그쯤에 매실을 얻어 매실 원액을 만들었다. 불안한 정서는 잠을 못 이루게 했다. 야속함으로 잠을 못 이루면 슬그머니 일어나 부엌에 나와 매실을 물끄러미 바라보곤 했다. 처음 엷은 연두색으로 들어온 매실은 향이 그다지 강하지 않았으며 씹어도 매실 특유의 짜릿한 맛이 덜하였다. 환한 세상으로부터 격리되어 숨막히는 유리병에 들어앉은 매실. 한동안은 하얀 설탕을 뒤집어쓴 채 조용히 지냈다. 그런 매실은 어느 날부터 부글부글 끓어오르듯 위로 밀치며 오르더니 하얀 설탕을 마구 끌어내렸다. 저 녀석도 내 마음 같은가 보다.

그러더니 제풀에 지쳤는지 누렇게 색이 변하며 원액을 바닥에 모으며 마침내 스스로는 쭈글쭈글 오므라졌다. 그쯤 나도 내가 수그러지는 게 낫다 싶었다. 그리고는 매실이 원액을 보호하듯 가지런히 웅크린 채 있다. 유리병 안을 들여다보면서 매실의 작용이 미움에 대한 내 마음의 작용과 같다고 여겨졌다. 설탕을 뒤집어쓰고 꾹 참고 버티던 것도 요동을 치며 발버둥 치는 것도 서서히 힘을 잃으며 삼투압 작용으로 모든 것을 버리는 것도 나의 미움이 삭혀지는 것과 너무도 흡사하다 싶었다.

추석날 유리병을 열어 보았다. 덜 배었지만 처음 연두색으로 들어설 때와는 비교도 안 되는 향내와 맛을 풍겼다. 설탕의 달콤함을 매실의 향으로 모두 바꾸어 놓은 것이다. 나는 흡족하였다. 그 달콤함은 특별한 의미를 주는 듯싶었다. 내 미움의 향방을 알 것만 같았다. 사람을 다루는데 잘 다뤄지지 않으면, 자신의 지혜를 반성하라는 말이 있다. 우리는 가끔 진심이라는 강한 의지로 상대방이 이해해 주기를 바란다. 그러나 뜻대로 되지 않는 경우가 있다. 이런 때는 나의 행동이 지혜로웠는가를 돌아보고 지혜의 힘을 빌려야 한다는 것이다.

　나는 어느 한 미움 속에서 많은 것을 얻었다. 미워해서는 안 된다는 것이 나에게도 진실로 사는 것일까. 미움은 스스로 만든 것이기 때문에 스스로 지워야 한다. 마음이 아프다는 것이 슬퍼서가 아니라 괴롭고 힘들어서 아프다는 것을 안다. 미움을 앓으면 결국에 내가 아프다. 나는 인사위원장에게 전화 끝에 마지막으로 이렇게 말했다. "앞으로 만나면 인사는 하겠습니다." 그에게 길을 터주는 게 그의 괴로움도 덜어주는 것이라고 생각했다. 그리고 우연히 어딘가에서 그를 만났다. 나는 약속한 대로 씩씩하게 인사를 했다. 여전히 엉거주춤한 모습이었지만 전보다는 한결 부드러운 듯했다.

　"맞은 놈은 편히 잠 잘 자는 데 때린 놈은 잠 못 이룬다."는 말이 그대로 들어맞는다 싶었다. 그 언젠가 그를 직접 대하면 멱살 잡듯 따져 보겠다는 앙심이 사라진 게 이상했고 고마웠다. 처음에는 의식적으로 미워하지 말자고 하며 마음을 달랬던 것인데 세월 속에서 자연스레 허탈하게 무너졌다. 세월은 마음을 부드럽게 하는 무딘함을 갖고 사는 모양이다. 그쯤의 미움으로 달콤함을 다시 얻는다면 뜻 한대로 안 되는 인생살이에 그만큼 성숙해진 것이 아닐까. 오늘 그윽한 매실 향이 가깝게 느껴지는 것은 이미 그 향내를 맛보아서도 그렇지만 내 마음속에서도 그 향기가 살아 있다는 그런 기대 때문일 것이다. 나는 이제 마음껏 행복해질 준비가 되어 있다. 정녕 나의 행복을 위해서 앞으로는 그 누구든 미워하지 말 것이며 그것으로 아프지 말자. 미움이 내게 남아 있는가? 물론 없다.

쾌족(快足)이 곧 행복이다

상쾌한 기분을 유지한다는 게 얼마나 행복한 일인가.

매일 행복일 수는 없지만 생각하기에 따라 매일 행복한 일들은 또 일어난다고 생각할 수도 있다. 단순한 쾌락적인 감정이 아니라 내 마음속에 연결된 산뜻한 그 무엇, 부드러운 촉감 같은 느낌의 산책. 경쾌한 그것을 찾고 그것을 현재 속에서 따스하게 맞이한다면 우린 충분히 행복해지지 않을까. 하루 일상을 쪼개 어느 순간 상쾌한 기분이 드는 행복한 오늘의 한순간이었다고 무릇 인정한다면 1년 열두 달 내내 행복한 순간들은 늘 존재한 것도 된다.

"힘들지만 행복해." 나는 이 말을 꽤 많이 들었다. 보람찬 일을 하거나 정성스럽게 자신이 원하는 무엇을 할 때가 자연 연상된다. "비록 단칸 셋방이지만 나는 남부럽지 않아." 이 말도 내 젊을 적 많이 들었던 것도 같다. 셋방살이부터 시작했던 우리가 그 시절의 따듯한 보금자리 안에 들어가 그 시절의 초라함을 감싼다. 힘들었지만 이것이 행복을 방해하지는 않았다. 희망과 사랑이 큰 방패막

이였다. "내가 좋다는데 그러면 됐지. 뭐가 문제야." 이 말은 또 어떠한가. 이보다 씩씩한 자존감은 없다.

이런 말끝에서 나는 행복에 대한 몇 가지 행태를 알아차릴 것만 같다. 행복은 극히 주관적이라서 부가 곧 행복이라 할 것도 아니고 고달파도 행복할 수 있으며 저 산 너머가 아니라 생각에 따라서는 매일 그것도 내 곁에 머무는 마음의 상태라는 것을. 아주 소탈한 행복이 내 곁에 있음을 나는 다 늙어서 이제야 알아차린 것만 같다. 큰 고난을 겪고 기껏 생각한 바가 고작 이 정도냐고 비아냥거릴지 모르지만 말 그대로 내가 그렇다는 데 또 어쩔 텐가. 그간 나는 현실은 고달프면서도 저 멀리 이상의 날개를 꿈꾸기만 한 것 같고 무턱대고 앞만 보고 달려 나간 것도 같다. 그냥 주어진 대로 무턱대고 살았다고 말하면 내가 한심할 것 같아 차마 이 말은 하지 못하겠다. 지금도 늦지 않았다는 생각이 드는 게 그저 나는 고맙다.

사전에 제시된 행복(幸福)의 첫 번째 정의는 "복된 좋은 운수" 즉 "우연히 찾아오는 복"이다. 이 정의는 우연(幸)과 복(福)이라는 두 가지 특성을 말하는 것인데 이 두 가지는 우리가 행복이라고 부르는 마음 상태에 관한 것이 아니라 어느 경우를 나타내는 우리의 평소 생각과도 동떨어진 말이다. 그렇다고 이 뜻을 무시할 것도 못 된다. '불행 중 다행'이라는 말도 그렇고 천만다행이라는 표현이 모두 운 때를 포함하고 있다. 한자권만 그런 것이 아니라 영어권에서도 단어 특성이 운 좋은 경우를 뜻하던 것이었다니 신기하기도 하다. 이 의미가 '복된 좋은 것'으로 탈바꿈했다는 것이다. 당장 내일을 모르는 예측 불가하던 시대에 산 옛사람들인지라 삶 자체가 운이라고 자리매김한 것이 아닐까 싶기도 하다.

두 번째 사전적 정의에 따르면 행복이란 자기 삶에 대한 만족과 보람, 그리고 흐뭇한 상태를 말한다. 그렇다면 그 상태를 이루는 본질은 무엇인가 하고 되묻는다고 하면 아마 그 누구도 '이겁니다.' 하고 속 시원하게 대답하기는 어려울 것이다. 다수의 심리학자가 행복은 유쾌하고 만족스러운 상태라는 정의를 말하기는 하지만 그것이 해답일 수는 없는 노릇이다. 이에는 각자가 생각하고 부여한 바가 다 제각각이기 때문이다. 행복은 개별적인 것으로서 다분히 주관적인 관념이다.

주자학의 거두, 송나라 주희는 이를 구체화시키기 위해서인지 '쾌족(快足)'이라는 용어를 처음 사용했다고 한다. 그는 '주자가례'라 하여 유교식 제례를 완성했다고 말해도 거의 틀린 말이 아니다. 조선시대 이래 지금까지 우리가 접한 제례가 그로부터 연유한다. 주자학의 거두, 그가 조선의 성리학에 미친 영향은 실로 엄청나다. 그의 영향력만큼이나 쾌족(快足)이라는 용어는 의미 있게 다가온다. 인생의 운도 없고 복도 지지리 없지만 그렇다고 그것으로 인생이 끝난 것은 아니다. 힘들다고 하지만 살다 보면 때로는 흡족한 일도 생기고 즐거움도 생긴다. 그 사는 맛이 인간에게는 있다. 망자를 앞에 두고도 배가 고파 눈물을 삼키며 꾸역꾸역 밥을 퍼먹는 행태라고 할까. 비겁하지만 본능마저 잠재울 수는 없다. 경황이 없지만 마음은 만족스러울 수도 있다는 것. 쾌족이란 지금의 내 마음 상태가 상쾌하고 만족하다는 뜻을 담고 있다. 그러니까 '쾌족하다'라는 말은 근심거리가 있든 걱정거리가 있든 운이 좋든 운이 나쁘든 마음이 상쾌하고 만족스러운 심리상태를 말한다. '내가 좋으면 그만이지.' 하는 일상어처럼 남의 시선에 연연하지 않고 자신 스스로 만족스러운 상태를 바로 '쾌족'이라 할 수 있겠다.

행복을 멀리 둘 것이 아니라 이처럼 쾌족으로 대체하여 이해하면 행복한 감정이란 우리를 기분 좋게 하는 다양한 감정 모두를 지칭하는 것으로의 파악도 가능하다. 사랑과 행복, 이 상상적 실체를 구체화하여 말하기는 어려워도 그 의미는 누구든 안다. 그런데 묘한 것이 둘 다 마음에서 출발하지만 사랑은 자신을 사랑하고 남을 사랑하고 다 표현이 가능한 데 반해 자신을 빼고 행복이란 이 추상어를 남에게 선사하든지 납득시키려 한다면 직접적이지 않아 애를 먹는다. 가령 사랑은 당신을 사랑한다는 당연지사 전달이 되는 말이지만 행복은 남을 위한 직접적인 행위로서는 아무리 해도 닿지를 않는다. 행복은 부여받은 상태이기 때문이다. 선사한 마음과 행위를 지켜본 연후 뜻을 헤아려 행복감이 전달되고 비로소 그도 행복해질 수 있는 것이다.

어느 행위가 들어서야 비로소 상태로서 구현이 되는 말, 그런데 묘하게 자신을 주체로 해서는 자연스럽게 표현이 된다. 바로 '自足'이다. 이는 행복은 자급하고 자족하기 때문일 것이다. 예를 들어 미술작품을 보고 영감을 받는 것, 어떤 대상에 끌리는 것, 지금 하는 일에 집중하는 것 등이 모두 행복한 상태로서의 달착지근함을 갖고 있다. 그 상쾌한 리드미컬한 감정을 쾌족으로 받아들이고 이해할 때 얻게 되는 또 하나의 값진 선물은 행복은 철저하게 일상적이라는 깨달음이다. 아이의 웃음소리, 여름밤의 치맥, 시원한 산들바람, 멋진 문장, 보너스, 모처럼의 낮잠, 여행 등 그 행복을 여는 리스트는 시도 때도 없으며 제한도 없다. 어찌 이를 그냥 넘기고 미루고 말 것인가. 상쾌한 기분전환 같은 발상이 내 마음속에 산다.

요즘 사람들의 입에 오르내리는 말 가운데 소소하지만 확실한 행복이라는 '소확행(小確幸)'이 있다. 지금 손에 잡히지 않은 미래의 불확실한 기대나 소원 등에 행복을 맡겨두지 말고 소홀히 지나쳤던 일상적인 삶에서 행복을 느끼는 것을 말한다. 유쾌한 기분으로 맞이하는 내 마음대로의 행복, 쾌족과도 일맥상통한다. 행복은 지금 받아들이고 느끼면 된다. 지금 만족하면 행복해지고 연습하면 누구든 당장 할 수 있는 마음의 자산이 바로 눈앞에 있다. 나는 오늘도 기지개를 켜고는 창문 열어 심호흡하고 바로 말한다. "나는 오늘 열 개의 행복을 맞이할 거다. 잘 자고 맑은 공기 마셨으니 벌써 두 개는 얻은 셈이다."

소확행의 의미

행복은 누구나 바라는 희망이다.

행복은 누구나 바라는 희망이다. 하지만 갈수록 험악한 세상에 행복은 저 멀리 달아나는 것만 같다. 흔히 말하는 소소하지만 확실한 행복의 의미라는 '소확행(小確幸)'. 요즘 TV 매체의 최대 흥행 먹거리는 다름 아닌 일상에서 작지만 확실하게 느낄 수 있는 행복 또는 그러한 가치를 추구하는 경향에 대한 것들이다. 요 몇 년 사이에 '쿡 방' '먹방'이 유행이고 나 홀로 여행에 혼자 산다는 것이 아주 자연스러운 삶의 배경이 되었다. 이는 비단 우리만은 아니다. 이리저리 채널을 돌리다 채널 J라는 곳에서 〈고독한 미식가〉라는 제목의 이색적인 일본 먹방 드라마를 마주했었다.

대개 여러 명이 왁자지껄 소란한 말과 행동 표정으로 보는 사람들을 압도하기 마련인데 그러나 이 드라마는 오로지 주인공이 하나로 시대가 만든 새로운 단어 '혼밥'의 의미를 적나라하게 펼친다. 일본의 만화를 드라마한 것이라는 데 주인공은 결혼에 대한 중압감에 결혼도 안 하고 사무실도 없이 전국 이곳저곳을 다니며 인테리어 사업을 하는 인물로 길 따라 일 따라 자연 각 지역의 유명하지 않은 소박한 식당을 찾으면서 혼밥을 즐긴다. 나레이터가 주인공의 속마음을 표현하는 형식으로 그의 대사라곤 오로지 주문할 때뿐이다. 주인공은 눈과 입으로 맛을 표현하는데 그의 눈과 입에 집중하다 보니 지극히 단순한 행태인데도 중독성이 생긴다. 그런데 그 프로의 시작에는 꼭 이런 대사가 나온다.

"시간이나 사회에 얽매이지 않고 행복하게 배를 채울 때, 잠시 동안 그는 이기적으로 자유로워진다. 누구에게도 방해받지 않고 누구도 신경쓰지 않으며 음식을 먹는 고독한 행위. 이 행위야말로 현대인에게 평등하게 주어진 최고의 포상이라 할 수 있다."

중독성 때문인지 이 말을 나는 순순히 수납한다. 어느새 나도 그 대열에 서서 행복에 대해 다시 헤아려 보고 있는 셈이다. 오히려 소소한 행복을 무기력한 것으로 간주하지 말자는 일념도 생긴다. 소확행의 일상적 파급효과는 실로 크다. 맛집에서 오물거리며 눈이 휘둥그레지는 게 고작인데 이상하게 그의 표정에 마음이 끌린다. '소확행' 이 말은 어디서 연유한 것일까. 이는 1986년에 발행된 일본 작가 무라카미 하루키의 수필집『랑겔한스섬의 오후』에서 맨 처음 쓰인 말로, "작지만 확실한 행복" 또는 "소소하지만 확실한 행복"을 줄인 말이다.

그의 소설 속 등장하는 소확행은 "갓 구운 빵을 손으로 찢어 먹는 것", "겨울밤 부스럭 소리를 내며 이불 속으로 들어오는 고양이의 감촉" 등 서랍 안에 반듯하게 정리된 속옷을 볼 때 느끼는 행복과 같이 바쁜 일상에서 느끼는 작은 즐거움을 뜻한다. 스트레스를 받지 않고 심신이 편안한 상태. 또는 그러한 삶을 추구하는 경향으로써 안락하고 아늑한 상태라는 뜻으로 주로 소박한 일상에서의 행복감을 찾는 것을 말한다. 2018년 최고의 유행어는 바로 그 '소확행'이라는 조사 결과가 나왔다.

취업포털 인크루트와 설문 조사플랫폼 두잇서베이가 성인 2,917명을 대상으로 진행했던 〈2018 유행어 설문조사〉 결과 소확행을 비롯해 '갑분싸', '인싸' 등 젊은 층을 중심으로 사용되는 신조어들이 대거 높은 순위를 차지했다. 의미를 알지 못하면 쉽게 이해할 수 없는 신조어들이 급증하는 현실은 표준어 저해 요인이 되는 것이 아니냐는 우려가 적지 않으나 젊은이들의 이런 추세를 딱히 막을 방도도 마땅치는 않은 듯싶다.

어쨌든 소확행의 1위 등극은 작지만 진정한 행복을 추구하는 라이프 트렌드의 확산을 엿보게 한다. 2017년에는 "한 번뿐인 인생, 즐기며 살자."는 뜻의 '욜로'가 1위를 차지한 바 있다. 엇비슷한 감성이다 싶은데 행복과 기쁨을 추구한다는 공통점을 가지고 있으며 그 이면에는 어려운 현실을 대변하는 것 같이도 느껴진다. 즉 결혼과 출산, 내 집 마련 등 미래에 대한 추구보다 지금의 소소한 행복 추구로 위안을 찾는 젊은 세대의 어려움을 꼬집고 있다는 해석이 지배적이다. 2위는 '갑분싸'가 차지했다. 갑분싸는 "갑자기 분위기 싸늘해지다."의 준말이다. 시초는 인터넷 방송에서 유래한 것으로 알려져 있다. 올해 갑분싸를 응용해 "갑자기 분위기 ○○해지다."로 의미가 확장되기도 했다.

이어 '인싸'가 3위에 꼽혔다. 인싸는 '인사이더(Insider)'의 줄임말로 타인과 잘 어울리는 사람을 뜻한다. 타인과 잘 어울리지 못하는 사람을 가리키는 '아웃사이더(Outsider)'와 대조된다. 최근 인간관계에 어려움을 겪는 사람들이 많고, 극단적인 사건 등을 저지른 이들이 사회 부적응자로 나타나면서 인사이더에 대한 가치가 높아졌다는 평가다. 다만 인사이더가 긍정적인 의미도 있지만 주변인이 많은 사람을 비꼬는 부정적인 의미로도 쓰인다는 점도 같이 알아두어야 할 것이다.

유행어는 다분히 사회현실을 반영한다. 그런 의미에서 소확행은 현대 사회에서 업무로 인한 정신적 스트레스, 빈부격차로 인한 상대적 박탈감 등 각박한 일상생활 속에서 작은 기쁨에라도 만족하고자 하는 서민들의 욕구가 드러난 용어라고 할 것이다. '소확행'의 사례는 개인마다 기준이 다르지만, 바쁜 오후 시간의 차 한 잔, 동료나 친구와 주고받는 작은 선물, 퇴근 후 맥주 한 잔 같은 하찮은 존재들이다. 공부하는 것도, 돈을 버는 것도, 살아가는 것 자체가 불확실한 미래에 부와 성공보다 일상에서 얻어지는 소소한 행복에 가치를 두는 것이다.

이를테면 편의점 맥주를 마시는 일, 바쁜 시간에 짬을 내서 즐기는 한잔의 커피, 집 주변에서 즐기는 산책, 동네 맛집을 찾는 작은 행복, 가까운 친구와 수다를 나누는 시간과 같은 작은 여유에서 행복을 찾는다. 이는 우리만이 아니라 세계적인 추세이기도 하다. 삶 속에서의 편안함과 안락함, 달콤한 휴식으로서의 덴마크의 휘게(Hygge), 스웨덴의 라곰(lagom)이 바로 또 그것이다. '휘게 라이프'에서의 행복은 일상생활 속에서 누리는 '웰빙'이고 '워라밸(work and life balance)'이다. 이렇게 보면 '자기 행복 찾기'나 '스스로 행복해지기'는 세계적인 추세 같아 보인다. 행복은 마음의 옹달샘처럼 마구 솟구치는 빈도와 지속성에 치중하고 있다. 그러한 행복은 미래보다 현재가 중요하고, 남에게 보여주는 것보다 자신의 주관적 경험이 더 중요하다.

오늘의 행복 추구가 어디 일상뿐이랴. 나는 제일 시급하고 앞날을 위해서는 무엇보다도 중요한 것이 우리 교육의 행복 추구방식이라고 생각한다. 입시지옥으로부터 탈출하지 못했던 나의 한 시대가 다 갔지만 여전히 교육은 비상구를 못 찾고 있다. 정작 당사자인 학생은 제쳐두고 학부모는 자녀의 행복이 학력에 좌우되는 것으로 여전히 보고 있다. 학부모는 자녀에 대한 지나친 기대감으로 자녀의 학력에 집착한다. 오직 자녀가 좋은(?) 대학에 진학하길 바랄 뿐이다. 교육의 본질은 아이를 행복하게 하는 것이어야 할 텐데 정말 동떨어진 것이 교육 현실이다. 나 때도 그랬지만 여전히 아이들은 행복하지 않다.

돌이켜 보자면 물질적 풍요와 출세가 행복에 이르는 첩경은 아니었다. 이보다는 현재의 행복이 성공을 불러오고 삶을 풍요롭게 할 수 있다. 성공한 사람이 행복한 것이 아니라 행복한 사람이 성공할 수 있다. 행복은 현재의 삶을 중시하고 좋아하는 것에서부터 시작되어야 한다. 현재를 즐기고, 원하는 길을 개척하며, 행복을 많이 체험한 아이가 미래에 성공적인 삶을 살 수 있지 않을까. 우리에게 여실히 부족한 행복 추구. 어릴 때부터 자녀가 행복감을 자주 느낄 수 있도록 부모는 자녀가 하고자 하는 것을 '더 잘하도록, 스스로 행복한 삶을 만들어 가도록' 도와줘야 비로소 이 세상은 한마음의 행복의 물결로 넘쳐나 더욱 밝은 미래가 열릴 것이라고 나는 생각한다.

'무확행'이란 말. 무모하지만 확실한 행복. 신체적 성장, 지적 성장, 정서적 발달, 사회성의 발달 등을 조화롭게 하여 넓은 교양과 건전한 인격을 갖춘 인간을 육성하려는 전인교육이 바로 이 꿈같은 무확행에 이르는 첩경이 아닐까. 아무튼 소소하다지만 행복이 사람들 마음마다 곳곳에 퍼진다면 그것으로도 이 세상은 윤택해지고 밝아지리라고 나는 믿는다. 누구는 소확행이라 하니 소고기를 확실하게 먹는 행복감이라 하더니만 그것도 배고픔의 이상형으로서 행복하다면 그저 괜찮겠다. 아무렴 어떤가. 비록 작고 하찮은 것이라 치지만 자주 행복을 접하고 현실을 맛나게 살겠다는데. 사실 요즘은 소고기가 작고 하찮은 대상도 아니다.

몽테뉴의 수상록

누릴 수 없다면 행운이 무슨 소용이랴? 늙음과 죽음을 받아들이고 지금을 즐겨라. 몽테뉴의 『수상록』. 이 책은 가볍지도 과하지도 않은 무게감으로 생각하고 느낀 바를 담담하게 풀어내고 있다. 소확행의 의미를 담은 것으로서는 단연 이 책이 원조일 것이다. 역사와 죽음을 견지한 바탕으로 그는 원제 '에세(Essais)'가 프랑스어로 '시험'이나 '시도'를 의미하듯 『수상록』에서 '자기 자신'을 관찰의 대상으로 삼아 사유를 자유롭게 실험했다. 에세이라 하는 말이 그 원제에서 유래함은 주지하는 사실이다. 이 『수상록』을 쓴 무렵이 임진왜란이 일어나기도 전인 1580년도 무렵이니 사뭇 놀라울 뿐이다. 현세에 수필을 논하는 사람치고 이 사람을 모를 리 없고 거론 안 할 수가 없다. 이 세상에서 제일 많이 읽힌 수필집이 바로 그의 『수상록』이다. 종교개혁으로 세상이 어수선할 때 자신을 비추면서 세상을 관조하며 자신이 누구인지에 대해 많은 사유를 했다. 그는 21년간 회의하며 딱 책 한 권을 남겼는데 프랑스의 지성인이라면 누구나 아끼는 도덕적 품위 1위의 명작으로 그의

『수상록』을 꼽는다. 파스칼도 데카르트도 모두 그의 영향을 받았다. 나도 아플 때 거듭거듭 읽다 보니 그의 영원한 애독자가 되고 말았다.

우리가 말하는 수필이란 말은 그렇다면 어디서 따온 말일까. 박지원(朴趾源)의 수필 대명사인 "일야구도하기(一夜九渡河記)"는 수험생들의 필수 항목인데 이는 알아도 연암 박지원의 『열하일기』 글 중에 "일신수필(馹汛隨筆)"이란 대목으로부터 발췌한 것이란 것을 아는 사람은 별로 없다. 7월 15일을 수필의 날로 정한 것은 연암이 바로 그 무렵(1780) 일신수필이란 대목을 붙이고 대륙을 지나던 때이기 때문에 이를 기념한 것이다. 시대 차가 있지만 서양에 몽테뉴가 있다면 우리나라에는 조선의 대문호 연암 박지원이 있다. 입신양명도 마다하고 가난을 벗 삼아서 있는 그대로 산 연암 선생은 삶 자체가 나는 수필이라 여긴다.

국어사전에서 수필을 찾아보면 일정한 형식을 따르지 않고 느낌이나 체험을 생각나는 대로 쓴 산문 형식의 글이라고 나온다. 수필을 한사로 쓰면 '隨(따를 수) 筆(붓 필)' '붓을 따른다'는 말이 된다. 다시 말하면 수필이란, "붓 가는 대로 쓰는 글"이라는 뜻이다. 수필이란 일정한 주제 의식을 가지고 삶과 체험을 통해 발견한 느낌에 탐색과 상상력으로 새롭게 의미를 부여한 비교적 짧은 창작적 산문 형식의 글이라고 정의할 수가 있다. 수필은 소설처럼 허구를 통하여 없는 것을 새롭게 창조하는 허구적 창작이 아니라 직접적 체험이나 간접적 체험 속에서 작가의 눈으로 새롭게 선택되는 주제를 가지고 상상하고 의미화해서 재창조하는 체험적 창작인 것이다. 그런 수필은 형식이나 내용에 있어서 운문으로 표현된 글이 아니라 산문으로 나타내는 글이다. 수필은 자신의 삶과 인생을 진실의 거울 앞에 비춰 보이는 행위이다. 그러므로 진실이 바탕이 된다. 그래서 수필을 자기 고백이라고도 한다. 달리 말해 자신을 얼마만큼이나 드러내고 발가벗겨지는지가 관건이 되기도 한다.

  나는 어느 시점 술 발이 다해 어쩔 수 없이 일기 형식으로 글을 쓰다 주제의식을 감미하여 수필이란 것과 접목을 한 셈이다. 나도 그러하듯 그가 수상록을 쓰기로 한 것은 큰 뜻이 아니라 가족과 지인들에게 남겨주기 위해서였다. 그는 어릴 적 죽을 뻔한 경험을 바탕으로 이를 깊이 있게 다루기도 하였지만 사소한 경험에도 주의를 기울였다. 그리고 모든 인간에게는 저마다 세계를 바라보는 독특한 방법이 있다는 것, 사람은 각자 자기 자신을 본보기로 삼는다는 것을 깨닫고 그 자신이 그 대표적인 사례라고 생각했다. 그는 글에서 '나'라는 존재를 알기 위한 치열한 사유를 끊임없이 시도한다. 20년간 집필되었고 죽음, 우정, 동물, 전쟁 등 다양한 주제와 총 107장으로 구성되어 있다. 그런 그는 종결을 못 짓고 글만 꾸준히 수정했다. 그의 치밀함이 엿보이는 대목이기도 하지만 우리에게 인간은 미완성이라는 암시를 주는 것도 같다. 그의 『수상록』을 읽다 보면 몽테뉴가 약 5세기 전 사람이라는 걸

망각하게 된다. 이웃집 아저씨 같기도 하고 SNS에 적힌 글을 읽는 것처럼 가깝게 느껴지기도 한다. 이는 자기 자신을 소재로 솔직 담백하게 적은 것이 그 이유일 것이다.

현 수필이 그를 닮은 글들을 쏟아내는 데는 솔직담백함에 더해 글을 대하는 그의 자성적 태도에 반하여서 더 그럴 것이다. 수필은 자신을 위한 자성의 글이다. 한낱 잘난 척을 일삼는 자서전과 전혀 다르다. 바로 자각하여 새로워지려는 고상한 인격을 목적으로 하고 있다. 제목만 보아도 그를 알 것 같고 친밀하지만 진지한 삶을 건지한 느낌이 든다. 1장 늙음과 죽음을 기꺼이 받아들인다. 2장 지금 이 순간을 온전히 즐긴다. 3장 진짜 나답게 되는 법을 안다. 4장 나 자신을 늘 경계하고 성찰한다. 5장 지식을 얻되 나의 것으로 만들라. "내가 그것을 어떻게 보느냐가 중요하다." "나는 인생을 남들의 두 배로 즐겼다." "내 삶의 여정에서 찾은 최고의 필수품은 책이다."

글을 쓰는 사람으로 그의 글은 전적으로 나를 매료하고 압도한다. 그가 무엇보다 중시한 것은 자기 자신에 깊이 침잠하여 내면을 들여다보는 것이었다. 그러려면 일부러라도 고독을 자처하여 다른 사람과의 접촉이 차단된 곳에서 명상하고 사색할 수 있어야 한다고 생각했다. 몽테뉴 자신이 이를 실천해 서재에 은둔하며 독서에 몰두하고, 내면과 경험을 관찰한 결과를 자유롭게 글로 써 내려간 결실이 바로 이 책이다. 고독과 독서가 주는 기쁨에 대한 몽테뉴의 예찬은 그의 경험에서 우러나온 것이기에 더욱 진정성 있고 설득력 있게 다가온다. 고독 속에서 평정을 찾는 것이 진정한 행복인지도 모르겠다고 나는 이 책을 읽으며 내내 생각했다.

"고통도 두려움도 없이 죽음에서 삶으로 건너왔던 그 길을 따라, 삶에서 죽음으로 다시 건너가라."

이 말도 나에게는 사무치게 다가오는 말이다. 암 투병으로 언제 해방이 되는가 하는 내 소망과 의심은 나를 번번이 우울하게 가두곤 했다. 때마침 해맑은 웃음의 소유자 탤런트 김자옥마저 대장암의 후유증으로 사망하여 나의 두려움은 극에 달했다. 그때 들려오는 몽테뉴의 외침. "죽음이 어디서 우리를 기다리는지 알 수 없으니, 어디서든 죽음을 기다리자. 죽음에 대해 미리 생각하는 것은 자유에 대해 미리 생각하는 것이다. 죽는 법을 배운 사람은 노예 상태에서 벗어난 사람이다. 생명의 상실이 나쁜 것만은 아님을 깨달은 사람에게 인생에서 나쁜 것이란 아무것도 없다. 죽는 법을 알면 모든 예속과 속박에서 벗어난다."

나는 그 구절로부터 안절부절못하는 마음을 겨우 잠재울 수 있었다. 이 말은 또 어떤가. "자기 존재를 있는 그대로 누리는 것이야말로 절대적인 완성이며, 신적인 완성이다. 우리는 자신의 처지를 이해하려고 노력하지 않기 때문에 남의 처지를 탐하며, 자신의 내부에서 무슨 일이 벌어지고 있는지 모르기 때문에 자기 밖으로 나가려 한다. 내가 보기에 가장 아름다운 삶은 보편적이고 인간적인 본보기를 따르는 삶, 질서가 있으면서 특별함도 괴상함도 없는 보통의 삶이다." 그런 그가 책 말미에 남겨 놓은 말은 다름 아닌 "인생 별거 없다. 지금 순간을 즐겨라."였다. 죽음에 구애받지 않고 순간을 충만하게 누리는 것. 이것이 그가 삶에서 최종적으로 얻은 지혜이자 독자에게 마지막으로 전하고 싶었던 말이다. 나 역시 죽을 고비를 넘긴 마당에 행복을 위해 도덕과 질서가 정연하다면 "주어진 그대로 인생을 즐겨라."에 과감히 아낌없이 투자하겠다. 그의 명문장 "세계에서 가장 위대한 것은 나답게 되는 법을 아는 것이다." 그 말도 알고 보면 "너의 인생은 네 것이니 후회 없이 행복하게 살아라."와 일맥상통한다. 요즘 들녘에 혼자 서서 고독하다 싶을 때 중얼거리는 그 말 "그래! 인생 뭐 별것이 있나. 내가 좋으면 그만이지. 그게 행복이 아니겠는가."는 요즘에 흔해빠진 말이기는 하지만 내가 아플 때 몽테뉴의 책을 보고 배운 산 지혜라 여겨지는 것이다. 그런 몽테뉴는 내가 공학적으로 평생을 다룬 '파스칼의 법칙'을 만든 팡세의 저자 파스칼에게도 지대한 영향을 미쳤다. 팡세 즉 사유가 도덕적 지성을 이끈다는 데도 나는 전적으로 동의한다. 그들은 모두 행복을 깊은 사색에서 찾았다.

데카르트와 파스칼 그리고 몽테뉴. 나는 그들을 보며 학문이라는 것이 인문학이든 과학이든 넘나드는 의지 속의 하나의 실현체라 생각했다. 실제 몽테뉴는 데카르트와 파스칼에게 많은 영향을 미쳤다. 데카르트와 파

스칼, 그 둘은 만난 적이 있으며 두 사람은 몽테뉴에게 동일하게 영향을 받았고, 회의주의 방법을 사용한다. 몽테뉴와 파스칼은 프랑스 지성사에 등장하는 거장이다. 『수상록』으로 유명한 몽테뉴는 인간 그대로의 인간을 강조했다. 몽테뉴가 살던 시대는 종교개혁의 후폭풍으로 신교와 구교 사이에 참혹한 내전이 벌어지던 때였다. 사람들은 서로 자신들의 신을 믿으라고 강요하며 유럽을 피로 물들였다. 몽테뉴가 본 것은 인간의 광기였다. 그 광기를 낳은 것은 '우리가 믿는 신만이 진짜 신'이라는 맹목적 신앙이었다. 몽테뉴는 이 독단적 맹신이야말로 삶을 파괴하는 요인이라고 생각했다. 그때 그가 내린 처방이 '회의'였다. 회의의 정신을 몽테뉴는 이렇게 묘사했다. "뒤흔들고, 의심하고, 따져 묻고, 어떤 것도 단정하지 않고, 어떤 것도 다짐하지 않는 것." 그는 "인간의 삶 속에서 일어나는 모든 것은 근본적으로 인간 자신과 관련돼 있으며 필경 인간의 문제로 귀착된다."며 끊임없이 "인간, 그는 누구인가."라는 물음을 던졌다. 하지만 한 세기가 지나 활동한 파스칼은 눈앞에 보이는 것, 손에 잡히는 것만이 아니라 눈을 들어 그 이상의 것을 보라고 말했다. "신음하며 찾으면" 그것을 볼 수 있다는 것이다. 종교전쟁이 끝나고 유럽이 안정기로 접어든 이 시기에 파스칼은 '불안'을 보았다. 그에게 인간이란 '위대함'과 '비참함'의 사이에서 줄타기를 하는 존재였다. 인간은 갈대와 같은 존재여서 무한한 우주에 비하면 한없이 비참하다. 그러나 그렇게 미약한 존재가 전 우주를 사유할 수 있다는 점에서 한없이 위대하다. 파스칼의 강조점은 '비참' 쪽에 찍혀 있었다. 파스칼 시대에 몽테뉴의 가르침은 꽤 널리 퍼진 일반교양이 되었다 파스칼이 보기에 몽테뉴는 이 근본적인 문제를 덮어버리고 그 위에서 적당히 삶을 즐기려고 한다. 몽테뉴처럼 의

심만 하고 끝내서는 안 된다. 의심의 끝을 뚫고 '초월'로 나아가야 한다. 기독교의 신에게 귀의함으로써 불안과 불행을 극복하고 참된 행복을 누릴 수 있다는 것이 파스칼의 생각이었다. 『팡세』는 이렇게 기독교 변호론을 펼치는 책이다. 이 두 사람의 대결은 인본주의와 신본주의의 충돌로, 중요한 것은 이들의 대결이 인간의 삶 속에서 끊임없이 되풀이되는 영원한 대결의 표본이라는 점이다. 또 다른 인물 데카르트는 회의주의 방법을 통해서 과학적 진리와 종교적 진리를 세우고자 했다.

큰 아픔은 후유증이 깊다

 질풍노도의 혹독한 계절은 지났지만 남겨진 상흔은 꽤 깊었다. 증오를 겨우 잠재웠다지만 모든 것이 순조롭고 평온한 것은 정녕 아니었다. 마음속에서는 정리할 잔재들이 서로 뒤엉켜 나를 옭아맸다. 무엇보다 힘든 것은 인간적인 배신감이다. 투서한 나의 직원들, 근무처는 나와 그들을 격리해야 한다 생각한 모양이다. 나는 복직을 하고서도 다시 그들 곁으로 갈 수가 없었다. 어쩔 수 없이 행정 업무를 본 게 다 그 이유다. 나로선 아낌없이 했다 자부했는데 믿던 팀원들이 배신했으니 더 뭐라 할 말이 없다. 간혹 개인적으로 찾아와 용서를 구하는 직원도 있었지만 애써 다시 연을 잇는다는 게 더 힘들고 어려운 일이라고 여겨졌다. 그들과의 관계라면 여기서 말 것이며 무엇이든 송두리째 잊어버리고 싶었을 뿐이었다. 오죽하면 투서를, 그 생각만 하면 나는 잠을 설쳤다. 어느 때 기술적 사안을 물어보면 응하기는 해도 그들 근처에 얼씬도 안 했다. 그래야 그들이 나를 대하기가 편하리라고 생각했다. 훗날 아들 결혼식 때 부조금을 낼 때쯤 그들과의 관계는 그쯤 해소

된 것으로 생각했다. 아쉽지만 그들과 지내오면서 갖던 그들에 대한 진실은 영원히 사장되고 만 셈이다. 나는 그들을 누구보다 아끼고 존중했었다.

그들은 그렇다 치더라도 아주 친했다고 생각하고 굳게 믿었던 가까운 사람이 돌아설 땐 참으로 참혹했다. 복직하리라고 생각하지 못하여서 그런지 몰라도 내게 함부로 대한 사람들도 개중에는 더러 있었다. 정말 인간적으로 신뢰하고 믿었던 사람의 배신감은 너무도 큰 상실감을 안긴다. 세상 다 나에게 등 돌려도 이 사람은 아닐 거라 믿었던 신뢰가 깨지는 순간의 허탈감이란 도저히 표현할 길이 없다. 세상을 잘못 살았다는 자괴감과 믿음에 대한 분노가 뒤섞여 갈등이 숨을 막고 가슴을 짓눌렀다. 내게 벌을 준 사람보다 더한 후유증이 남았다.

어쩌면 암으로 고통받을 때보다도 이때가 더 힘든 시기가 아니었을까. 그렇게 미궁에 빠지다가는 자칫 몸을 크게 상할 것 같았다. 아직도 이 말은 잊지를 못하겠다. 내 앞에서 왜 그런 잘못을 저지른 사람하고 만나느냐 하는 소리를 주변에서 자주 듣는다는 말을 아무렇지 않게 하는 것을 보고는 믿었던 신의가 송두리째 뽑히는 것 같았다.

이런 사람을 믿고 의지했다는 게 부끄러웠다. 나는 결단을 내렸다. 배신감을 잘 극복하지 못하면 마음에 엄청난 상처를 입는다. 믿음이 깨졌다면 그것으로 인연을 끊도록 노력해야지 더 이상 미련을 갖고서 분노에 허덕이다간 큰 병이 다시 도질지도 모른다. 어차피 세상에는 배신이 있을 수밖에 없다. 믿음이란 항상 깨지게 되어 있다 보는 것이 또 요즘 세상이 아닌가. 믿음이 깨졌으면 그것으로 매듭을 지어야 한다. 믿음에 대한 배신의 원망은 무서운 병으로 돌변하여 자신을 공격하게 될지도 모른다. 나는 이미 늙었고 믿음을 소비하기에도 너무 시간이 짧다.

  그렇게 내 신의가 저 땅 끝이라 여겨지던 때 믿음에 대한 배신감이 더하여 나는 대인기피 증세를 보이고 있었다. 사람을 만나기 극히 부담되고 걱정이 되며 부정적인 생각과 함께 혼자 있고 싶은 생각이 강하게 들어 출근이 주저되었다. 사람들 앞에 서기 두렵고, 창피를 당하지 않을까? 하는 생각이 강한 나머지 사람들과 잘 어울리지 못할 것만 같았다.

  사람들과 좋은 관계를 다시 맺고 싶어도 특성상 그렇게 하지 못하는 자신에 대한 부정 심리가 형성되어 타인에 대한 부정적인 마음이 자꾸 돌출된다 싶었다. 그러다 보니 점심에 식당에 안 가고 누구와 만나지도 않으며 퇴근하면 쫓기는 사람처럼 집으로 쏜살같이 내뺐다. 자연 사람들과 어울리지 않으니 삶이 쓸쓸했다. 그렇다 해서 혼자 있는 것이 즐거운 것은 또 아니었다. 시시때때로 엄습하는 외로움과 허전함 그리고 무료함은 나를 그것으로 또 두렵게 했다. 내가 하고 싶은 것, 내가 익숙하고 편한 것들만 하게 되고 새로운 것에 두려움이 날로 커졌다.

선천적인 성격보다는 타인에 대한 심리적인 외상 및 트라우마로 인하여 발생하는 경우가 많기 때문에 사람들 앞에서 뿐만 아닌 전반적으로 자신감이 부족하거나 결여되어 있는 경우가 많다. "저 사람이 나를 어떻게 생각할까?"에 대한 걱정이 매우 많았다. 하지만 대인기피증 또한 개인의 성격으로 굳어진 질환인 만큼 쉽게 해결될 수 있는 문제는 아니지만, 문제를 해결하고자 하는 나의 노력과 의지가 있다면 충분히 좋은 결과를 얻을 수 있지 않을까 하며 나는 늘 반문하고 생각했다.

가장 중요한 것은 나의 의지다. 직접 사람들과의 만남을 위해 적극 노력한다든지, 사람들과의 만남에서 긍정적인 부분을 찾기 위해 노력한다든지 아니면 사람과의 만남에서 이전에는 웃지 않았다면 용기 내어 활짝 웃어보며 스스로 긍정적인 이미지를 어필하기 위해 시도해 보는 등…. 비록 작은 시도이고 작은 변화이지만 변화는 이러한 작은 것에서부터 시작된다 싶다. 결국은 나의 마음에 달려 있는 것이다. 그런 험난한 마음속 질곡에서도 내 곁엔 변함없는 든든한 후원자는 그래도 있었다.

이후 나는 그들과 상해와 심양을 같이 다녀오기도 했다. 이는 여행이라기보다는 나의 치료차 그들이 기꺼이 동행해준 것이다. 나는 지금도 그들과 더불어 지란지교를 꿈꾸며 오순도순 정을 나눈다. 이 세상은 변하지만 변하지 않는 우정도 있다는 것을 나는 바로 말하고 싶다. 힘든 일을 닥쳐봐야 그때 비로소 진정한 친구의 의미도 바로 알 수 있다. 그 무렵 나의 든든한 위로는 엘리자베스 퀴블러 로스의 「상실 수업」이란 글 중의 어느 대목이었다. 어쩌면 내 처한 상황을 그대로 보고 옮겨 놓았을까 싶었다. 그녀는 중풍에 걸려 병상에 누워서 이 글을 써 내려갔다. 평범한 한 인간에게 닥칠 수 있는 어느 상실감에 대해서 단호하기는 하지만 아주 명쾌한 해법이기도 하며 사랑하는 자신을 위한 글이기도 하다. 언제 그랬냐 싶은 지금이지만 지금도 가끔 그녀의 글을 들여다본다. 마음을 다독여 보다 알찬 내일을 위해.

지속적인 행복은 가능한 것일까

아플 때 제일 아쉽고 생각을 많이 한 게 행복에 대해서였다. 행복하고는 싶은데 내 상황에서 어찌 행복할 수가 있을까. 후회했다. 돈도 많이 벌고 즐거움도 곱절로 더 늘어나고 그러면 늘 바라는 대로 충만하지 않을까 하는 그런 생각이 다시 차지한다. 그렇다면 종전에 산 방식과 별반 다를 바가 없다. 이제는 그러면 안 될 것이다 싶은데 막막했다. 나처럼 대개는 행복의 의미를 떠올리자면 삶의 기쁨을 떠올린다. 하지만 기쁨은 행복의 중요한 요소이기는 하지만 '행복=기쁨'의 등식이 항상 성립하는 것은 아닌 것은 분명하다. 그렇게 대충 믿고 살았지만 그럴 리 없다. 큰일이 닥치고 보니 이에 안주하다가는 더 큰일이다 싶었던 게 사실이다. 언제 죽을지도 모르는 놈이 행복 좇다 그냥 고사하고 말 판국이다. 그렇다고 기쁨을 다 채울 수는 없고 분명 기존의 의식에 둔 행복의 까닭에 원인이 있다 싶다.

상을 받을 때는 기쁘지만, 그 기쁨은 시간이 흐르면 자연히 사라진다. 그리고 머문 시간이 너무 짧다. 기쁨은 시험을 잘 보거나,

게임에서 이기거나, 맛있는 식사나 쇼핑을 하는 것과 같은 사건에서 느끼는 일시적인 감정이다. 하지만 이러한 즐거운 일이 매일매일 반복된다고 해서 꼭 행복해지는 것은 또 아니지 않는가. 사람은 상황에 금방 적응하고 익숙해지기 때문이다. 즐거움을 계속 느끼려면 즐거움을 야기(惹起)하는 자극이 더욱 커져야 한다. 똑같은 세기의 반복으로는 당연히 즐거움은 대번에 반감되고 말 것이다. 마치 경제의 한계효용의 법칙처럼.

행복이라는 것은 괴로움이 없는 것을 말한다. 괴로움이 없는 삶이 과연 지속 가능은 할까. 천국 말고는 아마도 불가능할 것이다. 불교에서는 그 처를 '열반'이라고 한다. 그 이유는 즐거움이 욕망에 뿌리를 두고 있기 때문이다. 원하는 대로 되면 행복, 그렇지 않으면 불행하다고 생각하는 것이 우리들의 일반적인 행복론(幸福論)이다. 원하는 대로 안 되면 원망이 되고 증오를 낳으며 고난이 밀려온다고 말한다. 이를 극복하기 위해 석가는 고행의 길을 떠났었다. 세속은 만만하지 않은 험악한 세상이다. 불교에서는 행복[樂]과 괴로움[苦]이 반복해서 일어난다고 하고 이를 윤회라고 했다.

욕망과 욕심은 다르다. 하지만 욕망이 그득하면 욕심이 가득 채워진다. 그리고 욕심은 더 큰 욕심을 부른다. 욕망의 끝은 그 누구도 알 수 없다. 동서를 막론하고 인간 욕망으로 말미암아 벌어진 전장의 역사는 그 끝이 없었다. 전쟁 역사는 여전히 지금도 진행 중이다. 그렇지 않아도 욕망은 이에 빠진 쾌락주의와 멀리한다고 하여 고행주의를 낳지만 정반대의 이 갈림길조차도 욕망으로부터 순순히 벗어나는 것은 아니다. 어떻게 하면 행복이 괴로움으로 바뀌지 않을까. '苦'와 '樂'이 되풀이되는 것에서 벗어나고, 욕망으로부터 자유로워진다면 얼마나 좋을까. 불교에서는 이를 수행자의 행복이라고 한다. 금욕주의, 수도승이나 승려나 모두 욕구를 따라가면 반드시 과보가 생기고 억제하면 스트레스가 생기는 숙명적 굴레, 이 욕망을 절제하는 데 많은 공을 들인다.

나는 고등학교 때 불교 학교를 다녔다. 교학이라 하여 꼭 들어야만 하는 과목이 있었다. 그때는 심드렁했는데 지금은 내 마음속 철학으로 깊게 자리를 잡고 있다. 나는 불교는 종교라기보다는 철학이라는 생각을 많이 한다. 불교에서 싯타르타(석가모니가 출가하기 전, 태자 때의 이름)는 어느 쪽으로 치우치지 않고, 욕구로부터 자유로워지기 위해 수행한 제3의 길을 발견한다. 그것은 바로 욕구를 알아차리는 것이다. 수행자라면 양극단의 길을 가지 말아야 한다는 것이 부처님 말씀이다. 어느 쪽에도 치우치지 않는 것, 그것을 유교에서는 중용이라고 한다. 욕구를 감지하고 절제하려 애쓰는 것만으로도 인생의 고락을 아우르는 경지에 이르는 것으로 속인들은 그렇게 믿고도 있다. 내 마음에 욕구가 일어나고 있구나, 알아차리는 것으로 욕구에 끌려가지 않는다면 마음의 눈도 달라질 것도 같은, 절제와 극기가 이런 의식의 수행 도구가 아닐까. 그렇게 수행을 반복한다면 괴로움이 없는 경지에 이르는 것일 테고 우리는 도의 경지에 다다랐다고 말도 할 것이다. '苦'도 사라지고 '樂'도 사라지는 적정의 상태, 불교에서는 이를 열반(涅槃)에 이르게 됐다고 한다. 지속가능한 행복의 길, 고요함에 이른다고 보는 것이다.

흥분해 감정이 격해지면 얼굴색부터 달라진다. 욕망을 저버렸든지 아니면 원하는 대로 이루어져 희열이 가득한 것이다. 욕망이 쇠하면 파랗게 또 질리고 만다. 어찌 보면 공평한 세상살이라는 생각도 든다. 종교에서 말하는 해탈(解脫)의 경지는 못 미칠지언정 마인드 콘트롤만 잘해도 나름의 평정한 상태 고요함에 근접할 것 같은 그런 생각도 해본다. 나의 건강함은 바로 윤리적 도덕을 밑바탕을 둔 평정심에 달려 있다.

플라톤이나 아리스토텔레스도 도덕적 사랑의 추구가 행복이라고 했다. 즐거움은 한낱 쾌락의 범주에 속한다고 볼 수 있다. 쾌락은 또 다른 욕망을 재촉할지 모른다. 필시 그럴 것이다. 우리가 제법 많이 경험해보지 않았는가. 괴로움으로부터 벗어나 행복하고 싶다면? 주어진 조건에 긍정적으로 대응하고 욕구를 중심으로 삶을 영위하지 말아야 할 것이다. 욕구로부터 자유롭고 그런 삶으로 나아가는 것, 기존의 '행복 가치'로부터 벗어나 자유의 길로 가는 것 그게 행복의 길이지 않을까. 어쨌든 욕구를 제어한다는 의식은 다분히 주관적일 수밖에는 없다. 그런 관점에서 행복에 대한 가장 그럴듯한 정의는 '주관적 안녕감'이라 할 것이다. '안녕'이란 '평안하다'는 의미인데, 즐거움이라기보다는 오히려 특별한 사건이 없는 편안한 상태를 의미한다. 왜 있지 않은가. 푹신한 소파에 기대어 아무 생각 없이 나른하게 멍을 때리는 기분으로서 달콤함을 느끼는 그런 부류. 이런 상태의 만족이라면 가능할 법도 한데 그러기 위해서는 자기 삶에 대한 만족도가 중요하게 작용할 것이다.

슬프고 괴로운 사람이 자기 인생에 만족할 리 없다. 만족감에는 기쁨과 같은 긍정적인 감정이 필요로 한다. 그래서 행복이란 '만족과 즐거움을 느끼는 상태'라고 정의하기도 한다. 그래서 행복의 기준은 또한 사람에 따라 다를 수밖에 없다. 나는 가난을 두려워하지 않았던 우리 조상님들의 선비 사상이 늘 부럽다. 돈이 없으면 고달픈데도 이를 끝내 마다한 그들의 사상은 끝 모르는 욕망을 경계하고 자신을 극기하여 마음의 평정을 이루려는데 그 뜻을 둔 것이다. 진정한 행복론자들이 바로 그들이라는 생각도 든다. 연암 박지원은 실력이 출중함에도 과거시험에 왜 응하지 않고 가난을 벗 삼아 유유자적 놀고먹었던 것일까. 알 수 없는 노릇이지만 명석한 그답게 현명했던 것도 같다.

명예와 권력에 부귀영화라면 모조리 다라는 플러스알파가 난무해 빈익빈 부익부를 거듭 창출하는 세상 속, 나는 불난 집에 부채질하듯 속도 붙은 자본주의가 무섭다. 요즘 세상은 천박한 물질만능의 자본주의 괴물을 만든 것 같다. 문득 텅 빈 법정의 무소유가 꽉 찬 사유로 내게 다가온다. 나는 다시 마음의 질서를 곰곰이 따져 삶의 지표를 재정립해야 할 모양이다. 이를테면 '富, 名譽, 勸力'이 행복을 좌지우지한다는 어리석은 망상에서 깨어나는 것부터 말이다. 어떻든 행복하고 싶다.

웃어야 할지 울어야 할지

자신을 지키는 주체도 행복을 누리는 첩경임을 잊지는 말자.

열악한 환경 조건에 퇴직을 앞둔 베이비부머(한국전쟁 직후인 1955년부터 가족계획 정책이 시행된 1963년까지 태어난 세대)들도 막막하지만 살 만큼 산 사람들이라 치고 젊은이들이 큰 문제다. 민주국가에서 자본주의 괴물을 만들어낸 것만 같다. 산술적으로 따져 봐도 도저히 자립이 안 되는 안정적 기반이 어려운 게 현실이다. 기실 하루키의 '소확행'이 나온 배경도 살펴보면 우리와 엇비슷하고 좀 우울하다. 그는 일본의 1980년대 경제 붕괴로 인한 경제 침체시기에 힘들게 보냈던 경험을 토대로 소소하지만 확실한 행복을 얻고자 하는 심리를 담아 이 용어를 사용한 것으로 알려졌다. 이 같은 심리는 일종의 '방어기제'로 경제 불황 스트레스와 취업 불안 등에서 자신을 보호하기 위한 일종의 양식이 이 소확행인 셈이다.

젊은이들이 소확행에 열중하는 데는 마음 짠한 구석이 있다. 일본이 그 시대에 그러하였듯 성공이 보장되지 않는 우리 사회의 구조적 현실이 너무 닮아있다. 'N포 세대'로 불리는 청년들의 애달픈 삶이 투영된 측면이 너무도 많다. 사전에는 N포 세대란 어려운 사회적 상황으로 인해 취업이나 결혼 등 여러(N) 가지를 포기해야 하는 세대라고 정의하고 있다. 이런 N포 세대는 기존의 3포 세대(연애, 결혼, 출산 포기), 5포 세대(3포 세대+내 집 마련, 인간관계 포기), 7포 세대(5포 세대+꿈, 희망 포기), 9포 세대(7포 세대+건강, 외모 포기)로 포기 숫자가 내가 사회 물정을 그렇게 하나둘 덮고 있듯이 갈수록 늘고 있다.

의욕 상실을 말하는 포기란 말과 "젊은이여! 꿈을 가져라."는 말은 지극히 대치되는 말이다. 우리 때만 해도 뭣 모르지만 "Boys, Be Ambitious!"란 말을 숱하게 하고 들었는데 요즘에는 이 말을 거들먹거리지 않는다. 여기서 내 생각은 양분된다. 분명 자아 만족의 의미로서 소확행의 길은 그럴듯하지만 젊은이에게 당당히 이를 권장할 것인가에 대해 회의감이 드는 것 또한 사실이다. 그들의 소확행의 추구에서 내가 제일 마음에 걸리는 것이 바로 이 야망에 대한 포부가 실종되고 말았다는 데 있다. 이를테면 작은 세계에 대해서도 만족하자는 것이고 너무 죽어라 애쓰지 않아도 되는 것이며 평범함을 추구하는 것으로의 관점 전환이 무엇보다도 애석하다 싶은 것이다.

뜻하자면 요즘 청년들이 워낙에 어렸을 때부터 치열하게 경쟁하고 별 보고 집에 들어가고 각박하게 살다 보니까 젊은 나이에 벌써 에너지가 고갈된 것이 아닐까 싶기도 하고 평생을 힘들게 산 부모 닮은 기성세대의 힘든 모습을 보자니 뭐 인생이 그렇게 허무한 것이더냐 하여 그래서 더 이상 열정적으로 뭔가를 추구할 동기 부여가 생기지 않는다는 점이 크게 작용한 것은 아닌가 하고 우려하게도 되는 노릇이다. 청년 세대는 그래서 아! 내가 평생 힘들게 살고 나서 그 모습이 저 정도란 말인가, 그럼 그냥 저렇게 살기 위해서 지금 희생하기보다 지금 편하게 사는 게 낫지 않나 이런 생각이 더 현명하게 자리할지도 모른다. 또 생각해보자면 우리 사회가 사회 초년병들한테 여러 가지 부조리한 처우, 비정규직이나 을의 처지인 이들에 대한 여러 가지 편견과 압박들, 이런 게 심하다 보니까 청년들이 꼰대들의 그런 습성을 참고 감내하느니 차라리 내키는 대로 나 홀로 편하게 살고 말겠다. 이렇게 생각도 할 수도 있겠다 싶다.

  그중에서도 아무래도 제일 찔리는 구석은 바로 이거다. 솔직히 미래에 희망이 없는 것 아니냐. 그러니까 젊은 시절을 다 바쳐서 열심히 살아봐야 서울 시내에 아파트 한 채 살까 말까인데, 그 아파트 한 채 안 사고 뱃속 편하게 살고 말지. 그러다 보니 외제차 사서 싱싱 달리고 혼자의 행복을 찾겠다는 것이고 그들 욕구를 채워줄 다른 방도도 없는 마당에 그냥 지켜볼 수밖에 다른 도리가 없다 싶기도 하다. 다른 한 편으로는 요즘 젊은 세대가 어렸을 때 배고픈 경험이 없어서 물질적 성공에 대한 강박감이 없어서 저러는 것이 아닌가 싶어 또 걱정이 앞서기도 하는 것이다.

그러다 보니 벌써 그들은 세상 다 살아본 양 초탈한 느낌이 돼 가지고 없으면 없는 대로 내 방식대로 편안히 살자 이런 것은 또 아닐까 싶기도 한 것이다. 그렇다면 큰일이 아닐 수 없다. 의기소침에 자가당착이 뒤범벅이니 기성세대로서는 가당치 않은 게 사실이다. 과거는 뼈 빠지게 너무 일만 하는 중노동으로 점철된 과로사회였다. 그래서 그 과로사회에서 삶의 질을 추구한다는 측면으로의 전개는 이미 때는 늦기는 했으나 바람직한 측면이 있다고 하겠지만, 너무 젊은 나이 때부터 이렇게 내가 미래를 위해서 노력하는 걸 안 하겠다. 그냥 평이하게 여유 있게 살겠다고 이러면 우리 사회의 발전 동력은 도대체 어디서 찾을 수 있겠는가 말이다.

젊은이들이 열심히 땀 흘려 뛰어도 우리 사회가 발전할 수 있을까 말까인데. 한때 유행했던 코미디 말, 장차 소는 누가 키우는가 말이다. 젊었을 때부터 여유가 생기면 우리 사회가 더 이상 발전을 못 하는 것은 당연하다 싶어 걱정이 앞서기도 하는 노릇이다. 어쩌면 좋은가. 인생이란 한 치 앞도 알 수 없는 길 위의 여정과 같다. 그러나 인간은 원래 불확실한 상태를 두려워하고 통제할 수 없는 상황에 다다르면 극도의 스트레스를 받는 내 마음대로 행복해지자는 취지다. 그렇기에 이 취약한 상태로 멈춰 서 있지 않으려면 투지를 불태우며 알 수 없는 미래에 도전하여 그 한계를 극복해 나가려는 의지를 불태우는 게 논리상 더 맞다.

때론 실패를 겪으며 좌절하기도 하지만 이에 굴하지 않고 다시 일어설 때 얻게 되는 성취감과 보람이야말로 '행복지수'를 끌어 올리는 주된 요소가 아닐까. 비록 사회 구조적 난제로 치인 꼴이지만 그렇다고 한창 때의 청년들이 변화 없는 일상에 그저 굴복해서야 될 것인가 말이다. 과거 기성세대에게 젊은 시절의 과제는 맨손으로 절대적 빈곤과 무지를 때려잡는 것이었다면, 현재 젊은 세대는 이 불확실한 세태에 유연하게 대응하며 오히려 다양한 미래상을 제시해 나갈 소명을 부여받았으며 이를 충실히 헤쳐 나가야 할 것이고 그렇게만 해준다면 정말 나는 고마울 것이다.

노파심이라고 누구는 말하겠지만 따져 보면 구구절절이 맞다 싶은데도 나는 헷갈리고 판단유보다. 이에는 또 다른 측면이 있어서다. '이 세상은 어떻게 행복할까?'에서 '왜 행복을 추구할까?'라고 행복에 대한 담론과 질문이 변화하고 있다. 나로서는 어떻게 행복할까 하는 이상에 치우쳐 너무 먼 길을 돌았던 것만 같다. 어쩌면 행복은 관념적이고 의식적인 피상체가 아니라 평범한 일상 앞에 놓인 감정적 생리적 현상이란 생각이 요즘 부쩍 든다. 젊은이들은 꽤 그 방면에 유능하고 발달해 있다. 행복의 기준이 미래에서 지금으로, 특별함에서 평범함으로, 진하거나 강하고 큰 것에서 작더라도 지금 자주 느낄 수 있는 실체 추구로 변했고 마저 변하고 있다. 어떤 이는 '소확성'을 '소소하지만 확실한 성취 경험 또는 성실한 수행'이라고 정의하면서, 작은 성취 경험이 쌓이고 땀과 열정을 담은 성실한 수행은 개인에게 나타난 우연을 기회로 만드는 내공이 된다고 말하기도 한다. 그러면서 우연한 기회를 발견하고 활용하는 생각이 습관화되면 사람의 운명까지도 바꿀 수 있다는 것이다. 서구에 젊은이들은 마음껏 즐기며 자신을 찾는 그런 경향이 농후하다.

그들처럼 아침에 내리는 커피 향에 행복감을 느껴 보거나, 편한 자세로 쇼파에 누워서 책을 읽거나 또는 바쁘다는 핑계로 미뤘던 드라마 시청을 해보면 어떨까? 또 좋아하는 가수의 음악을 듣거나, 좋아하는 화가의 미술품을 감상해보면 어떨까? 이렇게 다양하게 각자만의 소확행 거리를 확장한다면 그 삶도 괜찮지 싶기도 하다. 누구에게 보여주는 것이 아닌, 오로지 나 혼자 편하게 누리는 소소한 행복감, 그런 것들이 하나둘씩 늘어가는 삶을 살 수 있다면 그 또한 근사한 삶이라고 느껴지는 것도 사실이다.

때로는 집시맨도 되어보고, 또 때로는 석양을 바라보면서 지난날의 아름다운 추억을 기억의 창고에서 끄집어도 내보고 하면서 말이다. 이런 현상들이 대중문화에까지 점점 영향을 미치고 있다. 나도 즐겨 보지만 일상을 묘사한 것인데 보면 우선 편안해진다. 평안하고 소소한 일상을 담은 〈윤식당〉이라든가 〈효리네 민박〉, 〈나 혼자 산다〉 이런 프로그램들이 다 그런 부류들이다. 특별한 존재가 되기보다 평범하게 살면서 아무렇게 나의 삶을 살겠다는 우려와 더불어 인간적인 자연스런 해방감도 같이 수반해 나로선 여러 가지로 소확행의 젊은이들의 승차가 어떠하다고 말하기가 참 어렵다.

먼 데 가는 게 아니라 골목길의 작은 카페에서 햇살을 받으면서 시집을 읽는다. 그런 것에 나는 만족하고 행복을 느낀다고 한다. 그래서 요즘에 여행 계획을 세우는 분 중에서도 특이한 데가 아니라 그냥 일반 골목길 카페 투어를 가겠다, 이런 사람들이 많아지고 이른바 핫 플레이스라고 해서 도심의 평범한 골목길이 뜨는 그런 현상도 나타나고 있는데 그 소확행이 이 나이에는 더할 나위 없이 고맙고 흐뭇한 행보이지만 과연 젊은이들에게도 적절한지에 대해서는 앞으로도 두고두고 생각해 볼 일이다.

오늘도 나는 소확행의 한 행보다. 주말 오전, 알람 소리 없이 개운하게 일어났다. 밤사이 내려두었던 블라인드를 걷으며 따사로운 햇볕을 멍 때리며 그냥 쪼인다. 오늘은 내가 바로 디오게네스다. 그 누구를 탓하지 않을 것이라면 이 화창한 날 모든 것을 수수하게 내려놓고 벌거벗은 그처럼 한가로이 볕을 쪼이는 것도 괜찮다. 그는 거칠게 먹고 험하게 입고 산 사람으로 유명하였다. 형편이 구차한 그는 값싼 푸성귀를 구해 깨끗하게 씻어 먹고는 했다. 그가 시냇가에서 푸성귀를 씻고 있는 것을 본 한 유복한 친구가 지나가다 안타깝다는 듯이 그에게 충고했.

"고개 수그리는 법을 조금만 알아도 호의호식할 수 있는 것을…." 유복한 친구를 돌아다보면서 디오게네스가 응수했다. "조의 조식 하는 법을 조금만 안다면 고개를 수그리지 않아도 되는 것을⋯." 마냥 천하고 가난하니 가릴 것 없고 숨길 것 없고 부러울 것 없는 디오게네스의 봄볕도 소확행의 지극히 한 부분이다. 오후에는 좋아하는 동네 카페에서 평소 읽고 싶었던 책을 읽는다. 어떤가? 말만 들어도 행복하지 않은가? 스쳐 지날 법도 한 우리의 소소한 일상들이 소확행이라는 이름으로 새롭게 주목받고 있는 요즘 나는 나븟한 수필이 그 전달체로 최고이지 싶다. 물론 야망과 패기의 대명사라 할 젊은이들의 이 소확행의 행보가 바람직한 것인지에 대해서는 나는 아직도 판단유보다.

행복의 요소

행복은 정서적, 심리적, 사회적 요소가 복합적으로 작용하는 결과물이다. 이러한 구성 요소를 균형 있게 관리하고 발전시키는 것이 개인의 행복 수준을 높이는 데 필수적이다. 정서적으로 안정될수록 행복감도 더해진다. 기쁨, 감사, 사랑, 희망과 같은 긍정적인 감정을 자주 경험하고, 동시에 스트레스, 불안, 분노와 같은 부정적인 감정을 덜 경험하는 것을 말한다. 긍정적 정서의 빈도와 강도는 행복의 중요한 지표로 여겨지며, 이는 순간적인 기분뿐 아니라 장기적인 삶의 만족감에도 영향을 미친다. 실은 마음대로 안 되는 게 이 안정 추구가 아닐까. 이는 여러 전제를 갖고 있다는 말도 된다. 인간은 사회적 동물이기 때문에 소속감과 연결성을 느끼는 것이 매우 중요하다.

사회적 지지는 특히 스트레스 상황에서 큰 힘이 될 수 있다. 예를 들어, 어려운 시기에 친구나 가족으로부터 받는 정서적 지지는 개인의 스트레스 수준을 낮추고 회복력을 높인다. 또한, 사회적 행복은 공동체 내에서 기여할 기회를 찾고, 타인과 협력하여 목표를 달성할 때 더욱 강화된다. 삶의 만족은 개인이 자신의 삶을 얼마나 긍정적으로 평가하는지를 나타낸다. 이는 주관적인 요소로, 과거 경험, 현재 상황, 그리고 미래에 대한 기대치에 따라 달라질 수 있다.

행복이 자율적인 것이고 심리적 안정을 수반한다 해도 현대를 살아가는 우리는 사회라는 굴레 속 자본주의 개념을 무시하고 살 수는 없다. 자본주의를 살아가는 현대인들은 일단 경제적으로 성공하는 것을 행복의 가장 중요한 요소로 꼽는다. 그래서 여유롭고 넉넉한 경제적 상황이 사람을 행복하게 만들 수 있는 조건이라고 여기고도 있다. 다른 한편으로는 돈을 가진다고 해서 마냥 행복할 수가 없기 때문에, 그에 못지않게 정신적으로 안정된 삶이 행복으로 이끈다고 생각하는 이들도 존재한다. '남들에게 뒤처지지 않기 위해 돈을 벌어야 한다는 생각과 불안하고 지친 마음을 달래며 정신적 평온을 얻고 싶다는 생각'이 교차하는 현실에서, 실질적으로 자신의 삶을 충분히 영위할 수 있는 경제적 조건이 갖추어져야 하며, 그 다음에 정신적으로 평온을 추구하는 삶의 자세가 필요하다고 나는 말하겠다.

하지만 그러한 상태를 갖추는 것이 말처럼 정말 쉽지 않다는 것을 인정하지 않을 수 없다. 사회생활을 하면서 매일의 일상에 허덕이는 이들에게 경제적 여유는 고사하고, 정신적 평온을 찾는다는 것이 진정으로 쉽지 않기 때문이다. 나는 불안한 사회석 안

전망이 걱정이다. 요즘 젊은이들은 결혼도 안 하고 아이들도 안 가지려 한다. 이는 역설적으로 불행하고 싶지 않아서다. 심리적으로 위축 되는 현실, 사회 속에서 행복한 나를 찾는 과정이 쉽지 않다. '성공'이라는 단어가 우리 삶에서 우리를 옭아매고 있다는 생각이 든다. 요즘 MZ세대의 삶의 방식도 변화하고 있다고 한다. 한때 '소확행(소소하지만 확실한 행복)'이 유행이었고 'YOLO(You Only Live Once·인생은 한 번뿐)'로 흐르다 지금은 불필요한 소비는 줄이는 'YONO(You Only Need One·하나만 있으면 된다)'라고 한다. 진정으로 소중한 것을 찾아간다는 이 노력에 공감한다.

하지만 도전이란 청춘의 상징이 아닌가. 무엇을 하든 목표가 필요하다. 이에는 감내할 고생이란 것도 자연 수반된다. 고생은 그저 험한 일을 견디는 게 아니라 내가 선택한 길을 향해 전력 질주하는 것. 때론 고독하고, 때론 치열한 전투가 필요할 때도 있지만 그게 내가 들고 싶은 깃발을 향해 가는 길이라면 이는 사는데 큰 보약이 된다. 어디까지나 살아내야 하는 주체가 바로 나 자신이기 때문이다. 고대 그리스어 '에우다이모니아(eudaimonia·행복)'의 뜻을 풀어보면 '진정한 번영과 행복은 단순히 목표를 이루는 것이 아니라 그 과정에서 자신의 잠재력을 최대한 발휘하며 살아가는 것'이라고 했다. 삶은 결과로서 말하는 게 아니라 길에 노정된 과정 속에 참 뜻이 있다.

좋은 삶은 어쩌면 그리 멀리 있지 않은 것 같다. 결국 삶의 만족은 재정적 안정, 건강, 직업 만족도, 대인관계와 같은 여러 요인에 의해 영향을 받는다. 하지만 중요한 점은 삶의 만족도가 반드시 객관적인 조건에 의해 결정되는 것은 아니라는 것이다. 같은 상황에서도 어떤 사람은 만족감을 느끼고, 다른 사람은 그렇지 않을 수 있다. 이는 개인의 관점과 태도가 중요한 역할을 한다는 것을 보여준다. 행복은 단순히 외부 조건에 의존하는 것이 아니라, 개인의 노력과 태도를 통해 강화될 수 있는 상태라는 점에서 큰 의미를 가진다. 하지만 물질적 고초가 심한 요즘, 고생을 마다하지 말라는 말도 한도가 있고 도 닦듯 자신만의 심리적 안정을 취하며 하고 싶은 대로 살아라 하는 말도 허울로만 느껴지는 지금의 현실에서 행복 안내가 참 어렵다. 아무리 단순화하려 해도 못 먹고 못 살던 내 시대보다 취직하기도 어렵고 집도 장만하기도 어렵다. 정감도 다 떨어져 애틋함도 없다. 그런 젊은이에게 소소한 행복으로 방향 선회하라고 말하기도 어렵고 젊은이여! 원대한 꿈을 가져라 일갈하기도 그렇고 참 어려운 시국이 십여 년째 펼쳐지고 있다. 행복의 가치에서 이를 뺄 수도 없고 정말 난감한 세상살이다.

미래의 우리는 늘 현재의 우리를 배신했다

우리는 미래에 과다한 투자를 한다.

이른 새벽 시간에도 정류장에는 출근하는 사람들로 긴 줄이 늘어선다. 날이 추워지는 계절이 오면 을씨년스런 새벽녘 바람에 마음도 금세 오그라들게 된다. 그렇다고 긴 줄을 안 설 수는 없는 노릇이다. 희망찬 미래를 위해 현재를 열심히 사는 사람들. 늘 현대인들은 바쁘다. 그 시절 꼭두새벽 꽉 들어찬 버스에 올라타고 서울로 향하던 때가 부스스 떠오른다. 안양에서 서울로 향하자면 비교적 많은 시간과 적잖은 비용과 버스의 궤짝 취급을 수없이 감당해야 했다. 나뿐만이 아니라 버스에 거의 반을 차지하는 많은 학생은 그 길을 택한 것이다. 이는 미래의 나를 위한 부모님의 희생이었으며 나로서도 미래를 담보한 크나큰 투자였던 셈이다. 정말 우리나라의 교육열은 대단하다. 어디 그 시절뿐이던가.

현재의 우리는 지금까지도 줄기차게 미래의 우리의 행복을 위해 수많은 시간을 희생하며 살고 있다. 이는 미래의 우리가 현재의 우리에게 나은 삶의 질을 선사하리라는 큰 믿음이 있기 때문이다. 그래서 미래의 우리는 현재의 우리의 노고에 보답했을까. 지금은 도저히 되살릴 수도 없는 열정 가득했던 젊은 날들이었지만 기대만큼 소득을 가져본 적은 한 번도 없는 것 같다. 우리의 젊은 날의 초상은 그 누구든 유사하며 그렇게 미래를 담보삼아 산 세월이었다. 정신없이 하루를 살다 보니 한 달, 반 년, 일 년이 훌쩍 지나고 어느새 이제는 백발이 성성한 중늙은이가 되어버렸다. 좋은 직장에 취직하기 위해서, 좋은 대학에 들어가기 위해서, 그 이전에는 좋은 고등학교에 들어가기 위해 앞만 보며 살아왔던 그 시절의 나라고 해도 과언이 아니다. 그렇게 사회가 부여한 가치를 내 등불인 양 좇아 산 사람들이 어디 나쁜인가. 야속하리만큼 그 붙잡힌 시간이 다들 너무 길었다. 살아보니 세상 참 별거 아니다.

경험해보지 않았던 미래의 그 '무엇'을 위해 현재를 감내하며 살아온 인생, 명확하지도 않고 손에 잡히지도 않은 채, 단지 외부에서 가치를 부여한다는 그 이유만으로도 충분한 것처럼 여기며 자존을 추켜세운 시간이라니, 막연한 희망과 기대를 안고 살아가다가, 그토록 기다려왔던 그 순간에 마주하게 됐을 때 우리는 예상했던 충족함이나 행복감을 제대로 느꼈던 것일까. 성공한 사람들조차도 행복하다는 말 대신 허무하다는 말들을 많이 한다. 아마도 이는 끝을 모르는 『욕망이라는 이름의 전차(A Streetcar Named Desire: 미국의 극작가 T. 윌리엄스의 3막 희곡)』처럼 브레이크 장치 없는 관성으로 인해 뭣도 모르고 무작정 달렸기 때문은 아니었을까.

 그러면서도 우리는 여전히 미래의 우리를 위해 고통스러운 현재를 인내하며 오늘 하루도 덤덤하게 버티며 산다. 돌이켜보니 '지금은 힘들어도 나중에는 괜찮아질 거야.' 이렇게 수없이 반복하고 전진했지만 이는 분명한 '미래의 배신'이었다. 그나마 그 시절은 빈틈도 많아 어느 정도 대가가 뒤따랐다고 하지만 지금은 촘촘한 틈 바구니에 껴서 경쟁의 페달은 쉴 새 없이 가속을 더 할 뿐 젊은 이들은 그렇게 시달리며 험지로 사지로 내몰리고 있다. 지금 우리는 밥 먹는 시간, 잠자는 시간, 사람들과 대화 나누는 시간까지 포기해가며 목적한 바를 이루기 위해 오롯이 앞만 보며 쳇바퀴 돌듯 살고 있는 것이다.

 그런데 그런 시간을 소비하고 나면 무엇이 남아있을까? 지금 이 글을 읽고 있는 당신은 과거의 행복을 무시한 채 살았더니 지금 행복한 삶을 누리며 살고 있는가? 아니면, 매 순간 지금을 행복하게 살아왔더니 현재 행복하게 살고 있는가? 지금 행복하지 않으면 미래에도 결코 행복할 수 없다는 '미래의 배신'을 직감적으로 알아차릴 것 같지는 않은가. 물론 삶은 정답이 없다. 하지만 오늘의 행복을 놓친 자가 내일의 파랑새를 만날 수 있을지는 지극히 의문이다.

 나는 이제부터는 이를 행복을 위해 발 벗고 나선 길이라고 말하지 않으련다. 하필이면 다 늙어빠진 지금에 이런 생각이 드는 것은 왜일까. 진짜 행복의 의미는 단연코 그렇게 주어지는 것은 아닌 것 같다. 내게 주어진 시간은 너무 짧다. 미래에 투자한 시간이 야속할 따름이다. 아주 거창한 '무엇'인가가 있어야지만 행복을 갖게 될 것이라고 믿은 것도 아닌데 이도 저도 아니면서 좋은 시절을 다 써버리고 만 셈이다. 아주 가까운 곳에 우리가 살아야 할 의미, 우리가 행복해질 수 있는 이유가 넘쳐나는 것을 왜 진작 몰랐을까. 열정이랄지 욕망은 부귀영화의 토대라 할 것이지만 이를 행복한 삶을 여는 길이라고 말할 수는 없다. 흔히 성공한 사람들이라 하지만 행복을 위한 마음속 질서를 구비하지 못해 이내 쇠락하고 패망하는 경우를 나는 많이 보았다. 중국을 맨 처음 통일했던 진시황이 대표적이지 않은가. 역사적으로도 그렇고 현세도 마찬가지다. 그 소중함과 크기를 정작 모르기 때문일 것이다. 이를 공자는 '仁'이라 하였고 누구는 노자의 '道'라 하였다.

　내가 살아갈 이유. 내 삶의 의미를 다시금 오늘 생각해 본다. 보고 싶고 만나고 싶은 사람을 만나는 것, 왜소하고 작은 것의 소중함을 일깨우고, 소박한 가족의 웃음소리를 촘촘히 재생하여 가족의 사랑을 마음에 기억해두는 것, 과거 역사 속 숨은 인재들은 고독을 어찌 견뎌낸 것이며 난관을 어찌 헤쳐 나간 것인가에 작은 의문을 두는 것, 소국을 세심히 들여다보며 삶의 가치에 대해 재삼 논해 보는 것 등 이런 것들이 내 머리맡에 가지런히 놓이며 기존에 이해득실로 채우던 내 일상에 반란을 도모한다. 요즘은 그리하자 한 것도 아닌데 자연 무명이라 칭하는 쪽으로 발길이 닿는다. 이 나이쯤은 누가 알아주기를 바라거나 세상 한복판에 서 있고 싶지도 않다. 더더욱 대박을 꿈꾸지도 않는다. 무명으로서 그저 오늘을 걸으며 오늘이 행복하다면 그뿐인 것이다. 나는 그렇게 바라던 호탕한 웃음 대신 작은 미소 짓기를 게을리하지 않는다. 그게 바로 내가 느끼는 쾌족이며 내가 진정으로 바라는 작지만 아주 예쁜 행복이 아닐까. 참된 인생 재발견, 소소한 행복은 지족으로서 분명히 인생 유레카다.

3.

행복을 위하여

작게 사는 희망으로서의 행복

작은 배려로부터 행복의 문은 열린다.

요즘 스마트폰의 대세는 유튜브다. 내가 좋아하고 호기심 나는 것만 골라 보는 재미가 있다. 동호인들도 끼리끼리 우르르 몰려든다. 유튜브 광풍이 부는 데는 시대적 추세도 그렇지만 코로나가 혁혁한 공을 세웠다. 나는 쇼파에 앉아서 베트남도 라오스도 갔다 오고 이름도 들어보지 못한 저 멀리 리투아니아도 다녀왔다. 요즘 젊은이들은 그야말로 안 가는 데가 없다. 작은 영상미가 주는 잠시의 기쁨, 이 또한 소소한 나만의 행복의 리스트에 올리고 싶다. 불과 몇 분 내 알리고 싶은 바를 콕 찍어서 전하는 기법은 프로를 능가한다 싶다. 돈벌이도 된다는데 그래서인지 유튜브가 수준급이다.

며칠 전 본 동영상, 배경은 미국 어느 마을. 웬 사내가 피자 배달하러 가정집에 들어서는 게 포착됐다. 어린아이가 팔짝팔짝 뛰며 좋아한다. 꽤 기다렸던 모양이다. 배달원은 배달을 마치고 뒤

돌아 출입 계단을 막 지나던 참이다. 그런데 아이가 소리를 지르며 다시 배달원을 부른다. 뭐가 잘못된 것일까. 아이는 단숨에 배달원 품에 안긴다. 그러자 배달원은 눈물을 흘리고 만다. 그러면서 자막에 그 사연이 떴다. "16살짜리 자식을 잃고 방황하는 나는 살 희망도 없었다. 따스함을 잃은 지 오래인 나였다. 그런 나에게 꼬마가 다가와 말했다. "아저씨 고마워요. 아저씨 때문에 너무 행복하답니다." 그 순간 남을 위해서라도 나를 위해서라도 열심히 살아야겠다고 생각했다." 불과 2분도 채 안 되는 이 영상은 작은 아름다움으로 내내 내 가슴속에 남았다. 험악한 세상에 대응한 아름다운 정서도 꽤 많다. 나는 유튜브에서 이런 것들만 골라서 본다. 나도 아름다움으로 동화되고 싶다. 우리 주변에서도 이런 작은 배려가 넘쳐나면 그저 좋겠다.

퇴직 무렵 어찌하다 보니 점심을 거르고 말았다. 대충 버텨볼까 하였는데 참지를 못하고 거리로 나섰다. 즐비하게 늘어선 음식점. 누구 말대로 50명에 하나 꼴인 음식점이란 말이 맞는 듯싶다. 자기 가족하고 사촌들 먹을 만큼의 인원을 감당한다는 음식점들이니 제대로 되는 식당은 거의 없다는 말이다. 눈앞에 치열한 생존이 바로 느껴진다. 딱히 저것이 좋겠다고 눈에 선뜻 들어오는 음식점도 아니다. 후미진 곳 끝까지 돌다가 찾아 들어간 음식점은 젊을 적 꾸역꾸역 들어가던 기억이 떠올랐기 때문이었다.

독서실 구석에 쪼그리고 앉아 있다가 끼니때 밥 한 덩이 들고 찾아 들어가 파 한 줌 넣고 달걀을 풀어놓은 라면 국물에 풍덩 밥을 말아 먹던 옹색했던 그때나 지금이나 달라진 것이 없다 싶은 분식집. 공부를 왜 하여야 하는지에 대해서 따로 생각할 필요도 겨를도 없이 밤을 지켰던 때가 새삼 삶의 진한 느낌으로 다시 다가온다. 냉혹한 세상은 늘 그러했지 않은가. 굶으면 허기져 죽고 버티지 않으면 희망도 없다. 배고파 살며 어쩔 수 없이 짓는 웃음은 웃음이 아니다. 먹고사는 여유가 생겨났다고는 하지만 삶의 숨겨진 그림자는 달라지지 않는다. 어찌 보면 우리는 강한 뻔뻔함과 얕은 모럴로 현재를 꾸리고 있다.

팀장 시절 현장에 배치된 한 젊은 친구를 사무실에 배속한 적이 있었다. 아무래도 기름때 묻는 것보단 훨씬 편해질 터이니 당연히 고마워하고 좋아하리라 생각하였다. 하지만 앞에서는 웃으면서도 이상한 구석이 엿보였다. 왜 그럴까. 이를 제대로 안 것은 그의 사장(용역회사)과 마주하고서다. 숙직이 필요 없게 되었으니 없어진 것이 당직 수당이고 현장을 떠났으니 자격증 수당이 지급이 안 되는 것이었다. 내 위치에서 바라본 한 전형적인 삶의 다른 이면이었다.

라면집 아줌마가 창밖에 쏠리는 시선이 가슴을 아프게 한다. 길거리 행객을 쳐다보는 그 심정을 왜 모를까. 그녀가 쫓는 시선 속에는 희망과 체념이 한데 엉겨 묘한 느낌을 자아낸다. 그녀의 갈증 나는 모습에 김치를 더 달라하려다가 그만두었다. 치열한 경쟁에 치인 초췌함에 더한 여남은 독기. 나도 모르게 말이 불쑥 튀어나왔다. "아줌마 김밥 한 줄만 줘 봐요." 버텨서고 이를 악물고 악다구니 써야 겨우 연명하는 자영업자들. 코로나는 그들에게 결국 케이오 펀치를 날렸다. 삶 속엔 잔혹함이 있고 처절한 항쟁의 눈빛이 늘 낮가리며 치사하게 치덕치덕대며 울고 있다.

  나는 문명에 대척되는 의식이 크다. 겪어 본 바 문명이라는 명분으로 현세는 돈을 너무 사랑한 나머지 '情'마저 훌쩍 데리고 가버린 것만 같다. 70년대 초반에 고향 마을 앞 신작로가 '확 포장'되었다. 그전에는 구불구불한 흙길이었다. 차라고는 하루에 몇 번 버스가 다니고 소달구지가 다니고 소몰이꾼이 다니고 시발택시가 드문드문 지나가고 학생들이 자전거를 타고 오가는 길이었다. 길가에는 미루나무가 울창했으며 그 길에서는 걷기를 위협하는 것이 없었다. 나는 그 길을 걸어서 국민학교를 다녔다. 논둑길과 산길과 신작로. 그 길을 걷던 시절 나는 행복했던 것 같다. 아니, 행복했다고 말하기가 뭐하다면 그냥 이것저것 재미있었던 것 같다. 무엇보다 가난했지만 무섭지 않고 불안하지 않았다. 고속도로가 개통되던 날, 우리나라도 이제 부자가 되었다고 개통 테이프를 끊은 차들을 향해 국민은 만세를 불렀다. 우리도 수학여행을 고속도로 타고 온양온천까지 갔었다. 그러나 그뿐. 고속도로가 사람들에게 준 이득이나 행복은 아무것도 없었다. 고속도로가 생긴 뒤 사람들이 할 수 있는 것이라곤 고속도로 주변의 들에서 일하다가 씽 씽 달려가는 차들을 부러운 눈으로 바라보거나, 바라보면서 왠지 모를 얄궂은 느낌에 사로잡히거나, 고속도로가 생기기 전에는 듣지 못했던, 차가 전속력으로 달려가며 내는 소름끼치는 소음을 듣는 일, 그뿐이었다.

  80년대에는 골목 동네에서 한동안 살았었다. 골목 사람들은 한겨울만 빼놓고는 골목에서도 살림을 '살았다'. 특히 프라이팬에 뭔가를 부치거나 고기를 구워 먹을 때는 언제나 골목에서 부치고 굽고 지졌다. 그래서 골목을 오가는 사람들 입에도 한 점씩 그 음식들이 들어가곤 했다. 부부싸움을 해도 꼭 골목에 나와 싸우고 소꿉장난도 꼭 골목에 나와서 하고. 다들 가난하지만 딴에는 즐거웠다고 기억한다. 하지만 다시 그곳을 가보니 동네가 완전히 바뀌어 있었다. 예전 납작납작한 집들은 전부 '원룸'이라는 다세대 주택으로 바뀌었다. 그 많던 노동자들은 지금 다 어디로 갔을까, 그들은 지금 어딘가에서 예전에 그랬던 것처럼 가난하지만 딴에는 즐거운 삶을 살고 있을까, 문득 궁금해졌다. 문명은 편리함이다. 하지만 복잡하고 빠른 나머지 소외감도 갈수록 더해지는 것만 같다. 나는 메마른 정서 하면 자본주의와 문명의 편리함이 제일 먼저 떠오른다.

  솔직히 요즘 뉴스나 글들은 너무 딱딱하고 가난하지 않아 재미가 없다. 삶 또한 재미가 없고 '쓸데없이' 엉뚱한 데에 심각하다 싶다. 진중하게 재미있는 작품이 씨가 말랐다. 왜 그런 것일까.

엉뚱하다고 할지 모르지만, 나는 문득 이런 생각을 했다. 혹시, 세상이 너무나 재미없어서이지 않을까. 나는 김원길의 『마당 깊은 집』 글을 읽으며 전쟁 후의 찌든 가난 속에서도 즐거울 수 있는 삶, 이제 그런 삶을 이 시대 사람들은, 그리고 앞으로 다가올 시대 사람들은 영영 누리지 못하게 되어 버린 것이 아닐까 하는 두려움마저 인다.

생각해보면 가난이 문제가 아니라 가난을 따뜻하게 공유하는 마음이 사라진 것이 문제다. 예전에는 가난하였지만 나눔의 해학이 있었다. 현세는 편리하다지만 너무 외롭고 고립된 삶의 자신만의 충족이다. 편리하다는 문명이 너무 돈을 밝히며 '情'도 도외시하며 자꾸 사람의 착한 심성을 빼앗아 가버리는 것만 같다. 문명의 특혜로 편리하고 의식주도 어느 정도 든든하다 싶은데 이상하게 불행이 자꾸 늘어나는 것 같아 마음이 아프다. 나는 가난할 때 행복하지 못하면 부자가 되어도 불행하다는 말의 뜻을 마음 깊이 새겨두고 싶다.

돌아오는 길에 전단지 돌리는 사람을 만났다. 전단지를 나르는 곱은 손끝을 보았다. 거머쥔 종이 한 장이 따스한 온정이고 희망이 되기도 한다. 현장 배치 청년의 수당처럼 김밥은 그녀에게는 작은 희망이다. 내가 그녀에게 할 수 있는 최선은 바로 김밥 한 줄인 것이다. 덤으로 시킨 김밥처럼 비록 작은 느낌의 것이지만 차곡차곡 쌓여 삶의 존재를 일깨우고 가치로서 반듯하게 대접받을 그 무엇인가가 내 마음속에도 그들에게도 살아온 세상에 퍼졌으면 그냥 좋겠다. 그것이 삶의 미덕이고 곧 아름다움이 아닌가. 그런데 참 야속하게도 이 세상은 부익부 빈익빈이라는 명언을 곧이곧대로 삼키며 엉뚱한 향방으로 날로 번창한다. 얄팍한 모럴에 가려진 삶의 구현이 너무도 아쉽고 절실한 세상. 우리는 과연 무엇으로 사는가. 그 누구든 비록 삶은 슬퍼도 아름다움이었으면 그저 좋겠다. 이는 처한 위치로서의 우리의 작은 정성과 뜻이 깃든 작게 사는 희망으로서의 행복의 발원은 또 왜 아닐까. 행복은 분명 마음속에서 피어오른다. 아름다움이라는 가치를 매달고.

이사를 하며

용산동이란 곳에 둥지를 튼 지 햇수로 꼭 8년이 된다. 이곳은 근무처가 코앞으로 동네 이름이 테크노밸리라는 이름을 갖는 장래가 촉망된다 싶은 아파트였는데 당시는 미분양상태로 분양가보다 1억 이상을 에누리하여 나는 과감히 입주했었다. 하지만 이 집과 나는 운 때가 맞지는 않았던 것 같다. 직장에서는 큰 이변이 있었고 몸도 크게 아팠다. 아파트 가격도 예상대로 따라주지 않았으며 작은 세대수에 관리비만 엄청났다. 이제 겨우 털고 반석천 밑으로 이사간다. 퇴직을 대비하자는 것이다.

그곳은 과연 어떨까. 이번 이사는 예전과는 전혀 다르다. 평수를 넓혀 이사하곤 했는데 평수를 줄여가는 것도 색다르지만 무엇보다도 어찌 살 것인가의 심사숙고 끝에 택한 곳이라는 데 방점이 있다. 이문을 고려치 않은 선택, 아내는 볼멘 표정이지만 지은 지 4년 정도의 초년생 아파트로 내 수명을 생각해 최종 의탁할 곳으로 점찍어 간다고 하면 정확히 맞는 말이다. 용산동은 이제 '굿바이'다. 왜 사느냐란 본능적인 깊은 암운이 드리우기도 했던 나로선 참으로 애석한 동네이지만 막상 떠나려니 아쉽기만 하다. 따지고 보면 인생은 시련 속에서 여문다. 이곳은 내게 바로 그런 여운을 남긴 곳이었다. 나로선 두 번 다시 생각하기도 싫은 검찰청을 찾았던 것도 이곳이었고 암에 걸려 두문불출하고 도를 닦듯 귀양 가듯 엄청 많은 글을 쓰고 책을 읽었던 때도 바로 이곳이었다. 그때는 조졸한 갑천이 내 친구이고 스승이었다.

그렇지만 그러한 아픔이 우수로서만 장식되지만은 않는다. 직장이 가까워 나의 온열치료 찜질방도 그렇고 내 병치레를 도맡아 점심때 부르르 달려 나와 영양식을 먹고 다니기에도 안성맞춤이었다. 아들 혼사도 이곳에서 이루어졌고 내 병의 졸업도 이곳에서 맞이한 선물이었다. 흡사 과유불급에서 탈출을 도모한 곳이라고 할까. 이제는 퇴직해 어찌 살 것이냐의 숙제를 안고 반석행이다. 평수를 줄여 가려니 버리는 짐이 엄청 많다. 무릇 내 나이가 비움과 느림을 알아두어야 할 때라는 생각이 든다. 어제까지 부스러기뿐 아니라 마음의 갈래도 여럿 버리고 또 비웠다.

그간 아픔을 겪으며 제일 많이 생각한 것이 행복에 대한 믿음의 가치 기준에 대한 것이었다. 분명 마음속에 자리한 행복은 크거나 웅장한 것이 아니었다. 오늘 새벽 그 마음가짐으로 책상에 앉았다. 비우고 비우다 법정의 무소유가 된다면 그것도 괜찮을 것 같고 공즉시색(空卽是色)에 색즉시공(色卽是空)도 따를 법하고 생각하자면 우리의 감정 속에는 늘 호불호(好不好)가 있다. 좋은 일이 나쁜 일의 원인이 되기도 하고, 나쁜 일이 좋은 일의 원인이 되기도 한다. '호사다마(好事多魔)'라는 말이 있듯이 좋은 일에는 나쁜 일이 따라붙는 경우가 많으며, '새옹지마(塞翁之馬)'란 말이 있듯이 나쁜 일이 도리어 좋은 일을 몰고 오기도 한다. 세상사가 이러하니 좋은 일이 있다고 하여 희희낙락(喜喜樂樂)할 것도 없고, 나쁜 일이 있다고 하여 절망(絶望)할 까닭도 없다. 여름이 오면 여름을 받아들이고, 겨울이 오면 겨울을 받아들이면 그만이다.

내가 용산동에서 제일 많이 생각한 것은 바로 이 단출한 자연의 진리다. 사람은 누구나 행복하기를 원하지만 행복하지 못한 이유는 왜 그럴까. 현실을 사는 오늘을 철저히 도외시하거나 무시하기 때문은 아닐까. 한때는 내가 분명 그러했다. 행복이 불행의 반대말 같지만, '苦'와 '樂'이 한 덩어리인 것처럼 행복 또한 불행과 한 몸이라, 불행을 이기면 행복이 될 것이나 행복에 집착하면 그 집착이 곧 불행이 된다 싶다. 그런 점에서 과유불급(過猶不及)이란 말, 이 반대말로 다다익선을 흔히 말하지만 만족할 줄 알면 늘 즐겁다는 의미에서 대척하여 지족자상락(知足者常樂)이 제격이지 싶다.

좀 부족함이 넘침보다 나쁜 것이 아니며, 풍족함이 반드시 행복을 가져다주는 것이 아닐 뿐만 아니라 오히려 큰 불행을 불러들이는 원인이 되기도 한다는 사실, 배고픔이 허기를 만들지만 배고픔만 한 미각(味覺)도 없고, 미식(美食)과 과식(過食)이 오히려 만병(萬病)의 원인이라. 오늘을 살며 스스로 만족하고 즐거워하면 그만이 아닐까 싶은 것이다. 지족자상락(知足者常樂), 안분자상락(安分者常樂). 이 말을 새기며 드디어 내일 이사 간다. 끝으로 여러분들에게 내가 이사 갈 데를 알린다. 대전 유성구 지족동 1093번지 한화 꿈에 그린 2단지 아파트. 우측은 우산봉, 좌측은 국립묘지 현충원, 한가운데로는 반석천이 흐르는 이곳, 바로 지족자상락이 펼쳐질 것 같은 이곳은 묘하게 이름이 또한 지족동이다. 나의 작은 행복을 위하여, 지족(知足)하며 살라는 신의 계시만 같다.

지족상락(知足常樂)

　참 묘한 게 인생살이다. 예전부터 아끼던 말이 지족상락(知足常樂)이라는 말인데 내가 퇴직 무렵 이사를 온 곳이 또 지족동이다. 한마디로 '내 분수를 알고 스스로 만족하고 살아라.'는 의미도 되고 '내가 족하다면 그만 아닌가. 인생 뭐 있어.' 이 말도 되는 것도 같고 몽테뉴가 말한 대로 '그냥 재미있게 살아라.' 이 뜻이 되는 것도 같은데 동네 이름 때문인지 이 말이 친근하게 다가온다. 기실 '지족상락(知足常樂)' 이 말은 "만족할 줄 알아야 늘 즐겁다."라는 뜻으로 『도덕경(道德經)』에서 유래했다. 『도덕경』에는 '지족(知足)'에 관한 말들이 많이 나오는데, 제46장에는 "만족할 줄 모르는 것보다 더 큰 재앙은 없고, 욕심 부리는 것보다 더 큰 잘못은 없다(禍莫大於不知足, 咎莫大於欲得). 그러므로 만족할 줄 아는 만족감이 항상 만족할 수 있게 한다(故知足之足, 常足矣)."라고 적혀 있다. 후세에 들어서 "故知足之足, 常足矣" 이 부분을 "족한 것을 아는 것에 행복이 있다."로 의역하여 생동감을 더 부여한 것이 아닌가 싶다.
　솔직히 이 나이에 꿈은 너무 벅차고 부담스럽다. 희망찬 새해,

새날이 밝아오면 으레 그 앞에 희망찬이라는 말을 끼워 넣는다. '갈매기의 꿈'을 연상시키는 희망의 나래. 하지만 어느 때부터 그 말이 무겁게 다가온다. 요즘 내가 의식적으로 하는 말은 "오늘이 즐거우면 그만이야."라는 단순 표현이다. 굳이 지족상락의 옛 성현의 뜻을 들추어내지 않더라도 오늘 즐거우면 내일이 또 즐겁지 않을까. 늘 맞이하는 오늘이 즐겁다면 매일매일 즐거운 것이다.

나는 더는 꿈이 없다고 속상해하거나 떨어하지 않는다. 가만 생각해보면 나이를 먹어서 꿈은 사라졌을지언정 삶이 초라해진 것은 아니다. 세상살이가 힘겹다 느끼는 까닭은 줄곧 머리를 차지한 미래의 가치로서의 어리석은 믿음 때문인지 모른다. 우뚝 서고 성공해야 한다는 기대. 한평생 살아왔지만 인생이 어디 마음대로 흘러왔던가. 세월은 우리에게 '성공보다 실패하는 일이 더 많음'을, '세상살이는 그리 만만하지 않음'을 무수히 얘기해 왔다. 그 실패 덕분인지 우리는 좌절에 익숙해 있는 게 엄연한 사실이기도 하다.

쓰디쓴 약처럼 절망은 삶에 크나큰 보약이 아닐 수 없다. 불편하고 속상하여 두고두고 생채기로 남고 가슴속에 저민 수많은 절망, 이 파편은 좌절로 연이어져 파멸을 맞기도 하지만 그 잔재들은 따뜻한 온기로 환생하여 새로운 의식으로도 번성한다. 새로움이나 변화가 마음속에 감지되는 것은 실패로 얻는 소중한 자산이다. 실패는 성공의 어머니이기도 하지만 그로부터서 많은 무형의 가치를 얻기도 하는 것이다. 변화는 쉽지 않았다는 명백한 경험으로부터이다.

  나는 승승장구라는 표현을 그리 좋아하지 않는다. 호사다마라는 말이 있듯이 매사 얻는 게 있으면 잃는 게 있기 마련이다. 그렇다고 다 잃지는 않는다. 비참하고 처참한 나머지 몽땅 앗아갔다고 하지만 실은 깊숙이 남는 게 있다. 현대인들은 실패를 거울삼아 많은 것을 이루었지만 여전히 조바심을 내고 욕구 수준만 높아져 있을 뿐, 성취와 성공은 삶에 만족을 가져다주지 않는다. 잃을 수 있다는 두려움 때문이다. '행복의 조건'에 관한 이스털린 역설(Easterlin's paradox)이란 게 있다. 경제학자 이스털린이 그의 논문에서 성공과 소득이 더 늘어도 행복감이 늘지 않는 모습을 일컬어 처음 사용했는데 이제는 거의 일반화된 용어가 되었다.

  실패는 좌절감과 무기력을 잉태하지만 그 가능성의 소멸 대신으로 얻은 것이 '나는 누구이며 무엇으로 사는가.'라는 실체에 관한 소중함에 가까이 다가서기도 한다. 큰 병을 앓고 나서 내가 체득한 것이 바로 그런 삶의 가치에 대한 것이었다. 어느 경우이든 우리가 친숙해질 것은 누구의 말대로 고독(Solitude)과 정적(Stillness), 그리고 침묵(Silence)이 아닐까. '침잠하라!' 문득 그 시절 무심코 넘겨 버렸던 로마 황제 마르쿠스 아우렐리우스의 『명상록』이 의미 깊게 다가온다. 참된 침잠은 속으로 깨어 있음이다. 요즘은 겉으로는 조용하지만 속으로 깨어 있는 의식이 부럽고 부드러운 카리스마에 이끌린다.

우리는 고독과 정적, 침묵 속에서 틈틈이 세상과 거리를 두며 '나이 듦'을 연습해야 한다. 무엇이 자신다운 모습인지, 어떤 일을 할 때 가장 자신다운지, 나의 영혼은 과연 나이 들수록 성숙해지고 있는지 하루하루 되물어볼 일이다. 이른 시대 공자는 성자답게 이를 알아차렸다. 공자는 조(曹)나라를 거쳐 송(宋)으로 향하며 말했다. "내 나이 이제 예순이 되었구나. 이제야 나는 남의 말을 들으면 그 의도를 알게 되었다." "내 귀가 순해졌다" 60세의 나이를 이순이라 한 것은 바로 공자의 말에서 따온 것이다. 귀가 순해졌다는 말, 이는 실패로부터 얻은 순수 자산이다. 듣는 말에 즉각적 반응을 나타내지 않고 찬찬히 말뜻을 새기고 나서 정확하게 반응하게 된다면 격렬함은 좀처럼 일어나지 않을 것이다. 남의 말을 듣고 내 반응을 나타내기 전에, 그 말에 담긴 진의(眞意)를 먼저 살필 수 있는 여유는 곧 너그러움과 지혜로움에서 연유하며 또한 이에 귀의한다. 지금까지 살면서 미흡하거나 소홀했던 그래서 찾고 싶은 그때는 작았지만 이제 크게 느껴지는 많은 것들, 이는 꿈이거나 희망 사항은 아닐 테지만 온전히 살고 싶은 삶의 진면으로는 그만이다 싶다. 더는 늦출 수 없는 나만의 행복 대상, 순한 귀로 들으며 그 행복을 찬찬히 찾아 나서면 어떨까.

한 해가 저물 때면 내게 묻곤 한다. "나는 잘 살았나?", "나 때문에 힘든 사람은 없었나?" 가는 해에 대해 아쉬움과 감사를 표시하고 반성도 하며 잘 떠나보내고자. 다음 반드시 해야 할 의식이 또 따로 있다. 이것이 나로선 본 행사다. 하늘을 쳐다보고 누가 볼까 말까 신경을 쓸 필요 없이 혼자 씩 웃는 거다. 남들이 안 알아줘도 하늘은 알고 있다는 의미도, 변함없이 그저 대하기에 하늘에게 감사하다는 의미도 담은 양 그렇게 살포시 미소 짓는 거다. 암울한 현실을 넘어 지금 다시 태어난 기분으로서는 삶이 그저 행복이기도 하다. 그런 내 삶을 위해 이보다 더 소중한 의례가 있을까.

오늘이 중요하다는 나의 행복 유람은 앞으로도 계속될 것이다. 이를테면 악연을 남겨두는 것, 역할에 갇혀서 산 것, 내가 얼마나 아름다웠는지 모르는 것, 사랑한다고 말하지 못한 것. 다른 사람이 어떻게 생각하는지 지나치게 신경 쓴 것. 정반대로 나에 취해 다름을 배려하지 않은 것, 칫솔을 무시한 것. 너무 열심히 일한 것, 멋진 요리 하나를 배우지 않은 것, 너무 많은 걱정을 했던 것, 사회적 기대에 맞추어 나를 가둔 것, 한 번도 큰 위험에 도전하지 않았던 것(민주투사, 사랑에 있어서), 좀 더 빨리 감사하지 않았던 것 등…. 대개 조금만 더 배려하고 생각하면 되는 그런 것들이 소중하다 싶고 그것들이 다 오늘을 꾸릴 내 자산이기도 하다.

생각해보면 자질구레하기까지한 이런 터치란 게 큰 데 있지 않다. 매일 겪는 일상 속 그 안에서도 아주 소소하고 작지만 확실한 행복 덩어리가 내 앞에 즐비하게 놓여 있다. 한 마디로 먼 미래가 아니라 현재에서 내 마음대로 행복해지자 이런 의미다. 누군가가 이를 소소하고 확실한 행복이라 했던가. 오늘은 어느 소소함을 찾을지 나는 늘 궁금하다. 그렇게 앞으로는 늘 조용한 카리스마로 거듭나기를 희망하면서 '나는 오늘을 찬찬히 또한 천천히 응시하고 주어진 오늘을 그렇게 미소 지으며 헤프게 살아갈 것이다. 그런 의미에서 "지족상락(知足常樂), 만족할 줄 알아야 늘 즐겁다." 이 말은 아무리 되뇌어도 가슴에 닿는 만고의 진리다.

행복과 욕망

2020년 초 짧은 4개월 새 내 가슴속을 그것도 두 차례나 뚫고 광폭 횡단한 대형 사건이 있었다. 그 하나는 당연히 누구든 답할 수 있는 인류에게 너무도 큰 시련을 안겨준 '코로나19'이고 다른 하나는 다름 아닌 영화 〈기생충〉이었다. 아카데미 시상식에 섰다는 것 자체만으로도 대단한 것인데 이 영화는 전 세계 영화인이 꿈꾸는 할리우드의 본진에서 우승컵을 거머쥐었으니 세계가 경악할 만했다. 그들만의 잔치라는 소리가 있을 정도로 보수 성향이 짙은 미국 아카데미상이라 당연히 자국 영화에게만 높은 점수를 주었고 이번에도 그럴 것이라고 했는데 비영어권 영화에 최고상을 수여하였으니 이는 세기적인 이변이 아닐 수 없다.

말 그대로 '새로운 시대'가 열렸다 해도 과언이 아니며 그 중심에 다른 어느 나라도 아닌 우리의 봉준호 감독의 〈기생충〉이 우뚝 선 것이다. 총 6개 부분 후보에 올라 작품상, 감독상, 각본상, 국제 영화 장편상을 수상한 〈기생충〉이라는 영화. 외국어 영화가 아카데미 작품상을 수상한 것 자체가 사상 최초이기 때문에 더욱 세계가 놀라워하고 의미가 큰 것으로 그 자체가 역사가 되었다. 그 영화가 전 세계 영화인의 꿈이라는 아카데미상을 받은 비결은 과연 어디에 있는 걸까. 무엇보다 내밀한 구성으로 많은 공감을 자아냈기 때문일 것이다.

영화는 한마디로 축약하여 '행복과 욕망'이라 말할 수 있다. 영화는 돌덩이와 같이 시작한다. 행운이라며 건네받은 돌덩이(수석) 하나. 수석으로서는 값진 가치이지만 돌덩이로 치자면 가치가 별로 없는 상징성이 의미심장하게 받아들여진다. 철석같이 행운이라 믿고 욕망의 언덕을 오르는 친구, 기우. 자신의 이름을 닮은 걱정을 숨기기 위해 뻔뻔해지기로 작정한 기우. 과연 이는 기우(杞憂)였던가. 문서를 위조하고도 죄의식을 갖지 않는 기우에게 "너는 계획이 다 있었구나."를 말하는 기택의 모습이 클로즈업된다.

욕망은 선과 악을 구별하지 않는다. 반지하에서 직업도 없고 대책도 없는 네 식구는 모처럼 함박꽃이 핀다. 하지만 목적은 수단을 정당화할 수는 없다. 도덕적으로 충실해야 욕망도 제 빛을 발한다. 봉준호 감독은 가난한 주인공들을 기생충에 비유하여 구조적 역설을 표현하였다. 영화 곳곳에 숨겨 놓은 메타포와 장치들은 '富'와 '貧'의 대물림을 보여주고 기생충으로 하여금 신분 상승이 불가능한 사회구조를 인식하게 함으로써 피아를 모르고 물고 뜯는 기생충들끼리의 생존경쟁 구조를 질타하면서 사회 저변의 자각과 분노를 유발한다. 그러면서 궁극적으로 인간의 욕망과 행복을 되묻고 있다.

　그렇다. 행복은 고대 이래 자연스레 우리 삶의 목적이 되었다. 현대를 사는 우리는 행복 강박증에 사로잡혀 행복을 과시하고 행복에 저당 잡혀 산다. 아리스토텔레스는 "행복은 인간의 최고의 선이다. 우리는 행복하기 위해 산다."고 했다. 그는 행복을 목적으로 두었다. 행복을 단적으로 말하기 어렵다면 그 대응 개념에 대해 생각해보는 게 쉬울지 모른다. 불교에서는 행복의 대응 개념으로서 고통에 대한 통찰을 논하고 있으며 그 고통의 극복에 관심을 두고 있다. 본고에서 지속가능한 행복을 논하면서 말했듯이 붓다는 인간의 존재 현실이 괴로운 상황에 처해 있음을 밝히고 이는 욕망과 관련한다고 본 것이다. 그래서 괴로움이 제거된 행복의 조건은 바로 욕망의 제거에 있음을 강조한다. 실제 우리는 모르는 것에 대해서는 욕망하지 않는다. 그것을 가지지 못한다고 해서 괴로워하지도 않는다. 아니 적어도 그것에 대한 욕망에 덜 시달릴 수 있다. 그렇다면 욕망의 양이나 내용은 본래부터 정해진 것이 아니라 만들어지는 것이란 생각도 든다.

　욕망은 인위적으로 키워지는 것이다. 욕망은 욕망을 낳는 연쇄 반응한다고도 볼 수 있다. 욕망은 새로운 대상을 계속 열거하여 우리에게 만족이라는 단어를 망각하게도 한다. 때로는 〈기생충〉에서 느꼈듯이 악의 탈을 쓰고 용감해지기까지 한다. 감각적 욕망은 실로 만족을 모른다. 그런 관점에서 행복을 위해서 욕망의 잣대를 낮추거나 아예 바꾸어 버린다면 어떨까. 그러면 만족과 행복은 쉽게 찾아오지 않을까. 나는 요즘도 나의 행복을 위해 내가 원하는 것이 아니라 이미 내게 주어져 있는 것을 세어보곤 한다. 그러면서 말한다. 흡족하고 고마울 뿐이다. 이런 말을 습관처럼 자주 하는 데는 남다른 이유가 있다.

  대장암 3기라는 내 생의 절대적인 위기 상황에 추락의 끝이 보이지 않아 더는 아무 것도 하지 못할 때 파멸한 만큼 삶의 가치는 정말 커 보였다. 나는 나를 너무 소홀히 대했으며 나는 나를 너무 잊고 살았구나. 그래서 그때 겨우 떠올린 마지막 내 안의 함성은 아무리 그래도 만족하자였다. 그래야 죽어도 편안할 것 같았다. 그렇게 삶의 맨 바닥을 훑으며 벼랑 끝에 내몰린 자로서 지푸라기라도 움켜쥐려는 심정으로 울부짖으며 구원할 때 만족과 행복은 같은 동류로 내 안에 있다 느껴졌다. 그 동안의 삶은 과연 행복했던가. 종전의 최소한이라 여겼던 것이 미처 깨닫지 못한 최고의 선택이었으며 최선의 것이었다. 나를 만나기 위해 태양은 최선을 다하여 그 먼 거리를 쏜살같이 질주하여 환한 빛을 늘 비추어 준 것인데 나는 이를 깨치지 못했었다. 얼마만큼의 행복으로 느낄 수 있을까 하는 가치들은 모두가 내 마음에 귀납된다는 엄연한 사실, 지극히 당연한 것을 새로이 각인했으며 비로소 재생의 비상구를 빠끔히 열 수 있었다. 이제는 행복감을 느끼는 일이 얼마나 기술이 필요하고 숨겨진 재능인지 알 것도 같다. 어찌 다듬고 돌보아야 할지는 여전히 미숙하기 짝이 없지만 나로서는 천만다행한 일이 아닌가.

  그러기에 늘 자문한다. 소유가 아닌 마음의 여유로서 갖는 포만감. 욕망을 배제한 행복이 정녕 가능한 노릇일까. 사람들은 오욕락을 행복이라 하지만 성현의 가르침에는 그런 구절은 한 군데도 없다. 오히려 욕망은 채우려 하면 할수록 만족과 행복을 상실하며, 비울수록 '행복지수'는 올라간다고 말한다. 아직 잘 모르고 죽을 때까지도 영원히 모를 것이지만 내 경우 자성의 글을 쓰거나 선행을 하는 때 잠도 잘 오고 마음도 편안해진다. 행복도 유사한 선상에 있다. 선과 악을 구분치 못하는 욕망을 이제는 순순히 놔주고 싶다. 악이 두렵기 때문이다. 욕망도 고통도 수렴하면 행복 선상에 다가설 것 같은 그런 느낌이, 글을 쓰며 그런 생각을 한다. 수필은 내게 자성의 함량을 높여주는 즐거운 벗이고 스승이다. 그럴 때는 행복의 숨겨진 재능이 눈앞에 꼭 아른거리는 것만 같다.

비틀즈 드러머, 피트 베스트(Pete Best) 이야기

KTX 기차에 올랐다. 차 안에서 흘러나오는 연주곡이 매혹적이다. 세기적인 그룹 비틀즈가 불렀던 그들의 명곡 중의 명곡. 해석이 안 되어 어떻게 의역을 하는 것인지 난감했었지만 젊을 적 이 곡에 나는 무척 반해 있었다. 나는 이 곡 말고도 그들이 부른 〈yesterday〉를 좋아하는데 그 곡은 해석하기가 쉽고 쉽게 파고든다. 그 곡에 반해 이 곡은 뭔가가 이질적이고 색다르다. BE란 존재를 나타낸다. 실존을 말하는 것이다. 직역으로 하자면 존재 자체를 놔두어라 하는 뜻이니 영 어색하였다. 이 곡의 의미를 제대로 알아차린 것은 훨씬 후의 일이다. 그 곡의 가사 중에는 "Mother Mary comes to me Speaking words of wisdom,"는 구절이 있다. 'Mother Mary'라 하여 누구를 말하는가 하였더니 이 곡은 비틀즈 멤버 중에 폴 메카트니가 작곡하였고 그의 어머니가 바로 Mary란 분임을 알게 되었다. 폴의 어머니는 한때 인도에서 살았다고 한다. 그 영향으로 폴의 어머니는 폴에게 그런 동양 철학적 영감을 전해준 것으로 알려져 있다. 누구든 그 곡에 대해선 동양 철학적 요소가 담겨 있으며 뜻이 깊다고 한다. 내버려 두어라. 흐르는 대로 가게 놔두어라.

〈LET IT BE〉는 비틀즈의 사실상 마지막 앨범 곡으로 대중음악 역사상 최고의 명곡으로 꼽히는 곡이다. 비틀즈는 약 10여 년의 활동 기간 동안 약 16억 장의 앨범 판매와 빌보드 차트 최장기간 1위 아티스트라는 팝 음악 역사에 전대미문의 사건들을 줄줄이 남겨놓았다. 이들이 세상에 남긴 총 13장의 정규 앨범과 〈Past Masters Volume〉 1·2을 포함한 싱글, 베스트 앨범들을 지금도 끊임없이 전 세계 대중들의 마음속을 파고들고 있다. 지금은 신화가 된 비틀즈이지만, 그들에게도 무명 시절은 있었다. 비틀즈가 무명 시절 활동하던 주 무대는 바로 함부르크였다. 그곳에서 비틀즈는 몇몇 이별이 있었다.

그중에 한 명, 비틀즈 초창기 대열에서 이탈한 드러머, 피트 베스트(Pete Best). 그는 리버풀 팬들 사이에서 제일 인기 있던 비틀즈 멤버였지만 나머지 세 명의 멤버와 프로듀서 조지 마틴은 그를 마음에 들어하지 않았다. 그렇게 그들로부터 해고 통지를 받고 1962년 8월 16일 그는 비틀즈를 떠나야만 했다. 사실 그들은 비틀즈라 불리기 전 The Quarry Men(쿼리멘)이란 이름으로 활동하고 있었고 이후 비틀즈라는 이름으로 EMI음반사에 오디션을 보면서 바뀐 것이다. 그 무렵 탈락한 멤버가 바로 피트 베스트다.

명성은 하루아침에 이루어지는 것이 아니다. 무명의 시절이 누구에게나 있다. 최선을 다한다지만 대개는 애쓴 보람도 없이 무명에서 무명으로 끝난다. 잘 알다시피 연예계에서 유명으로의 탈바꿈은 상상을 초월한다. 그러기에 어렵게 정상에 오르면 그래서 또 안간힘이고 불안감으로 불면의 밤을 보낸다고들 한다. 그런 유명도 유명 나름 비틀즈라 한다면. 그가 탈락이 되고 불과 6개월 후 비틀즈는 지구상에서 가장 유명한 4인조 밴드가 되어 온갖 스포트라이트를 받고 전 세계를 단숨에 열광시켰다. 그로 피트 베스트가 받은 충격은 실로 엄청났을 것이다. 그는 심한 우울증에 빠져 자살을 시도하기도 했었다. 이후 재기 노력을 해보지만 실패하고 그는 비틀즈의 음영의 늪에 빠져 누구의 기억 속에서도 사라지고 만다. 하지만 시간이 흐르고 1994년에 공개된 영화〈백 비트(Back Beat)〉가 상영될 무렵 홀연히 그가 나타났다.

"계속 비틀즈 멤버로 지냈다면 지금처럼 행복할 수는 없었을 거에요. 비틀즈에서 쫓겨나 생의 절벽에 섰었지만 그 덕분에 지금의 아내를 만나 결혼도 하고 아이를 낳고 더는 인기와 인정에 매달리지 않을 수 있는 자유를 느끼게 되었습니다."

대중음악의 한 획을 긋는 순간 팀원으로부터 무참히 버림을 받았던 피트 베스트. 만약 내가 저 상황이라면 어떠했을까. 엄두가 안 나는 노릇이다. 그가 택한 제2의 인생, 극단적인 상황의 욕망을 져버리고 그가 발견한 행복은 과연 무엇이었을까. 그가 말하는 행복으로부터 나는 많은 생각을 한다. 시련은 때로는 삶의 보시로 때로는 마음의 큰 자산이 된다. 사실 행복이란 가치는 극히 주관적이라 무엇이라 정의하기도 평하기도 어렵다. 그러나 주관을 받쳐주는 바탕이라고 할까. 주춧돌은 분명히 존재한다. 타인으로부터 각광을 받는 입장에서의 행복의 가치는 또 다를 수 있다. 하지만 그 영광이란 것이 늘 그 위치에서 영원하였던가. 자신의 자리매김이 현저해지는 순간에 느끼는 좌절은 또 불행을 만든다. 특별한 성공이나 인기에 대한 욕구는 열정을 낳고 빛을 발하지만 절정에서 추락하는 나락은 너무도 참혹하다. 나는 톱스타라는 사람들이 인기 절정에 우울증에 시달리며 자살하는 경우를 종종 보았다. 추락하는 것은 날개가 없음이다.

그가 택한 길처럼 욕망의 충족보다는 사랑하는 가족과의 일상에서의 행복 그리고 일상에서 쉽게 접하는 따스한 가치를 행복으로 찾으면서 길고 윤택한 기쁨을 맞이하는 것은 삶으로서 더 값진 것이 아닐까. 영국 속담에 현명한 아내는 남편을 출세시키지 않는다는 말이 있는데 꼭 그를 두고 한 말같이 느껴진다. 그런 그는 초창기 비틀즈 시절의 음원에 참여했던 덕분으로 〈The Beatles Anthorogy〉 음원이 발매되면서 앨범수익을 받게 되었다는데 그 수익은 평생 공무원으로 일했던 것보다 훨씬 많았다고 한다. 정말 희대의 새옹지마가 아닐 수 없으며 그의 '행복지수'는 누구보다 높고 깊다 할 것이다. 세기적 그룹 비틀즈, 그들에게 경이로운 성과와 더불어 불세출의 영광을 가져다 준 것은 끊임없는 욕망 추구로부터 가능했다. 그러나 그것이 과연 행복이었을까 하는 의문도 같이 든다. 분명한 것은 욕망과 행복은 양립하기에는 너무도 벅찬 어려운 존재의 가치가 아닐까 싶다. 문득 평범함이 비상함보다 행복하기는 더 쉽지 않은가 하는 생각도 든다. 다시금 떠오른 비틀즈 노래,〈LET IT BE〉. 그렇다. 행복은 제각각 흐르는 대로 그냥 놔두는 게 맞다. 물 흐르듯 자연스럽게 자율적으로 스스로 찾는 마음의 피안처가 바로 행복이 아니겠는가 싶은 것이다.

코로나가 남긴 것 중에서

얼굴에 흰색 마스크를 덮는다. 내쉬고 마시는 숨에 신경을 쓰며 산 지 꽤 오래다. 불청객 코로나가 내 몸속에 퍼진 것은 아닌지 때 아닌 심장을 팍팍 쳐 보고 눈을 거울에 비춰 보고 목에 가래가 걸렸는지 살펴보며 만약 그렇다면 용서치 않겠다며 내 삶에 들어오지 않기를 간절히 바라지만 그게 마음대로 되는 일인가. 생각보다 길고 깊게 그리고 암운을 드리우며 우리뿐 아니라 전 지구를 공포의 도가니로 달군 코로나. 하루에 한두 번 올리는 재난 문자 알림에 번번이 털끝이 서다가 언제부터인가는 이 자극에도 연연치 않음을 발견하고는 자신에게 그만 놀라고 만다. 하루 사이 만 명이 넘는 사망자라면 이는 천재이고 전쟁이다. 여전히 올라가는 사망자 수와 확진자 수, 그야말로 세계는 대혼란의 공항 상태이다. 기하급수적으로 느는 확진자와 사망자가 어느새 중국으로부터 유럽을 거쳐 미국으로 옮겨졌고 그 숫자도 기가 막힐 정도로 엄청나다.

우리는 방역을 그런대로 잘하고 있다는 생각을 그들로부터 상대적으로 느낀다. 지금은 거리를 두고 사는 일상이 지극히 당연하다 싶은데 처음 한 달은 익숙하지 않은 몸짓으로 허둥지둥 두려움만이 앞섰었다. 하지만 지금은 철저히 마스크를 쓰고 손을 씻고 접촉점을 최대한 줄이는 방식으로 일상이 바뀌고 있다. 유럽이나 미국이 확진자가 기하급수적으로 늘어난 것은 바로 예방적 차원의 기본이라 할 거리 두기와 마스크 사용에 대한 호응이 저조하였기 때문이다. TV에 비추어진 그들의 모습을 보며 코로나에 대처하는 태도치고는 너무 안일하다고 생각했었다. 한마디로 오만방자했다. 마스크는 아픈 사람을 말하는 것이라며 쓰지도 않고 우르르 광장에 몰려들고 해변으로 향하고 참 딱한 사람들이다 싶었는데 역시 코로나는 여지없이 엄청난 재앙을 고스란히 안겨주고 있다. 발발하고 석 달도 넘었는데 여전히 끝이 안 보이니 장차 이 일을 어쩌면 좋단 말인가. 이러다가 지구가 종말을 고하는 것은 아닐까.

솔직히 이번 코로나도 처음에는 메르스 경험에 비추어 한여름 지나가는 소낙비처럼 우두둑 공격하다가 제풀에 꺾일 줄 알았다. 적을 피하려고 피하고 숨어야만 하니 참으로 꾀죄죄하고 볼품없는 아이러니한 싸움이다. 거만한 인간은 보이지도 않는 미물 앞에서 옴짝달싹 못 하는 나약한 존재임이 분명하다. 세계를 주름잡고 호령하는 말에 번지르르하기로 소문 난 미국 대통령도 당당하던 기색은 점점 옹색해져 종래에는 마스크를 쓰고 등장했다. 한데 이 공포의 코로나가 비단 깊은 상처만 남기는 것은 아니다. 코로나는 우리가 볼 수 있다는 것, 말할 수 있다는 것, 들을 수 있다는 것, 숨 쉴 수 있다는 것, 심장이 정상적으로 뛴다는 것, 고로 걷고 운동하며 살 수 있다는 것 등 소소하게 주어지는 평범한 일상이 우리에게 얼마나 큰 행운이고 행복이었는가를 말해주고 있다. 가족이 걱정되고 소홀했던 일상의 여러 것들이 자꾸만 다가선다. 가족과 가정생활이 얼마나 중요한지 그리고 우리가 이것들을 얼마나 소홀히 해왔는지 아울러 진짜 우리 일이 무엇인지도 제대로 알려주는 것만 같다. 평상시 등한시한 것들이 왜 그렇게 그리운지. 진짜 내 마음속에 챙겨둘 것은 서로 보살피고 서로 보호하고 서로에게 보탬이 되게 하는 것도 같다.

코로나 발생 원인으로 박쥐나 천산갑을 지목하는데 사실 그들은 무슨 죄가 있는가. 차라리 인간의 욕망을 탓하라. 최근 기후변화와 생태계 파괴 등으로 야생동물과의 접촉이 늘어나다 보니 예전에는 미처 몰랐던 성난 현상이 느닷없이 돌출하여 걷잡을 수 없는 기이한 현실을 만드는 것이다. 그렇지 않아도 환경파괴가 전염병으로 이어지는 경우는 갈수록 늘고 때 아닌 혹한에 물난리에 이상 기온 등이 속출하고도 있다.

이렇듯 전염병이 지구 모든 대륙에서 유행하는 팬데믹(pandemic)은 동물과의 잦은 접촉, 밀집된 주거 형태, 세계화로 늘어난 교역·교류 등 현대 문명이 원인이라는 견해가 지배적이다. 아이러니하게 인류의 욕망이 숨죽이며 멈춰 서자 큰 교훈이라도 주듯 지구

환경은 오히려 맑아지고 자연은 살아나고 있다. 코로나가 숨통을 조여 오며 경각심을 부각시키며 인간들에게 남긴 교훈은 "인간들이여 그대는 단지 지구 생태계에 존재하는 일원 중의 하나일 뿐이다. 지구를 다 지배하고 소유할 수 있다고 기고만장하지 마라. 그대도 자연생태계를 지켜주고 생태계에서 같이 숨 쉬고 사는 다른 동·식물들과 더불어 자연의 법칙에 순응하면서 살아라. 그대가 전부 점령할 수 있다고 파괴를 일삼으면 반드시 앞으로도 지금보다 더 큰 재앙과 파멸이 있을 것이다."라는 메시지를 필시 던져준다 싶다. 누구도 저항하지 못하고 순응하는 이때를 기다려 자연은 그렇게 경고 메시지를 전 인류에게 평등하게 전하고 있다 싶은 것이다.

그러나 모든 난관이 지나간 뒤에는 다시 평온이 찾아올 것이다. 이번 일도 거대한 주기의 한 단계일 뿐이다. 공황에 빠질 일이 아니다. 이것도 결국 지나가기에. "이 또한 지나가리라." 이 말은 고대 페르시아에서 유래되었다. 다윗이 반지 세공사에게 "잘 나갈 때 교만하지 않고 절망 속에서도 희망과 용기를 줄 수 있는 말"을 그의 절대 반지에 새겨 넣도록 명령하자, 왕자인 솔로몬이 이 문구를 제안해 부왕의 반지에 새겼다. 이 글이 3000년이 지난 오늘날까지도 세계인의 심금을 울리는 것은 다름 아닌 희망이기 때문이다. 요즘처럼 삶에 지쳐 힘들 때나 가슴이 답답하고 긴 한숨이 나올 때 이 글귀를 한 번 떠올리면 어떨까.

어쨌든 욕망의 언덕, 저편에 행복이 있음을 새삼 느끼는 요즘이다. 문득 떠오르는 많은 사사로운 것들, 오늘도 건강하게 눈 뜬 것에 감사하며 따뜻하게 내린 커피 향에 취해 글을 쓰는 것에 감사하며 맑은 공기에 감사한다. 1억 5천만 킬로도 넘는 거리에서 무작정 달려오는 태양의 빛이 그저 고맙고 감사하며 오늘도 일용할 양식이 있음에 감사할 따름이다. 무엇보다도 예전 너무나 많은 그냥 지나쳤던 것들이 낱낱이 하얀 빛줄기를 머금고 내 눈 안에 성큼 다가서며 향긋한 포만감을 낚고 남기니 아니 좋은가. 화창하게 빛나는 오늘. 무어라 더 말할 필요 없이 디오게네스의 봄날을 내가 맞고 있다 싶다. 그래! 오늘 한순간도 소소하다지만 즐기고 아까운 시간을 놓치지 말자. 내리쬐는 태양 빛이 향기롭다 느껴지는 것은 실로 참 오랜만이다.

이른 시각 대덕단지 길은 잠자고 있었다

현대는 시간의 경계를 허물고 각자의 변화를 벗어나는 것을 꺼리고 두려워한다. 나도 그들과 다를 바 없이 매너리즘에 빠져 산다. 8년 만에 한 이사, 종전과는 다른 환경, 모든 게 어색하고 서툴기만 하다. 새집에 친숙할 시간이 얼마쯤 필요한 걸까. 우편물을 찾으러 일주일 간격으로 옛 동네를 찾아야 했다. 1주일 2주일까지는 아직도 그 동네 사람인 양 태연했는데 한 달쯤 지나니까 이제는 점차 옛 동네가 낯설고 마주치는 사람들도 달리 보인다. 인류는 새환경에 적응을 잘하는 우수한 적응력을 발휘하여 지구를 탄복시켰다. 하지만 어쩔 수 없으니 순응할 뿐 거북한 것을 또 잘 분별도 하는 게 인간이다. 이사 온 집은 직장에서 멀리 떨어진 관계로 아침 출근길이 곤혹스럽다.

이사 오기 전에는 쌩하면 신호등 두 개 지나 10분도 채 안 돼 바로 근무처 정문에 다다랐었다. 이른 아침이면 내가 가는 방향으로는 차도 별로 없고 과속 탐지 CCTV도 없어 그냥 시속 80km의 쾌주의 주행이었다. 지금은 차 행렬이 이른 시각임에도 엄청나 조금만 지체하면 근무처로 향하는 외줄 서기 좌회전 방향 틀기가 장사진을 이뤄 나를 못 견디게 만든다. 내 뇌세포는 그간의 편리함을 너무도 그리워하고 있다. 사람의 생각은 기본적으로 자극에 반응하는 뇌의 활동이다. 어떤 자극에 대해 뇌세포와 뇌세포가 연결되면서 생각이 발생한다. 자극이 중단되면 대체로 해당 뇌세포 연결망이 약화되거나 소멸되고, 똑같은 자극을 받으면 그 연결망은 강화된다고 한다. 지속해서 동일한 자극을 받게 되면 강화된 연결망으로 인해 우리가 인지할 새도 없이 해당 자극과 연결된 생각이 거의 무의식 수준으로 자리 잡게 된다는 것이다.

이는 행동의 습관화로 연결된다. 같은 행동이 같은 생각을 불러일으키고 또 같은 행동을 반복하게 만드는 것이다. 우리는 새로운 자극을 만나면 자극의 결과를 예측할 수 없기에 불편함으로 여겨져 무의식적으로 피하고자 하는 경향이 짙다. 바로 내가 그간 쌓은 무의식에 젖어 불편함을 크게 인지하고 지루하고 짜증을 낸 것이다. 버스나 카페에서 같은 자리에 앉으려 하고, 항상 마시던 음료를 선택하고, 같은 패턴의 여가를 보내는 것. 반복되는 일상은 늘 하던 대로 하는 공식과도 같은 것이다. 사실 무의식적으로 행하기에 별 불편이 없을지는 몰라도 이 얼마나 권태로운 행위인가. 그래서 더욱 스트레스 유발이 빈번한 것인지도 모른다.

신탄진 방향으로 가는 좌회전 틀기에서 신호가 네 번 정도 바뀌기를 기다리는 대기시간이라는 게 실제 기껏해야 10분 정도인데 그 지루함은 1시간도 더 되는 것만 같다. 어찌하면 이 지겨움에서 해방될까. 제일 좋은 것은 생각을 바꾸는 것이다. 더 일찍 일어나 그 밀집 구역을 쏜살같이 빠져나가면 가뿐할 것이다. 여유로운 시간과 부지런한 행동. 그렇지만 매일 닥치는 일상에서 이것이 또 어디 쉬운 일인가. 그런 내게 묘안이 떠올랐다. 그 시각 그곳이 밀리는 것은 바로 공장이 많은 신탄진으로 향하는 사람들이 많기 때문이다. 지루함과 쾌적함. 두 갈래 길, 이후로는 나는 당연히 시간이 훨씬 더 걸리지만 돌아서 가는 길을 택했다. 누구는 조금만 참으면 기름도 아끼고 시간도 덜 걸리는데 왜 굳이 그렇게까지라고 말할지 모르지만 나는 상쾌함을 선택했다. 사실 나같이 돌아가는 사람은 거의 없다. 현실적이지 않다고 볼 수 있다. 하지만 뭐가 더 이로운 것인가 하는 문제는 나는 별개라고 본다. 상쾌함의 향유, 나는 이 선택이 더 값지다고 본다.

　몇 해 전 나는 신경주역 바로 앞에 있는 내 근무처 부설기관인 양성자가속기센터에 잠시 근무한 적이 있다. 근무처에서 경주 시내의 성건동이라는 내 거처를 오려면 신라대학교 앞으로 뻥 뚫린 신작로를 이용하면 그만이다. 그런 가도는 어느 때 사고 따위로 길이 막히곤 했다. 사실 나는 그런 경우가 아니더라도 종종 굽은 구 도로를 이용했다. 돌아서 가기는 해도, 혼자 원룸에 사는 처지에 빠른 귀가가 그리 중요하지도 않았으며 이것저것 현대식일 리 없는 볼 것들이 흥미를 끌기 때문이었다. 그날도 그랬다. 무열왕

릉 앞에 신호등 때문에 서 있다가 문득 떠오른 생각, 무열왕릉이 왜 저기에 있는 걸까. 그러자 예전에는 생각 못 했던 의구심이 꼬리에 꼬리를 이었다. 형산강 강 건너, 대릉원이니 오릉은 모두 반월성 주변에 포진해 있는데 무열왕릉은 선도산 자락에 따로 있는 게 그야말로 수상했다. 기실 신라 왕 중에 피장자가 누군지 확실히 밝혀진 왕은 6명 정도 된다. 그중 하나가 바로 이 무열왕릉이다. 이 흥미로운 사실은 나로 하여금 『신라 천 년의 자취소리』라는 책 한 권을 꾸리게 했다. 편리함을 쫓아 대도로만 다녔다면 빠른데도 불구하고 시간을 오히려 재고 아마 이런 착상은 잉태가 안 되었을 것이다.

고착화된 의식은 스스로 선택하는 자유를 포기한다. 자유가 있기에 또 선택이 있다. 현대를 선택의 시대라고 한다. 영화관에 가도 여러 편의 영화가 상영된다. 텔레비전도 50여 개의 채널이 있어서 선택하며 본다. 얼마 전 어느 자료에 보니 우리나라에서 생산되는 아이스크림 종류만도 37가지나 된다고 한다. 매일의 삶은 선택의 삶이다. 인생은 선택의 연속이다. 지금 살아가는 나의 모습은 이제까지 나의 선택의 결과이며, 지금 내가 선택하는 길은 나의 미래를 결정짓는 중요한 요소이기도 하다. 인생에는 우리 평생의 삶의 질을 좌우하는 매우 중요한 선택들이 있다. 나는 어떤 배우자와 결혼할 것인가 또 나는 어떤 직업을 선택하여 한평생을 살 것인가 이것은 인생의 의미와 보람을 결정하는 매우 중요한 선택들일 것이다.

선택이 있다는 게 얼마나 행복한 일인가. 살다 보면 선택의 여지가 없는 숨 막히는 외따른 길도 너무 많다. 그로 생기는 무기력은 말해 무엇하겠는가. 감옥살이라는 게 갇힌 개념을 말하지만 이는 무엇보다 선택이 주어지지 않음을 말하는 것이다. 이동의 자유가 없는 북한, 한 번도 평양에 가본 적이 없다고 말하는 귀순자들을 많이 본다. 또 아무나 평양에서 사는 것도 아니다. 출신성분을 왜 그렇게 따지는 것인지. 태어날 때부터 선택의 길이 없는 인생이다. 얼마 전에는 중국이 코로나로 도시 전체를 봉쇄하기도 했었다. 참 무서운 발상이 아닐 수 없다. 사회주의 국가니까 가능한 그런 억압이다.

다양한 생각의 루트는 자유를 만끽하게 하는 원동력으로 삶의 가치를 드높이며 그야말로 삶을 윤택하게 한다. 창의력은 자율적 선택과 생각의 자유로부터 건져진 아이디어 창출인 것이다. 정해진 코스나 반복된 일상은 지루하다 못해 큰 스트레스를 양산하기 쉽다. 사람은 누구나 성장하고자 한다. 성장이란 생각과 행동의 변화 속에서 일어나는 것일진대 같은 생각과 같은 행동을 하면서 성장을 꿈꾸기란 요원하다. 물론 성장 속에 얻는 편리함은 더할 나위 없겠지만 인간이 늘 꿈꾸는 것은 성장에 대한 가능성이고 편리함보다 더 상층에 자리한 인식이다.

그 성장의 밑거름으로 나는 여행만 한 게 없다고 생각한다. 여행을 가면 오감을 통해 새로운 자극을 받게 된다. 이를 통해 뇌에서 새로운 뇌세포 연결망을 만들어 내고 기존의 틀을 벗어난 새롭고 다양한 생각도 하게 된다. 일상에서 잠시 떠나 여행을 다녀오는 것만큼 좋은 명약도 없을 것이다. 여행은 매일 반복된 일상의 권태로움을 씻는 청량제 구실을 하기 때문이다. 여행, 특히 해외 여행을 다녀온 사람들이 삶의 의미를 찾았다던가, 진정한 자신을 발견했다는 말을 종종 한다. 새로운 풍경을 보고 새로운 음식을 먹으면서 자아 성찰을 하게 된다면 이보다 값진 의식이 또 어디 있겠는가. 여행은 일상의 탈출 곧 자유를 말한다.

　예술가에게 여행을 통해 얻은 색다른 체험은, 예술적 영감의 원천이 되기도 한다. 19세기 파리를 찾은 예술가들은 헤아릴 수 없을 정도였다. 그러면서 음악이든 미술이든 어느 분야에서든 혁혁한 창출을 낳았다. 토인비는 그리스 파르테논 신전 앞에서 우리가 잘 아는 도전과 응전을 생각해냈다. 굳이 멀리 떠나는 여행이 아니더라도 익숙함을 벗어나는 것, 낯섦을 만나는 것은 모두가 여행하는 것과 다를 바 없는 효과를 준다고 생각한다. 해보지 않았던 행동을 해보는 것, 즐겨보지 않던 장르의 영화를 감상하는 것, 새로운 길로 걸어보는 것, 익숙하지 않은 사람과 대화하는 것 등의 낯선 경험은 마음속 여행을 떠나게 하고 새로운 영감을 주어 성장의 발판이 될 것이다. 이것이 또한 소소하지만 확실한 행복에 이르는 첩경이 아니겠는가 싶다. 나는 이른 아침 선택의 자유와 시간의 경계를 허물며 나날이 작은 여행을 동반하고 있는 셈이다. 매너리즘은 스스로 자신을 가두는 행위다. 얼음이 녹으면 어떻게 될까 라는 질문에 물이 된다는 당연한 답 말고도 봄이 온다는 말은 얼마나 산뜻한 관점 전환의 말인가. 나이 들어 굳이 구태의연함을 버릇처럼 끌어안을 필요는 없지 않은가.

퇴직 바로 전 내가 한 일

배려는 행복의 씨앗이며 덕을 쌓는 행운이 들어 있다.

퇴직 바로 전 근무처에서의 내 업무는 구매 행정. 연구원이 전혀 할 줄 모르는 행정 업무를 본다니 솔직히 어렵게 사는 처지였다. 뒤치다꺼리에 소액 구매 계약이 내 차지로 남들 보기에도 구차하고 안쓰럽게 볼만 했다. 하지만 그나마 나로서는 감지덕지한 일이다. 그래도 솔직히 창피했다. 나는 그럴 때 줄곧 가족만을 생각했다. 출소 날을 기다리며 오늘을 매일 하나씩 지우는 죄수의 심정으로 퇴직날을 손꼽으며 그렇게 살았다. 그러기를 줄잡아 한 5년, 그럭저럭 일도 재미를 붙이니 아무리 하찮더라도 나름의 성과와 보람이 생긴다.

연말이 다가와서다. 내가 하는 구매영역은 광학, 시청각, 가스, 가전제품 등의 부류인데 12월 초순쯤 되면 가스를 제외하고는 더 이상 구매요구서를 받지 않는다. 가스는 실험실에서는 물과 같은 존재이기에 어쩔 수 없지만 다른 제품은 한 해 한 달 새 계약하고 납품에 검사하고 세금계산서를 내서 돈을 탄다는 게 어렵기 때문이다. 우리의 경우 예산이 다음 해로 이월되지 않는다. 그런데도 총무팀에서 냉동 창고라는 제목하에 가전제품란에 동그라미를 쳐 보내왔다. 이를 남은 기간 내 해 낼 수 있을까. 아무리 따져봐도 어렵지 싶다. 내용을 보니 정확히 가전제품 품목도 아니다. 냉동 창고는 냉동기라는 물품을 위시하여 판넬까지 해서 제작 설치하는 것으로 제작 설치라는 고유번호가 따로 있다.

제작 설치 담당자에게 불쑥 서류를 떠밀었다. 반송시키겠다는 말이 대번 나온다. 그럴 줄 알았다. 긴급히 구매 요구를 내게 된 내력을 훑어보았다. 그간 6번 수리를 거듭하다가 자칫해서는 내년 여름철 위생관리에 큰 문제점이 발생할 소지가 커서 예산팀이 연말에 남는 돈 겨우 챙겨줘서 긴급 발주를 했다고 적혀 있다. 냉동 창고가 가동을 안 하는 시점은 식당 운영을 하지 않는 시점인 크리스마스 때나 연말이나 설날 말고는 없다. 이를 잘 아는 나로서는 고민스러울 수밖에 없었다. 퇴직까지는 고작 두 달도 채 안 남은 처지로서 사서 고생을 자처할 필요가 있을까. 담당자가 애원하다시피 매달린다.

제일 급한 것은 서류작성이다. 서류가 갖춰져야 계약을 할 것이 아닌가. 그런데 아뿔싸! 관공서 출입을 해본 적이 없다는 제작업체는 차일피일 미루기만 한다. 연말이면 그런 일이 우리뿐 아니라 여러 군데가 있어서 바쁜 탓도 있는 것 같아 보였다. 서류작성 요령을 세 번이나 알려주었는데도 영 엉터리라 그것으로 해가 넘어갈 판국이다. 업체는 숫제 계약을 안 해도 그만이라는 투다. 마음이 급한 것은 나와 발주담당자였다. 동료들이 왜 고생을 사서 하냐고 핀잔까지 한다. 생각 끝에 나중 감사받을 때 담당자를 찾으면 이미 퇴직하였고 그것도 모자라면 이민 갔다고 할 심산으로 대충 작성해 어물쩡 그냥 넘어가기로 했다.

그런데 그런 고충은 시작에 불과했다. 이번에는 계약 체결에서 걸림돌이다. 한마디로 한 푼도 깎지를 못하겠다는 거다. 구매팀 주 업무가 가격 깎는 것인데 응하지를 않는 것이었다. 그들 말로는 총무 팀과 이미 흥정(네고)을 다해 더는 곤란하고 하지 않아도 그만이라는 것이다. 원래 2천만 원 이상이면 근무처는 무조건 입찰을 붙인다. 입찰한다고 하면 최소 2달 이상은 걸리니까 이번 일은 애초에 글러 먹은 일, 그래서 짐작은 했지만 1천 9백 9십만 원을 맞춰서 구매 요구를 낸 것이었다. 갑과 을이 바뀐 양 나는 업체에게 통 사정해서 40만 원을 겨우 깎고 결재를 받아 주문서를 보냈다.

주문서는 말 그대로 계약 체결을 알리는 문서다. 거기에 그렇게 하겠다고 버젓이 도장을 찍어 보낸 업체. 그런데 크리스마스가 다가오도록 자재는커녕 작업자들이 안 들어온다. 내 자리에서 식당 창고가 설 위치까지는 큰 눈 뜨고 보면 바로 보이는 위치에 있다. 다급히 물어본즉 일해도 좋다는 전갈이 없어서 기다리다가 자재

수급이 늦어졌다는 것이다. 납품 기간까지 명시된 주문서에 도장까지 찍고서는 무슨 말이냐 해도 그게 그런 용도인 줄은 몰랐다고 박박 우겨댄다. 이는 핑계고 연말 밀려든 일로 우리 일을 미뤄 둔 것이란 생각이 들었다.

대개들 그런 억지 상술들을 많이 쓴다. 발주부서 담당자도 계약이 됐으니 나는 몰라 하는 것 같고 업체도 그 모양이고 지푸라기라도 잡겠다는 심정은 어디 가고 내가 잘못 걸려든 격이 되고 말았다. 어쨌든 문제는 예산의 쓰임에 있다. 자칫하다가는 확보한 예산을 포기해야만 한다. 어렵게 장만한 예산인데 참 난처하다 싶었다. 혹시 이러다가 아예 안 하겠다고 나자빠지는 것은 아닐까. 걱정이 앞섰다. "오늘이 26일이니 납기까지는 고작 이틀밖에는 안 남은 건데 안 들어오는 것은 아닐까요." 이 물음에 발주부서인 총무팀 담당자 말이 아리송했다. 계약 해지를 하면 어떤 문제가 생기나요? 실로 난감해진다. 어렵게 마련한 예산도 사라지고 계약 해지 후처리의 여파가 또 얼마나 큰 것인데…. 그 말을 듣는 순간 괜한 짓을 했구나 싶었다. 그냥 안 된다고 딱 잘라 말했어야 했는데. 직장 말년에 이게 뭐 사서 하는 고생인가.

기실 내가 이 일을 떠맡자고 자청한 데는 우연히 마주친 어느 광경 때문이었다. 일하다 간간이 보게 되는 식당 주방과 창고, 계약이 성사되기 전 우연히 목격한 철거 중인 냉동 판넬과 한껏 들뜬 주방장과 열심히 치수를 재는 기술자의 진지한 모습. 시커멓게

변한 판넬을 보는 순간 저렇게 비위생적일 수가 있는가 싶었는데 구매요구서가 그날 바로 날아 온 것이었다. 실제로 주방을 꾸리고 주방을 꾸려주는 사람들은 바로 그날 목격한 그들이다. 내가 그 시절 그러하였듯 그들의 진지함이 나를 괜스레 흥이 나게 했다. 나는 과거 연구원 전체 시설 관리를 10년 넘게 했던 사람으로 이런 일에 익숙하며 그들의 노력의 결과가 어떤 것인지 누구보다 잘 아는 사람이다. 이를테면 전기 정전작업은 연구원들이 모두 쉬는 연휴 낀 날이나 공휴일에 한다. 그것 말고도 대개의 시설작업이 또 그런 고충을 갖고 있다.

과연 내 생각은 옳은 것일까. 나는 하루에도 열두 번 그곳을 지켜보는데 나만 애가 타는지 업체는 종무소식이고 총무팀은 걱정도 안 되는 모양이었다. 알고 보니 총무팀이 느긋한 데는 이유가 따로 있었다. 근무처 식당 운영을 하는 업체는 총무팀 관련이고 그 업체의 하청 업체가 바로 그 냉동 창고 계약업체였다. 식당 운영 업체에게 으름장을 따로 놓은 것을 나는 전혀 몰랐다. 하지만 납기를 못 맞추면 단순히 연체료가 문제가 아니라 내가 큰일이다. 해 넘으면 서류상 문제도 발생한다. 무엇보다 엄동설한에 냉동 창고를 다 뜯어 놓고 어쩌자는 것인가. 업체 사장이나 총무팀이 어떠하든 내가 믿을 구석은 오로지 강추위에도 불구하고 창고 뒤 외진 곳에서 몇 시간 째 논의를 한 그 기술자들이다.

드디어 28일 납품 만기일인 당일 설치할 자재가 들어왔다. 이제부터 시작이다. 연체료를 이틀 부과할 작정을 하고 그들은 이번 연말 작업을 한다고 했다. 그렇게 된다면 올해 안에 소진할 예산에 무리는 없다. 무엇보다 이때를 놓치면 내년 여름이 문제일 것이고 저런 일꾼들을 만나기는 싫지가 않을 것이다. 몇 년 전 추석 무렵 때 상한 굴 때문에 곤욕을 치러야 했던 내 근무처다. 과거의 내 일이 불현듯 떠올랐다. 아마 더는 직장이 없을 것 같으니 이제 이런 일도 이번으로 끝이 아닌가. 나는 괜스레 신이 났다. 휴가를 반납하고 28일 출근해 그들을 지켜보는 향긋함, 성과와 보람을 다 얻는 이런 경험이 앞으로 내게 다시 올 것 같지도 않다. 이는 또한 그간 내게 베풀어준 근무처에 내가 할 수 있는 마지막 최선의 보답으로서 행운이 아니겠는가.

내 젊은 시절에도 그러하였듯 일과 보람 그리고 성과를 얻는 것이 얼마나 행복한 것인지. 우리 주변에는 알게 모르게 이렇게 음지에서 고생하며 성과를 낳고 보람을 찾는 사람들이 참 많다. 그들이 어떤지 꽤 궁금했다. 역시 내 생각은 옳았다. 이 엄동설한에 그들은 꿋꿋하게 조립 중이었다. 그들이 화장실에서 건네는 말을 엿들었다. "형님! 주물럭 해줄 테니 마무리마저 잘 부탁해." 나는 이 말이 갖는 따스한 훈기를 너무 잘 안다. 휴일을 마다하고 일에 매달린 그들은 돈을 떠나서 진정한 행복쟁이다. 나의 작은 배려로 연말 근무처 주방이 활기가 넘친다. 나의 배려라 하지만 어찌 보면 그들로 내가 평안해지는 것이 '유종의 미'로서 그들이 내게 준 행복이 아닐까. 영하 10도를 오르내리는 강추위지만 이만한 일의 즐거움이 어디 있는가 싶다. 그야말로 산뜻한 연말이며 내 친정에 고귀한 마지막 선물을 선사한 셈이다. 그간 고마웠다. 나의 원자력이여! 나는 이 일을 무사히 마치고 2020년 1월에 바로 정년퇴직하였다.

행복으로 위장 전입한 돈이라는 존재

손에 들려진 돈. 생김새를 보면 출처를 꼭 알 것만 같다. 귀가 잘려 나간 생김새에 너덜너덜한 헤픈 구석이 엿보이는 녀석은 어느 장사꾼 허리춤에서 억지로 떠밀려 나온 것 같고 닳고 닳은 것은 장돌뱅이 쫓아 여릿한 돈맛 풍기며 장터구경 다하고 돌아다닌 녀석 같고 빳빳한 지전은 금은방 출신이거나 고급 옷 가게에서 옛다! 하며 한껏 폼 재다가 온 녀석 같고 꼬깃꼬깃한 돈은 할머니가 허리춤에 구겨 넣은 것이 손주 녀석 눈깔사탕 값으로 지불돼 나온 것이지 싶다. 돈의 행방은 그야말로 사람 팔자에 달려 있다.

같은 돈이지만 고추 같은 매운맛이 느껴지고 구수한 느낌도 드는 것이 따로 있다. 그야말로 바람개비처럼 돌고 도는 것이 돈이다. 아마도 내 손아귀에 안긴 이놈은 오늘 내 운수가 사나울 것 같으니 또 다른 주인을 찾아 떠나야만 할 것이다. 돈은 그렇게 정신 못 차리게 돌고 돌아야 세상이 흥이 나고 인간들의 삶 또한 바빠진다. 뉴스를 보니 우리나라 돈 문제가 꽤 심각한 모양이다. 수출도 수출이지만 내수가 말라붙어 한국은행은 미국연방은행이

올린 것에 맞춰 금리를 올려야 하는 데 주저하고 있다. 금리가 오르면 돈을 빌린 사람들은 바로 타격을 입고 금리를 그대로 두면 외국에서 들어온 돈이 이자벌이가 시원치 않으니 썰물처럼 빠져나갈 수밖에는 없다. 항간에는 돈이 안 돈다고 야단들이다.

  수백조 원이 널려 있다는데 갈길 잃은 돈은 어디론가 꼭꼭 숨어 버렸다. 정부는 부자가 돈을 팍팍 쓰기를 간절히 바라는데 돈 있는 사람은 투자할 마땅한 곳도 없고 자칫하다간 호화사치로 욕이나 먹는다고 고개를 휘젓고 돈 없는 사람은 금리가 싸다고 빌려 쓴 돈에 덜미가 잡히고 말았다. 집값 부채에 카드빚 얘기가 일상의 큰 부분이 되고 말았다. 돈이 어딘가에 멈춰 있으니 길가에 택시도 서 있고 장터에 정육점 아저씨 늦은 시각 애꿎은 칼날만 갈고 있고 생선가게 아줌마 발걸음이 무겁기만 하다. 이에 코로나까지 터져 자영업자들이 직격탄을 맞는다. 정부가 궁여지책으로 생각해 낸 것이 자영업자들의 구출 방안으로서 무이자 대출이고 경기 연착륙이고 공짜 지원금도 준다. 실정으로서는 금리를 과감하게 낮추어 서민들 이자 덜 나가고 업체들 싼 돈 더 빌려 설비투자가 이루어지도록 해야 하는데 소금 장수와 우산 장수 아들을 둔 엄마의 마음같기만 한 요즘 세상이다.

  알고 보면 돈처럼 묘한 게 없다. 마음먹은 대로 안 따라주는 게 자식이라는데 정말 마음먹은 대로 안 되는 것이 돈이다. 사람이 못났으면 대신 돈이라도 따라주면 좋으련만 그렇지도 않다. 가차

없이 무차별적이다. 돈을 죽어라 하고 좇지만 별무소득 손해만 볼 뿐이다. 살다 보니 돈이란 게 꼬리가 달린 것만 같다. 아무리 돈아! 내게로 오라 소리쳐 불러봐야 소용없고 스스로 알아서 돈복 있는 놈만을 골라 척척 달라붙는다.

분명 재수 좋은 사람들의 몫이 따로 있는 것 같고 돈이 돈을 버는 세상인 것 같은데 그렇다고 돈 안 벌린다고 신세 한탄에 마구잡이로 살다가는 그나마 있는 것마저 다 털리고 쪽박 차기 십상이니 어쨌거나 돈이 벌리든 안 벌리든 열심히 쫓아는 가보아야 한다. 돈 버는 것이 결코 쉬운 일이 아니다. 어찌 보면 전 세계가 돈에 굶주려 난리다. 현세에선 가난을 이겨낸다는 것이 바로 돈을 버는 것이다. 가난해도 행복한 사람은 많고 부유해도 불행한 사람 또한 많다. 그 척도로서 행복의 기준을 정할 수는 없겠지만 분명히 이 세상은 먹고사는 빈부에 휘둘려 살고 있으며 이 문제는 간단하지 않아 국가 간 대립이나 전쟁을 자초하기도 하고 이데올로기를 넘어서기도 한다. 역사란 가난과의 투쟁을 엮는 것인지 모른다.

돈이 그만큼 중요한 시대지만 최근에 돈을 벌어봐야 아무 의미가 없는 경우를 보았다. 영국에서 종신형을 선고받은 한 친구가 외출 시간 때 복권을 샀는데 무려 160억 원이란 대박을 낳았단다. 그런데 그로 말미암아 그 친구는 독방을 쓰는 신세가 됐다. 자칫하다가는 동료들한테 그 돈 때문에 피해를 볼 수도 있다고 교도소는 판단했기 때문이다. 평생 감방에 살 그 친구에게 돈이 무슨 의미가 있을까. 무인도에 혼자 산다면 돈이 무슨 의미가 있겠는가.

돈 때문에 신세 망친 사람이 한둘이 아니고 돈 때문에 돌아버리겠다는 삶이 한둘이 아닌 세상에 그 돈 때문에 살맛을 느끼는 경우도 더러 있기도 할 것이다. 오늘 모처럼 살 맛 나는 뉴스 하나를 보았다. 독일의 한 로또 당첨자가 약 130억 원(910만 유로)에 달하는 당첨금 전액을 자선단체에 기부한 것으로 뒤늦게 알려졌다. 신문에 따르면 도르트문트에 사는 한 회사원은 로또 1등에 당첨됐으나 10주 동안 이를 신고하지 않았다. 로또 대변인은 50-60세로 보이는 이 신사가 갑작스런 부에 두려움을 느껴 당첨 접수를 하지 않았으나 좋은 일에 돈을 쓰기로 결심, 뒤늦게 접수했다고 전했다. 이 신사는 이미 로또 회사 측의 도움을 받아 자선단체를 설립해, 당첨금 전액을 기부했으며 자신의 신원을 밝히지 말 것을 당부했다고 한다. 부자가 되는 것이 두렵다니 참 부러운 사람이다.

어느 정도 도를 득해야 저 정도 경지에 오를 수 있는 걸까. 우리나라 이야기가 아닌데도 괜스레 기분이 좋아지고 마음이 가벼워진다. 나폴레옹은 일생에 행복했던 날이 6일밖에 없었다고 고백한 반면에 헬렌 켈러는 내 평생에 행복하지 않는 날은 단 하루도 없었다고 고백했다. 나폴레옹이 훨씬 행복했을 것으로 생각되지만 두 사람이 살아온 고백을 비교하면 행복의 척도(尺道)는 우리의 보통 생각과는 다름을 알 수 있다. 요즘 로또 복권 당첨의 대박을 터트린 사람들의 그 후 얘기가 심심치 않게 나온다. 아이러니하게 행복한 가정이 깨지고 더 기가 찬 노릇은 도로 가난뱅이로 전락했다는 뉴스도 제법 많다. 분에 넘쳐서인지 마인드 콘트롤이 뒤따르지 않아서인지 돈에 끌려 낭비를 일삼다가 인생을 망치고 말았다는 그런 뉴스다, 돈에 굶주려 살다 쏟아진 돈을 우습게 본 결과가 아닐까 싶다.

젊을 적 많이 들었던 이름 그리스의 선박왕 오나시스, 그는 무대에서 노래를 잘 부르는 인기 가수 마리아 칼라스에게 반해서 그녀와 결혼한다. 그러나 8년을 못 채우고 이혼하고 말았다. 그런 그는 얼마 안 가서 재클린과 결혼해 세기적 화제가 되었다. 미국 대통령 케네디의 아내였던 미모(美貌)의 재클린과 함께 살면 세상 행복 다 차지할 줄 알았는데 그만, 그게 아니었다. 재클린과 결혼한 오나시스는 결혼한 이후 1주일도 못 넘기고 이혼설이 파다했다.

오나시스는 내가 큰 실수를 했다며 다시 후회하고 고민하기 시작했다. 파혼할 방법이 없을까 하고 친구들과 법률가에게도 조언(助言)을 구했다. 그러나 재클린이 엄청난 위자료를 요구하니 이혼도 쉽게 할 수가 없었다. 그런 그녀는 한 달에 2백만 불이나 넘는 돈을 물 쓰듯 펑펑 쓰니 오나시스는 화(火)가 나서 혈압이 올라가고 자주 병원을 찾는 신세가 된다. 이런 와중에 그의 아들마저 비행기 사고로 세상을 떠나는 불행이 닥치고큰 충격에 휩싸인 거부(巨富) 오나시스는 얼마 못 살고 향년 69세에 생(生)을 마감했으며 끝까지 이혼에 합의를 안 하던 재클린은 오나시스의 엄청난 유산을 거의 모두 차지했다. 오나시스는 돈만 많았을 뿐 진정한 행복을 몰랐던 것 같고 오히려 돈이 행복을 헤친 것만 같이 느껴진다. 돈은 행복으로 위장할 뿐이다.

호주 시드니의 해상공원에서 털게가 넘쳐나는 것을 본 우리 교포가 트럭을 동원해 반 트럭 이상을 주워 담았다고 한다. 신고받고 경찰관이 출동을 했다. 그들은 털게를 먹지 않는다고 한다. 경찰관이 왜 주워 담았느냐고 하자 맛 문화의 차이임을 알아듣게 설명했다는 것이다. 그런 경찰은 트럭에 실린 털게 부대의 수를 보고 그를 바로 체포했다. 자기 먹을 만큼도 아닌 반 트럭분이라니. 그들은 그를 정신병자라고 본 것이었다. 우리는 욕심이 지나치게 많다.

가만 생각해보면 실제로는 우리는 아주 소소하거나 미미하기 이를 데 없는 것에 매여 오늘을 산다. 우리의 일상이나 실상은 정녕 화려하거나 깨끗하거나 말짱하지 않으며 상처투성이의 작은 것들이다. 우리의 삶의 실체는 작고 보잘 것 없는 섬세한 느낌 속에서 제대로 존재 가능한지 모른다. 우리는 실제 몇만 원도 안 되는 적은 돈에 낑낑거린다. 호기 많던 시절에는 구질구질한 멍울 같아 숨기고 싶었다지만 지금은 전혀 그러한 생각이 안 든다. 오히려 나의 실체나 사람 사는 모습들이 단돈 몇천 원에 확연하게 보이는 것 같아 안쓰럽기는 하지만 정감도 같이 든다.

몇천 원의 질감으로 악착같이 사는 존재들, 돈은 제대로 쓰는 맛을 미리 터득하고 버는 것에 관심을 가져야 하지 않겠나 싶어진다. 요즘 베이비부머들이 시골로 향한다. 그들의 귀향은 애석하게도 순순한 안빈낙도의 마음만은 아니다. 국민연금만으로는 생계유지가 힘들어 나름 자급자족을 하자는 것이다. 그래도 괜찮다. 늘 그렇게 또 살아왔다. 쓸 만큼만 벌고 관심을 꺼버리는 세상, 이 또한 소소한 일상 속의 확실한 행복을 여는 길이 아닐까. 요즘은 보통으로 산다는 게 얼마나 어렵고 또 얼마나 다행인가 하는 생각도 같이 든다. 여러분들은 현찰 1억 원을 실제 만져 본 적이 있는가.

달라져야 할 우리의 습성

누구든 평상시의 행동은 익숙한 습관으로부터다. 해외여행을 하다 보면 자연 그들과 대비가 되기 때문에 우리를 잘 알게 된다. 사는 모습에서도 평소의 그들의 행동이 그대로 배어 있다 싶었다. 그들의 행복은 덩치에 반비례하여 무지 작았다. 행복을 잘게 썰어 사탕을 물 듯 물고 사는 사람들, 우리는 자족하는 법을 미루든지 터득하지 못하고 무조건 더 큰 것을 추구하도록 교육받았는데 그들은 작은 행복의 미학을 어릴 때부터 하나씩 터득해 가는 것만 같았다. 그리고 그들은 어느 광경에서든 느낌이 닿는다면 무조건 멈추고 음미하는 표현이 아주 자연스럽다. 멈추고 음미한다는 것은 그 순간을 포착하여 즐긴다는 것이다. 우리는 밥도 빨리 먹고 가는 곳도 수박 겉핥기 하듯 휑하니 보고는 금세 다음 코스다. 서두르고 악착같으며 가짓수가 즐비해야 뿌듯하다고 여긴다. 이에 반해 선글라스에 스웨터를 하나씩 걸친 서구 사람들은 우리와는 정반대이다.

밥도 천천히 먹고 언덕을 오르더라도 서두르지 않으며 느릿한 템포로 마냥 그 타령이다. 날씨가 좋지 않다 싶으면 아예 돌아다니지도 않는다. 아까운 시간을 그냥 허비한다 싶고 베짱이가 연상된다. 돈 들여 찾은 곳이기에 우리는 돈이 아까워 어쩌나 하지만 그들은 그렇게 생각하지 않는 모양이다. 코스를 다 못 보면 우리는 안달복달인데 한곳에 진득하니 눌러서는 내키는 대로 보겠다는 그들의 태연함이다. 이와 같은 기질은 평상시에도 여전하다. 우리는 부지런하다는 소리도 듣지만 서둘러 산다는 소리도 늘 듣는다. 나는 그들의 여유와 느긋함이 요즘 부럽다. 그런 여유 중에서 기실 부러운 것은 그들의 걷는 모습이다.

 덩치도 큰 사람들이 큰 거리를 채우며 노부부가 꼭 손을 잡고 걷는다. 우리한테는 어림도 없는 자연스러움이다. 긴 세월이 연상되고 행복한 느낌이 자연 떠올려지고 미소가 지어진다. 남녀의 사랑이란 인고의 세월이 필요하다. 온고지정이란 말이 있다. 오랜 세월 정들고 같이 산 사람이라면 모름지기 그리 내세울만 하지 않은가. 중년 부부의 '이렇게 정주며 살고 있습니다.'와 젊은 아이들 '나 이렇게 연애합니다.' 하는 비유는 전혀 다른 속성이다. 사랑은 격정적이지만 짧고 정은 은근하지만 길다. 사랑에서는 쉬이 이별이 연상이 되지만 정은 그러하지 못할 것이란 예의 생각을 한다. 우리 나이에 미운 정으로 산다는 삶을 나는 많이 보았다. 정은 질기고 은은하며 오래간다.

 속을 무던히 썩인다고 하지만 그로 이별의 사유로 연결 짓지 않는 데는 장 담그듯 묵힌 사람 냄새가 훈훈한 정으로 작용하기 때문이라 여겨진다. 하지만 남녀유별을 하던 시대를 겪은 우리로서는 정의 표출에 대해서 지극히 엄격하다. 그래야만 위엄이 있고 체통을 갖은 양하며 살아온 긴 세월이어서 그런지 용기를 내지 못하고 야박하기 그지없다. 나이가 든 부부가 손을 잡고 다정히 걷는 것은 우리 사회에서는 극히 이례적이다. 오히려 그러고 다니는 사람들을 보면 부부가 맞는가 하며 곁눈질해 살펴본다. 손잡고 걷는 모습은 단순하지만 많은 의미를 담고 있다. 해보면 알겠지만 따스한 손길은 부드러운 대화 이상이다. 걸으며 생각하며 상대를 의식하고 동질이 된다.

  손을 다정히 잡고 걷다 때론 손을 놓는 경우를 본다. 상호 뜻이 상충하기 때문이다. 그러다 다시 손을 내밀면 쉬이 손을 잡기 마련이다. 손을 잡는 것은 결국 뜻이 통하는 것이고 마음이 닮아 가는 것이다. 풋풋한 신혼 시절처럼 낭만과 여유 그리고 다가서는 마음으로 정답게 걸어가는 길이라 한다면 부부 사랑으로 그만한 그림이 어디 있겠는가. 나는 호들갑스런 신혼여행은 폐지하든지 그만두고 살 만큼 산 즈음에 '결혼 여행'을 하는 것이 풍속으로 자리하는 것이 바람직하지 싶다. 얼마 전부터 아내의 손을 꼭 잡고 거리를 걷는다. 처음에는 어색했는데 지금은 훨씬 낫다. 손을 잡지 않으면 마냥 허하고 마음이 숭숭 뚫린 것 같다. 스킨십은 나이 들수록 더 필요하다.

아내가 화장하는 시간이 예전보다 많이 줄었다. 며칠 전 나는 화장품을 사서 아내의 화장대에 올려놓았다. 비록 핀잔을 먹었지만 젊은 시절 화장품 선사할 때와는 또 다르다. 나는 아내의 긴 화장 시간을 요즘 기대한다. 기다림은 아내의 것이 아니라 나의 몫이다. 이제 예쁜 모습을 잃은 늙은 여인이지만 고운 마음을 저버릴 수는 없는 것이다. 이참에 나는 서양 사람들처럼 어디서든 조화를 이루며 잘 지내는 것이 우선이고 바삐 가야 할 여행지는 그다음이라 해 둘 것이다. 두 손을 꼭 잡고 앞으로는 찬찬히 보조를 맞추며 그렇게 우리만의 여행을 찬찬히 떠나고 싶어서다. 이것이 그렇게 내가 그토록 바라는 지극한 행복이 아닌가.

가용시간 31시간

사람은 기본적인 삶을 위해 꼭 써야 하는 시간이 있다. 바로 먹고 자고 씻는 등 생존에 필요한 시간을 말한다. 보통 사람에게 생존을 위해 필요한 시간은 대략 일주일에 97시간이라고 한다. 이 생존 시간을 뺀 나머지 시간이 우리가 자유로이 쓸 수 있는 가용시간이 된다. 즉, 일주일(168시간) 중 97시간을 뺀 71시간을 의미한다. 물론 자유로이 쓸 수 있다고 말한 것은 거짓말이다. 당신이 직장인이라면 71시간 중에 최소 근로 40시간은 제외해야 한다. 그렇다면 진짜 '자유로이'란 표현이 어울리는 시간은 일주일에 31시간이 된다.

'고작 그것뿐인가?'라는 생각이 들 수도 있겠지만, 이것도 그나마 최소 근로시간을 기준으로 했을 경우 산출한 결과에 불과하다. 만약 당신이 하루에 2시간씩만 야근해도 가용시간은 일주일에 21시간으로 단축된다. 만약 일주일에 71시간 이상 일해야 하는 사람이라면 어떻게 될까? 가용시간이란 것은 아예 생각할 수도 없다. 자기 계발은 고사하고 오히려 일을 위해 생존 시간도 아껴야 한다. 전 세계를 비교해 봤을 때, 근로 시간으로 둘째가라면 서러운 대한민국에서 이런 처지에 있는 사람은 의외로 많다. 근로기준법 상 최장 노동시간은 52시간이지만, 그것도 모자라서 주말 특근을 하거나 장거리 출퇴근을 하는 사람, 그리고 자영업자의 경우엔 노동시간이 71시간을 초과하는 일이 태반이다. 결국 이 사람들은 일을 위해 생존 시간 중 일부를 포기할 수밖에 없다. 돈이 없는 것만이 빈민이 아니다. 생존의 시간을 위협받는 이들이 곧 '시간 빈민'이다. 일과 삶의 균형? 일이 인간의 생존 시간을 위협함에 따라 자연스럽게 '일과 삶의 균형(Work-Life Balance)'이라는 말이 요즘 최신 유행어가 되고 있다.

가용시간 활용을 위한 제도적 뒷받침이 느는 것은 바로 인간다운 삶을 말하는 문화적인 시대조류다. 어찌 시간을 활용할 것이냐에 실은 우리의 행복과 미래가 달려 있다고 해도 과언이 아니다. 결론적으로 말해 주어진 시간을 잊을 수 있어야 한다. 삶을 살면서 어느 한순간이라도 뭔가에 빠져 본 적이 있는가. 뭔가에 몰입할 수 있다는 것은 가장 행복한 체험이다. 그리고 그 어떤 시간보다 가장 황홀한 순간이다. 몰입하는 순간에는 시간에 대한 자각이 없다. 나에게 시간이 많다고 해도 그것이 전부 나의 시간은 아니다. 내가 뭔가에 몰입하여 시간을 잊을 때만 비로소 시간은 온전히 나의 것이 된다. 시간을 유익하게 다룰 줄 알아야 바로 균형적인 일상으로서 시간의 승자가 될 수 있는 것이다. 기적 같은 삶도 일상으로부터다. 인간다운 삶을 영위하는 일상이 중요하다고 여겨지는 현시점, 가용시간 일주일에 31시간. 균형 잡힌 삶을 위한 많은 시간 활용 방안이 필요한 것이다. 차 떼고 포 떼고 온전한 활용 시간이 너무 짧다. 효율적 시간 활용이 곧 행복을 위한 길이다.

그럴 리는 없는데 묘하게 시간이 짧다 그래서 그런 것인지 우리는 주어진 시간을 줄이는데 세계 1등인 선수들이다. 설마 시간을 효율적으로 쓰자고 우리의 '빨리빨리' 문화가 정착한 것은 아닐까. 시간에 관한 이 또한 깊이 생각해봐야 할 큰 문제다. 한국 사람이 급하고 빠르다는 것은 이제 전 세계 사람들이 다 아는 상식이 되었다. 밥도 빨리빨리, 일도 빨리빨리, 운전도 빨리빨리, 경제성장도 빨리빨리, 모든 것들이 빨리빨리, 외국 사람들이 한국에 오면 처음 듣고 배우는 말도 역시 '빨리빨리'이다. 어느 외국인은 우리의 '빨리빨리'를 좋아해서 배우려고 노력하고 있다는 사람도 있다. 진력이 난 사람들은 이건 병이라고 하지만 '빨리빨리'는 좋은 점도 있고, 분명 나쁜 점도 있다. 다 알다시피 '빨리빨리'가 단기간 오늘과 같은 한국을 만든 원동력이 된 것은 분명하다.

외국인이 보고 말하는 '빨리빨리'의 에피소드도 참 많다. 자판기 커피를 마실 때 바로 '커피 나오는 구멍에 손을 넣는다'든지 '허리를 90도로 굽히고 커피 나오는 구멍을 쳐다보면서 손 넣기'를 하는 사람들. 그리고 커피를 빼내고 후후~ 불면서 종이컵을 살살~

돌리더니, 뜨거운 커피를 원샷~ 투샷~ 쓰리샷~을 하고, 캬~ 하면서 울부짖는 동시에 종이컵을 주먹으로 '까자작~' 우그리고, 쓰레기통으로 3점 슛~~ 골. 하는데 15초 딱 걸렸다.

술 먹는 것도 빨리빨리, 빨리 먹고 빨리 취하기. 폭탄주, 회오리, 돌림 빵이 있다. 한국에 교환교수로 온 외국인 양반, 1년치 먹을 술을 가지고 와서 외로운 밤을 달래곤 했다. 그런데 한국 학생들이 밤에 놀러 와서 1년치 분량의 술을 그날 저녁에 모조리 해치워 버렸다. 식사 시간은 절대 20분을 넘기지 않는다. 마지막 사람 숟가락 놓자마자 모두 일어선다.

유명 가수가 블로그에 글을 쓰자마자 1분에 댓글 조회 30번 기본. 계속해서 들락날락거리더니 1시간 만에 1만 회 달성. 그밖에도 부지기수로 많다. 3초 이상 열리지 않는 웹사이트는 닫아버린다. 볼일 보면서 양치질을 한다. 영화관에서 스크롤이 올라가기 전에 나간다. 3분 컵라면이 익기 전에 뚜껑 열어 먹는다. 엘리베이터 문이 닫힐 때까지 '닫힘' 버튼을 누른다. 삼겹살이 익기 전에 먹는다. 화장실에 들어가기 전에 지퍼를 내린다. 버스정류장에서 버스와 추격전을 벌인다. 등등 그렇다면 한국인이 성격이 급한 이유는 무엇일까? 이에 대해 오래된 의식이라는 전문가의 견해가 있다.

한국인은 집을 짓고, 이용하는 방법에서 다른 나라와 차이가 크다. 건축이라고 하면, 보통 공간을 나누고 더하는 개념이다. 그러나 한옥은 시간을 나누어 쓰는 데에 관심이 많았다. 이를테면 전통 한옥에서는 방에 이불을 깔면 침실이 되고, 이불을 치우고 밥상이 들어오면 식당이 되고, 밥상이 나가고 책을 펴면 공부방이 되는 식이다. 그때그때 공간을 어떻게 이용하는가에 방점을 찍는 문화를 전이 문화라고 하는데, 빨리빨리 문화는 여기에서 시작한다는 것이다.

아무튼 우리의 조급증은 실제 많은 병폐를 낳았다. 조급증을 얘기할 때 언제나 '성수대교 붕괴' '삼풍백화점 붕괴' '황우석박사 논문' 얘기를 한다. 그런 큰 사건은 두말할 것도 없고 '빨리빨리'는 일상에서도 많은 심리적 불안감을 자초하고 큰 부담을 일으킨다. '빨리'라는 말은 우리 일상에 이미 습관처럼 자리하고 있다. 신호가 바뀌고 바로 출발하지 않으면 신경질적으로 경적을 울리고, 열차나 비행기가 제시간에 출발하지 않으면 곧바로 항의 모드로 돌변하여 난리가 난다.

주어진 업무를 무조건 신속하게 처리하는 것이 그 사람의 능력인 것처럼 평가되기도 하고, 인생에서 가장 의미 있는 결혼식조차 15분 이내로 해치우는 광경은 낯설지 않은 풍경이 되어버렸다. 그만큼 우리는 뭐든 '빨리빨리' 해결하고 처리하는 것에 익숙해져 있고 또 그것을 미덕으로 여기고 있다. 사람들은 음식점에서 주문한 음식이 금방 나오지 않으면 쉽게 짜증을 내고 또 자신보다 늦게 온 테이블에 음식이 먼저 나오면 "우리가 먼저 왔는데 왜 빨리 주지 않느냐."며 불같이 화를 낸다.

맛있는 음식을 즐기기보다는 누구보다 '빨리' 먹어야 하는 것이 최선인 것처럼 행동하는 우리다. 그런 이유에선지 몰라도 3분이면 즉석으로 조리되는 인스턴트 식품, 재료의 모든 손질이 완료되어 넣고 끓이기만 하면 되는 간편 포장 식품들이 큰 인기를 끄는 게 우리나라다. 주문과 동시에 음식을 받아 곧바로 섭취할 수 있는 패스트푸드는 이제 우리 식생활에 너무나 익숙한 음식이 되어 버렸다.

무분별한 음식의 섭취로 그저 빠르고 간편하게 한 끼를 때우는 것. 그것이 반복되고 점점 가속화된다면 우리 몸이 언젠가는 감당할 수 없게 될지 모른다고 충고하지만 우리네 식습관은 여전히 식사 시작~ 동작 그만이 적용되고 있다. 우리는 아무리 천천히 먹어도 20~30분. 하지만 프랑스 사람은 1~2시간이 보통이다. 나도 전형적인 한국인이라 조급증이 심하다. 성격 탓이라고 하지만 업무가 안겨준 스트레스가 크게 한몫했다. 거기에는 '빨리빨리'가 지켜져야 할 준수사항처럼 꼭 들어가 있다. 현직을 물러난 지 오래지만 지금도 단잠을 깨는 것은 책무를 실기해 호되게 당하는 악몽을 꿀 때다. 급할 필요가 전혀 없는 퇴직 후의 현시점에서도 영 고쳐지질 않는다. 여전히 누가 나를 쫓아오는 양 몸이 반응한다. '빨리빨리'에서 달라져야 속도 편하고 실수도 적고 여유로움을 만끽할 것인데 그러지 말아야지 하면서도 잘 안되는 게 정말 야속하다.

천천히 확실하게 가는 것이 빨리 가는 것보다 나을 수 있다는 엄연한 사실, 나는 이를 터득하려는 또 다른 사회의 초년생이다. '천천히'가 그렇게 고귀한 행동인지 요즘 겨우 알아가고 있다. '천천히' 속에는 여유가 살아 숨 쉰다.

슬로시티가 17개나 있는 우리나라

늘 청춘으로 살아야 한다면 얼마나 피곤할까. 젊은이들 삶이 격동적이라 한다면 이 나이 들어서는 물 흐르는 것처럼 느리게 관조하는 삶이다.

늘 청춘으로 살아야 한다면 얼마나 피곤할까. 다시 청춘으로 돌아가자고 하면 나는 고개를 저을 것이다. 시간에 쫓기며 바빠 산 것도 이제 자신 없으며 선택할 것은 왜 그리도 많았던 것인지 이 또한 버거울 뿐, 안정되지 않으며 미숙하고 어리석은 삶을 어찌 물리치며 잘 버텨낸 것인지 그간 참으로 용했다 싶은 나다. 젊은이들 삶이 격동적이라 한다면 이 나이 들어서는 물 흐르는 것처럼 느리게 관조하는 삶이다. 정관자재(正觀自在), 하루에 10~20분 만이라도 하던 일을 멈추고 정신적 여유와 성찰(省察)에 빠져드는 것은 어떨까. 창 너머 전개되는 들판과 석양의 노을을 감탄하며 와인 한잔 마시고 푹 쉬는 삶을 실천해 보는 것도 멋진 삶이다 싶다.

속도에 휩쓸리는 삶과 사뭇 다른 삶의 모습이 바로 느림의 삶이다. 미국과 유럽에서는 삶의 속도를 늦춰 천천히 인생을 즐기자는 '슬로라이프(slow life)' 운동이 확산이 되고 있다. 슬로라이프의 핵심은 빨리 해치워야 한다는 강박 관념에서 탈피하자는 것으로 요약할 수 있다. 삶의 리듬을 늦추더라도 최고의 즐거움과 보람을 느낄 수 있도록 생활을 변화시키자는 것이다. 그 느낌 그대로 요즘 우리 부부는 곳곳에 흩어져 사는 웬 달팽이를 만나러 다닌다. 옛 음식과 삶의 방식이 고스란히 남아있다고 평가받는 완도군 청산도를 시발로 해서 이제 몇 곳만 더 다녀오면 나는 아주 느림보가 될 것만 같다. 이 얼마나 향기로운 풍광인가.

대중적인 스타들, 눈앞의 이익에 눈이 먼 정치가들, 기업인들은 빠름을 추구하는 사람들이다. 언제 추락할지 모르는 공포감으로 그들은 공황장애가 참 많다. 자신을 찾는 삶, 이웃이 있는 삶은 시간 속에서 여유를 찾을 때 가능하다. 노동은 성공, 놀이는 실패라는 이 공식에서 벗어나 놀이하는 노동으로 우리가 나아 갈 때만 비로소 나와 이웃을 회복할 수 있다. 그러나 이런 상황은 개인의 노력만으로 가능하지는 않을 것이다. 그동안 우리 사회는 그 어느 사회보다 성장을 중시해온 사회다. 아니 우리 사회는 급성장을 위해 압축 근대화를 감행해야 했던 사회였다. 이런 사회에서 살아야 했던 우리 각자는 너무나 여유가 없는 개인일 수밖에 없었다. 개인보다는 연대 의식에 충실했던 우리다.

이제 우리는 성장의 시간을 넘어 나눔의 시간을 마련해야 한다. 부모와 자식이 나누고, 선생님과 학생이 나누고, 가진 자와 못 가진 자가 나누는 새로운 시간으로 우리는 들어가야 한다. 그래서 우리는 긴장, 압박, 쫓김의 시간이 아니라 설렘, 기다림, 이완의 시간을 마련해야 한다. 사실 우리가 이런 시간을 맞이할 때 오늘의 시대가 요구하는 창조의 시대를 제대로 열어놓을 수 있다. 지식정보화 시대를 넘어 지식과 인공지능이 결합하는 4차 산업혁명 시대를 맞이하여 우리는 그 어느 시대보다 창조하는 인간을 요구받고 있다. 창조는 상상력이 활성화될 때 가능하며, 이 상상력의 활성화는 여유와 놀이가 존재하는 문화에서 가능하다. 15억의 인구 중국, 매년 천재가 1백만 명이 태어난다고 했다. 저러다 우리를 단박에 따라잡겠다고 한 적이 있었다. 지금 나는 그렇게 생각하지 않는다. 이유는 간단하다. 그들의 고착화된 연대 의식으로 개인의 자율성과 자유가 손상되어 상상력을 가두어 창조의식의 결여를 낳기 때문이다.

나무의 나이테는 빠르고 느린 생장이 서로 어울린 흔적이다. 계절에 따라 세포 분열의 속도가 달라 나이테가 생기는데, 영양이 풍부한 여름에는 많이 자라고 겨울이 오면 성장이 더뎌지며 동심원 모양의 테를 갖게 된다. 신영복 선생은 "나무의 나이테가 우리에게 가르치는 것은 나무가 겨울에도 자란다는 사실이다."라고 했다. 느리다고 해서 자라지 않는 것은 아니다. 움츠림은 도약의 준비를 말한다. 빠름과 느림은 동전의 양면처럼 균형을 이뤄야 한다. 속구를 효과적으로 사용하려면 느린 커브를 함께 던져야 한다. 세상은 여전히 빨리 돌아가고 있지만, 장대한 우주의 역사 속에서는 찰나에 불과하다. 시간이 상대적이라면 느리게 살아보는 것도 의미가 있다.

느림의 미, 이미 오래전인 1990년대에 오스트리아에서 '시간 늦추기 모임', 이탈리아에서 '슬로시티(slow city) 운동'이 전개되었다. 이들은 더 이상 인간이 시간에 노예가 되는 길을 원치 않았다. 이들은 시간을 주체적으로 사용함으로써 진정한 행복을 마련하려고 하였다. 공식 명칭은 치타슬로(Cittaslow). 슬로시티는 '느리게 살기 미학'을 추구하는 도시를 가리킨다. 빠른 속도와 생산성만을 강요하는 빠른 사회(Fast City)에서 벗어나 자연·환경·인간이 서로 조화를 이루며, 여유롭고 즐겁게 살자는 취지에서 시작되었다. 슬로시티는 전통의 보존, 지역민 중심, 생태주의 등 이른바 '느림의 철학'을 바탕으로 지속 가능한 발전을 추구하는 도시를 뜻한다.

2007년쯤에 아시아에서는 처음으로 우리나라가 전라남도 담양군 창평면과 장흥군 유치면·장평면, 완도군 청산도, 신안군 증도 등 4개 지역이 슬로시티로 인증받았다. 그리고 2009년에는 경상남도 하동군 악양면이 단독으로 상정되어 우리나라에서는 다섯 번째로 슬로시티 인증을 받았다. 이렇게 슬로시티가 늘어나더니만 단숨에 9곳을 넘어서 지금에 이르러서는 무려 17곳이나 있다. 하지만, 관광 대국을 자처하는 일본은 애초에는 단 한 군데의 슬로시티도 배출 못했다.

왜 그럴까. 일본이 슬로시티를 무시했던 것은 아니다. 일본은 한 번에 20개 도시씩 두 차례나 슬로시티를 신청했지만 모두 탈락했다. 일본의 농촌이 지나치게 현대화·서구화되어 있어서였다. 지역마다 독특한 개성이 있어야 하는데, 일본의 농촌은 이미 획일화된 풍경을 자아내고 있었다. 슬로시티를 제대로 체험하려면 신발 끈을 느슨하게 풀어야 한다. 누구보다 앞서거나, '빨리, 빨리!'를 외치며 신발 끈을 묶을 필요가 없다. 슬로시티는 말 그대로 '천천히' 걸으면서 더 많은 것을 보고 또 사색하는 곳이기 때문이다.

그래서 슬로시티마다 캐릭터로 등장하는 것이 달팽이다. 느리니까 세세하게 볼 수 있고, 느리니까 마음으로는 더 풍족할 수 있는 것, 그것이 바로 슬로시티를 찾는 '느림꾼'의 첫 마음이다. 나는 지난가을에도 아내와 신안군의 중도로 해서 자은도를 거쳐 천사의 다리를 통해 뭍으로 되돌아왔다. 그곳은 이번이 두 번째다. 짜디짠 천연소금이 그 느낌에 녹아 짭조름하고 달착지근했다. 염전에 그려진 달팽이 모습, 배 시간도 많이 남았겠다 급할 게 없었다. 한적한 바닷가를 거닐며 비록 늦가을 바람에 헛헛하기는 하였지만 소연하기까지 한 풍광을 한 아름 안을 수 있었다. 이런 분위기를 즐기는 마음이 아직 내게 있다는 게 그저 고마웠다. 아내도 같은 표정이었다. 나는 이 슬로시티 유람을 계속할 생각이다. 슬로시티 발상지라 할 이탈리아 이야기가 나는 참 마음에 든다. 슬로시티는

1980년대 후반 패스트푸드의 대명사인 맥도날드가 이탈리아 로마에 매장을 열자, 이탈리아 사람들이 지역 고유의 전통 음식을 지키려는 슬로푸드(Slow food) 모임이 곳곳에서 생겨나면서 1990년대 후반부터 본격적으로 시작된 것이다.

'슬로(Slow)는 불편함이 아닌 행복한 기다림이다' 당시 그레베 지역은 여느 농촌과 같이 소득감소와 노령화로 침체일로를 걷고 있었으나, 그 고장의 시장이 "슬로(Slow)는 불편함이 아닌 기다림이다."라는 철학으로 주민들에게 슬로시티의 가능성을 설득했고 기대 이상의 성과를 이뤄냄으로써 그 가능성을 엿보였다. 문명은 패스트푸드를 양산하지만 고유문화는 몸에 좋은 슬로푸드를 재배한다는 생각도 이참에 해본다. 현재 2022년 11월 기준으로 유럽 등 33개국 287개 도시가 동참 중이며, 중국과 대만과 같은 아시아 국가에서도 꾸준히 증가하고 있다. 지역경제 발전은 물론 변화하는 기후 속에서 지구 생태계를 더 나은 곳으로 만들기 위한 노력이 알게 모르게 진행되고 있다. 슬로시티가 아니라 해도 고즈넉하기 이를 데 없어 갈 곳이 많은 우리 산천, 둘레길만 해도 이제는 수십 개도 넘는다. 문명은 편리함을 권하고 자연은 여유로움을 권한다. 앞으로 내가 갈 길은 좀 불편해도 마음의 여유가 있는 자연이겠구나 싶다.

나의 취미 해석

요즘 내가 즐기는 것은 여행이다. 코로나가 끝나자마자 배낭을 꾸렸다. 선배들이 72살쯤 지나면 장거리 여행이 용이치 않으니 힘 있을 때 다니라고 충고를 마다하지 않는다. 그렇지 않아도 12시간이 넘는 비행기 여행은 고역이다. 예전 출장 갈 때와는 많이 달라진 나를 발견한다. 나는 다녀오면 꼬박꼬박 글로 남긴다. 또 다른 내 취미는 글쓰기다. 지난해 튀르키예와 동유럽 다녀온 것을 여행 수필 책 한 권을 꾸몄고 지금은 작년에 이어 독일을 또 다시 찾으려 하고 있다. 독일은 소도시가 참 예쁘다. 아마 이번 여행이 끝나면 나는 신성로마제국의 독일에 대한 글을 마무리 할 수 있을 것 같다. 여행도 여러 갈래, 자연풍광을 찾거나 즐기는 맛의 여행을 마다하지는 않지만 나는 그보다는 역사가 담긴 도시를 찾는다. 그 안에는 인간의 발자취가 고스란히 배어 있다. 잘 몰라서 그렇지 인간이 걸어온 길은 다 그 이유가 있다. 내가 현대 문명을 안고 그들을 바라보지만 내가 중세시대 그들이었다면 똑같이 할 수 밖에 없고 그 중의 한 가녀린 인간으로 살았을 것이다. 시대마다

프레임이 있으며 인문학 정서는 수천 년이 지나도 또 변함이 없다. 그런 전제로 그들의 모습을 관찰하는 재미가 쏠쏠하다. 나는 그들 뒷조사에 오늘도 시간 가는 줄 모른다. 여태 모르던 그 시대 풍광들이 확연하게 드러날 때 고소함이 일고 그들을 제대로 이해할 것 같다. 한 맥락으로 그들을 훑어내는 게 이제는 내 글쓰기의 한 방편이 되었다.

지난해 프랑스가 자랑하는 세계적인 명소, 수도원 몽셀미셀을 다녀왔다. 그곳은 프랑스 북쪽으로 영국과 아주 가까운 노르망디에 위치한다. 알다시피 노르만족은 바이킹이다. 그들은(윌리암엄 1세) 그곳에서 프랑스 신하로 살면서 영국을 점령했다. 영국에서는 국왕인데 프랑스에서는 신하로 살으려니까 꽤 불편했을 것이다. 그래도 프랑스의 넓은 평원에서 거둬들이는 세금이 많으니까 포기할 수 없었다고 한다. "신하의 예를 갖추라."가 그 시대 붙은 말이 아닐까. 그런데 옆 동네 현재의 독일, 신성로마제국에서는 큰 싸움이 벌어졌다. 당시 황제인 프리드리히 바로바르사와 하인리히 사자공이 크게 붙었다. 거대한 꿈을 품은 바르바로사가 이탈리아 롬바르디아 땅을 넘보며 쳐들어가는데 하인리히가 도와주지 않아지고 말았다. 화가 난 그가 하인리히 땅을 몰수했다. 졸지에 쫓기는 몸이 된 그는 처가집인 노르망디공국으로 도망갔다. 그때가 헨리 2세 시대로 그는 영국과 프랑스 노르망디를 같이 소유하고 있었다.

보르도는 잘 알다시피 최고의 포도 산지다. 그곳 땅을 갖고 헨리 2세한테 시집온 미망인. 그런 소유의 애매함은 결국 백년전쟁으로 이어진다. 포도주를 즐긴 영국 사람들은 그 무렵 보르도로부터 직접 수입이 안 되는 관계로 네덜란드 쪽 폴랑드르 사람들을 통해 얻어다가 마셨다. 그런 때 폴랑드르 지역, 지금의 네덜란드 사람들은 영국과 맞아떨어져 영국에서 난 모직물을 가져다 가공하는 도시로 거듭 난다. 그 무렵 겐트나 부뤼헤(현재는 벨기에)는 한자동맹부터 부강한 도시로 자리를 확실히 잡는다. 당시 겐트가 파리 다음으로 큰 도시였다는 말이 있다. 시간이 지나 바티칸 교황들이 개판을 칠 때, 즉위식 때 포도주를 분수로 뿌렸다는 그 무렵으로 바티칸 궁을 짓자고 면죄부를 발행하고 돈을 엄청나게 거두어들이자 마르틴 루터가 나서 반박문을 발표하는데 때가 때인지라 구텐베르크의 인쇄 기술로 한 달도 안 돼 사방팔방으로 이 사실이 알려진다.

프랑스말고는 거의 유럽을 집어삼킨 겐트가 고향인 신성로마제국의 황제 카를 5세(합스부르크 가문의 대표주자)가 보름스에서 회의를 열어 마르틴 루터를 족치지만 그는 꼿꼿하게 뜻을 굽히지 않았고 유럽 전역은 산산조각이 나기 시작한다. 그렇다고 카를 5세가 포부가 없는 사람은 아니다. 그와 프랑스왕 프랑스와 1세는 세기적 숙적 관계로 이탈리아 땅을 서로 먹자고 늘 싸우던 처지인데 피렌체 메디치 가문의 교황과 합세한 프랑스와 1세와 카롤 5세는 대격돌을 벌인다. 그 바람에 로마가 함락이 되고 프랑스와 1세는 쌍코피 터져 배상을 해야 했다. 사실 약탈은 여간해서는 안 하는데 용병들 임금이 밀리는 바람에 성난 용병들이 로마시내에서 약탈을 몇 달째 자행한 것이다. 아마도 로마가 처참하게 전복된 것은 그 때가 처음 아닐까. 그렇다고 프랑스와 1세도 만만한 존재는 아니다. 문화예술을 사랑한 그로 프랑스는 빛이 났다. 루브르 궁전이나 콩피에뉴 궁전을 지은 사람이고 레오나르도 다빈치를 모셔온 학문과 예술을 사랑한 사람이다.

그런데 로마가 전복되고 교황이 성에 갇혀 있을 그 무렵에 하필이면 영국 왕 헨리 8세는 캐서린이라는 왕비와 이혼이 급했다. 여성편력이 강한 그는 6명의 왕비가 기다리고 있었다. 그런데 가톨릭교황청은 허락을 안 해주었다. 그럴 수밖에 없는 것이 카를 5세 고모가 헨리 8세의 아내였기 때문에 갇힌 신세의 교황은 허락을 해줄 수 없었다. 그로 개종을 한 헨리 8세, 그렇게 역사가 끝이 날까. 아니다. 그가 죽자 캐서린의 딸이 등극을 한다. 그녀는 왕이 되자 가톨릭으로 회귀하고 반발하는 자, 수백 명을 화형시켜 버린다. 그녀는 상상임신으로 병약해 죽는데 그로인해 감금 상태였던 우리가 잘 아는 엘리자베스 여왕이 권력을 잡는다. 같은 시기 스코틀랜드 공주 메리 스튜어트가 프랑스에서 돌아오고 그 둘은 철천지원수로 메리스튜어트가 도끼로 사형을 당할 때까지 싸운다. 이 둘의 문제는 단순히 두 여왕들 문제가 아닌 개신교냐 아니면 구교로 돌아가느냐 하는 아슬아슬한 구경거리로 지금도 대표적인 오페라로 절찬 상영 중이다. 이 틈에 면직물과 청어로 돈을 벌어들인 네덜란드는 감히 합스부르크 가문의 스페인을 무너트리고 독립을 쟁취한다. 그 시발이 재밌다. 네덜란드 사람이라면 누구든 추앙하는 빌럼 1세 판 오라녜는 앙리 2세를 만나 사냥을 했는데 앙리 2세는 당연히 같은 편으로 생각하고 네덜란드를 쑥대밭으로 만들 것이라는 얘기를 해준다. 그때 아무런 응수도 안한 그는 이후 침묵의 왕이라는 별명도 갖게 되는데 이는 너무도 비인간적이라고 확신하고 본인이 가톨릭 신자이면서도 개신교 편을 들고 철저히 준비해 네덜란드는 독립을 쟁취한다. 오라녜는 영어로 하면 오렌지, 그래서 네덜란드는 축구에서 오렌지색으로 통일하고 오렌지군단이라는 표현을 쓴다.

이런 식으로 접하는 역사는 나에게 꽤 흥미롭다. 난해하게 얽인 그들의 족보와 세상 돋보기를 들여다보며 즐거움을 만끽한다. 이 공계 그것도 원자력 분야에서 36년 이상 봉직한 나로서는 전혀 다른 세상을 들여다보는 게 생경하지만 흥미롭기 그지없다. 날마다 얻는 자양분과 새로움이 요즘의 내 벗이다. 그러면서 늘 의문을 또 갖는다. 왜 카를 5세는 합스부르크 가문인데 오스트리아 땅이 아닌 벨기에 땅 겐트에서 태어난 걸까. 아마 이도 추적을 하다 보면 또 언젠가 그 이유를 알게 될 것이다. 역사에 심취하다보니 머리도 쉴 새가 없고 늘 반문하며 까먹은 이야기를 소생시키며 책을 들춰본다. 실은 한쪽 눈이 잘 안 보이는 데도 나는 멈출 마음이 추호도 없다. 나의 늙지 않으려는 비결은 바로 이런 역사 탐구와 글쓰기에 있다. 3류 작가는 자평을 아끼지 않는 법, 늘그막 나는 좋은 취미를 가꾸며 여행을 즐긴다.

아마 더 나이 들어 여행이 어려울 때도 나는 끊임없이 탐구를 지속할 것이다. 아는 게 힘이고 지식은 그런 자아의식 함양에도 큰 도움이 된다. 확실히 사람은 자기가 하고 싶은 것을 할 때 즐겁다. 남들은 나이 들어 굳이 그렇게까지 할지 모르지만 나는 시간 가는 줄 모르고 과거 현재 상관없이 세상의 군데군데를 돌아다본다. 어젯밤에 또 하나 안 사실이 있다. 지난번 책을 낼 때 오스만투르크의 행적을 쫓았는데 그들이 단순히 힘을 과시하기 위해 오스트리아 비엔나로 향한 줄 알았는데 그것이 아니라 프랑스가 합스부르크 가문의 확장을 염려해 그들에게 요청하였다는 이야기다. 세상은 예나 지금이나 그렇게 하는 이유가 분명히 있다. 합리적이든 아니든. 그것이 곧 역사이고 인간이 걸어온 길이기도 하다.

4.

행복합니다

소소한 서정으로서의 행복

우리의 일상은 크거나 중차대한 행위의 연속일 리 없다. 그렇게만 살다가는 가슴이 벌렁벌렁하다가 그만 온전치 못할 것이다. 우리의 일상은 다행스럽게도 작고 섬세한 기질을 지녔다. 이의 바탕은 진실과 부지런한 용기가 차지한다고 나는 본다. 이런 평범함 속에서 제일 으뜸은 스치는 바람 같은 소소함이 아닐까. 큰 뜻을 갖는 군자는 대로행이라지만 군자라 할지라도 아마도 스치는 바람결 코끝에 닿는 달콤한 설렘으로 자비를 잉태하지 않았을까. 소상함과 진솔함 속에서 대범함도 나온다. 대범함은 바로 자상함에서 비롯된다. 굳건함이란 말은 어려운 시기에 등장하는 의식이지 평범한 삶 속에서는 사뭇 두렵고 위험할 수 있다. 그렇지 않아도 굳건함은 뜻은 가상하지만 차가운 의지만큼 강렬하고 삶의 묘미가 적을 수밖에 없다. 자잘하지만 알록달록한 색깔이 들어가 미소 짓게 하는 수많은 삶의 윤기가 이 세상에는 즐비하다.

수필은 어떤가. 위인전이나 대하소설과 같은 장르와는 천생이 다르다. 거창하지 않으며 소탈한 자국들이 곳곳에 배어 다정스럽게 삶을 말하는 게 곧 수필이다. 소소한 일상처럼 늘 하던 대로라 거북하지 않으며 어렵지 않다. 내가 누구인가를 나타내고 싶을 때 그냥 쓰는 자잘한 글이 수필이다. 맑고 하얀 바탕의 개울가에 알록달록 펼쳐진 조약돌을 연상하면 꼭 알맞다. 자꾸 보고 만져보고 싶은 조약돌처럼 기억하고 또 생각나는 수수한 성품을 지녔다. 파리 시내 한복판에서 위그노라는 신교파가 몰살당하는 것을 보고 너무 처참했지만 동요하지 않고 침잠했던 몽테뉴, 그는 그렇게 자성의 흔적을 『수상록』이라는 글로 남겨 놓았다. 우리는 수필의 원조를 그라 칭하고 『수상록』을 본받고 있다.

  자율적인 만큼 수필이나 소소한 삶의 제일 모토는 자연스러움이다. 가상적이지 않으며 억지로 자신을 높이거나 격한 행위를 지어내지 않는다. 자율은 바로 자연스러움에서 비롯되고 이는 곧 솔직 담백함을 배경으로 모든 행위가 이루어진다. 그래야 글과 삶의 가운데 들어간 의미가 확실히 입증되기 때문이다. 수필은 소설같이 가상적으로 꾸미지 않으며 심오한 의미로 축약한 시처럼 신중하지도 않다. 수필은 지극히 일상적이면서도 평범한 일상문같이 보이지만 삶을 꿰뚫어 보는 나름의 혜안이 있다. 나는 이렇듯 소소한 서정이 수필이라 여기고 내가 그리는 행복도 같은 범주라 생각한다.

  일상에서 자랑만 늘어놓는 사람을 주의 깊게 경청하는 사람이 거의 없듯 글도 마찬가지다. 수필은 자성의 성찰이란 공감대 개념을 많이 포함하고 있다. 나이 들어 이제야 말할 수 있다는 식으로 자신을 제대로 알리는 소통의 매개체가 바로 수필이다. 늘그막 자연을 벗 삼고 관찰을 중시하듯 수필도 시작이 또 그렇다. 수필을 쓴다는 것은 큰 기획물을 만드는 것이 아니라 순간순간 포착한 감성이나 기억들, 미련 남은 것들을 속풀이하듯 때로는 그리움과 내면세계로 형상화하는 것이다. 그러기에 그 사람이 아니면 겪은 바를 똑같이 쓸 수 없는 글이 바로 수필이다.

각자의 소속감 이른바 자존감은 무릇 그런 바탕 위에서 때로는 무너지며 귀화해 소소한 행복을 건져 올리는 것이 아닌가 싶다. 재미 붙여서 시간 가는 줄 모를 거리들의 천지라 한다면 이는 애착이 되는 것이고 이를 글로 남긴다면 수필이 되는 것이다. 그런 마음은 진정한 행복으로 순화되려는 그 과정이기도 한 셈이다. 그러기 위해선 고독과 사색으로 소화하듯 진득하게 달라붙어 되새김질을 해야 한다. 의식을 형상화하듯 묵묵히 파고드는 인내가 곁들인 수작업이 곧 수필이다. 그 작업이 깔끔하고 세련되려면 자각, 영감을 불러올 독서나 여행 등이 수반되는 게 훨씬 유리하지 않겠는가. 나는 여행을 정말 감성적으로 즐긴다. 수수한 행복이 자신의 믿음을 견지하여 행복을 나타내고 그로 스트레스나 골치 아픈 삶의 진면이 와해되는 용해도 사색이나 여행으로부터 기반한다. 바라보는 견해가 생겨나 해독이 되고 청량하기도 하고 무언가 보태 주는 조력자로서 사색과 수필은 한 묶음이다. 나는 올드 팝송

Brook Benton의 〈Think Twice before you answer〉라는 곡을 의미로서도 무척 사랑한다.

 어떤 글을 포착하려면 감각적인 더듬이가 제대로 작동해야 한다. 이는 단순한 순발력이 아니라 사물에 대한 애정과 통찰력이 뒤따라야 하고 이는 다방면의 소재 확보를 위한 지식이 또한 풍부해야 가능하다. 그러기 위해서는 자신의 발견에 대한 자각 그리고 계발을 위해 늘 머릿속은 분주해야 한다. 책을 많이 읽으면 바로 그 자양분으로 많은 이질적인 생성물이 움트고 자리를 하며 나를 일깨운다. "지식이 곧 힘이다."라는 말이 단순히 지식을 말하는 게 아니라 이를 토대로 한 지혜의 길목이었음을 새삼 상기하고 싶다.

 무수히 많은 별 같은 반짝이는 것들이 나를 포섭하려는 순간 일어난 감정의 묘미를 기억해 두는 장치가 필요하다. 순간적 착상이나 기억이란 게 하늘에 떠 있는 구름 같아서 그때그때 포획을 해두지 않으면 날아가 다시는 그 감정을 되찾을 길이 없기 때문이다.

 남들은 수필을 물 흐르듯 생각나는 대로 쓰는 글로 일갈하지만 알고 보면 그렇지는 않다. 쓰다 보면 나름의 포석을 깔아두고 글을 만든다. 우리가 행복을 위해 치밀하게 준비하고 열중하듯이. 늘 고민하는 게 소소함에 빠져 이러다 잡스러움이 되는 것은 아닐까에 대한 것이다. 일상의 소소함이 그러하듯 수필 또한 어쩌다 보면 신변잡기가 될 수도 있고 수수하다는 일상이 구질구질한 터치라고 여겨질 수도 있다. 문학이란 게 궁극적 목적이 감동이라고 볼 때 독자에게 최소한 보탬이 이루어졌다면 나는 신변잡기라도 괜찮고 굳이 마다하지 않겠다.

일상의 별 볼 일 없는 사소한 것이라도 자기 만족이 우선이 아닌가. 그냥 그러러니 해두면 된다. 그것이 쌓이면 '무엇이 중헌디.'란 의미심장함도 되는 것이다. 쓰다 보면 자신을 자꾸 드러내게 된다. 이를 크게 두려워하거나 창피하게 생각할 필요가 전혀 없다. 나 역시도 파면 당하고 걸린 중병을 드러내기가 꽤 망설여졌지만 이를 감추고 나를 말하는 것은 불가능하다고 생각했다. 내 안의 한, 암울함이나 고통을 퍼내는 것은 결국 자신을 위한 것이다. 몽테뉴에 대해 아! 이게 바로 수필이구나 하고 그를 떠받치게 된 것이 바로 그 덕목 때문이다. 자각하고 자성하여 새로움을 얻자는데 수필은 큰 역할을 한다. 나의 행복은 나를 이 세상에 보란 듯 배설하는 것이고 글도 마찬가지다. 글을 잘 쓰려면 구체적인 사례에서 추상의 사유로 또 추상적 이미지에서 구체적인 면면을 드러내는 글이 독자들에게 끌린다. 한마디로 실감이 나기 때문이다. 그래서 읽고 난 다음에 어느 향기가 난다 싶으면 그런대로 봐줄만한 것이다. 마찬가지로 수수한 삶의 근저는 자기 개성이 우선시 되며 일상의 균형미를 갖추기 위해 사고하고 행동하며 이에 반문하며 앞으로 나아가 자신만의 독보적 가치를 확보하는 것이기도 하다. 그게 우리가 찾는 행복이 또 아닌가.

글은 경험에 따르면 거의 퇴고에서 차이가 난다. 명품은 분명 디테일에서 차이가 난다. 멋진 황혼을 위해 무엇보다도 생각하는 것이 삶의 고상함인 것처럼. 수수한 행복 속에 삶은 그렇게 늙어가며 아름답게 여물어가는 것이다. 나는 퇴고할 때 가급적 부사나 형용사를 덜어낸다. 화장이 짙으면 식상하고 만다. 다이어트가 글에서도 필요하다. 아깝다 생각할지 모르지만 짧은 단문이 더 효과적인 경우가 많다. 이는 글을 편하게 놔두어 누구든 스스럼이 없도록 하자는 데 있다. 실상 나의 소소한 행복 가꾸기도 시끌벅적하거나 요란을 동반하지 않는다. 수수하다는 것은 자연스러움이 우선인 것이고 화려한 채색이 굳이 필요한 것이 아니기 때문이고 단순하기까지 하다. 욕심을 덜어내면 맑고 깔끔해진다. 일상에 주어진 짧은 시간에 이룰 행복이 그러하듯 그래서 글도 명료한 적확한 문장이 중요하다.

 글도 자꾸 쓰면 는다. 그러면서 자신을 만들어간다. 글도 행복도 곧 사람이 대상이다. 깜냥대로 행한다. 섬세한 사람은 섬세하게 쓰고 묵직한 사람은 묵직하게 쓰듯 취향도 다 자기 취향대로 할 따름이다. 고상하게 표현해 몸속 어디 침침한 곳에 미분화된 채 고여 있는 생각들, 강고한 존재감으로 물질성을 획득한 기억과 상념들을 색출하고 용출해 방출해내는 작업이 글쓰기이며 삶의 해방구인 행복이다. 일상의 익숙함이 그러하듯 덤덤하게 넘기면 그냥 잊고 말 것이라 스민 생각을 가두어 걸러내 남기려 한다면 포착한 재질을 다루는 각별한 의지와 섬세한 기술을 필요로 한다.

글은 영혼의 지문 같은 것이다. 영혼을 다루기에 생각하고 쓰기에 따라 느낌도 확연히 다를 수밖에 없다. 잘 여문다면 스스로 만족하며 행복이 마음에 여울지는 것을 자득하게 될 것이다. 그런 면에서 글의 우열을 따지는 일은 영혼에 눈금을 매기는 일처럼 부질없는 처사일지도 모른다. 꽃이 저마다 향기롭듯 각자의 행복이니 글도 제각각의 취향으로 빛나는 것이다. 그런데도 좋은 글은 분명히 있다. 너무나 명철하고 아름다워서 통증까지 유발하는 글들도 많다. 내 경우 박완서의 「노을이 아름다운 까닭」, 윤오영의 「염소」, 나도향의 「그믐달」, 피천득의 「나의 사랑하는 생활」과 「봄」 그리고 「인연」, 이어령의 「골무」, 이영하의 「신록예찬」, 목성균의 「세한도」, 김훈의 「광야를 달리는 말」까지 그야말로 주옥같은 명문들을 읽고 또 읽는다. 그렇게 깔끔하게 다듬은 글을 보며 그들의 행복을 나는 염탐한다.

어찌하면 좋은 글을 지어낼 수 있을까. 세상은 넓고 글 잘 쓰는 사람 또한 너무나 많다. 깊고 깊은 인문적 통찰, 예리하면서도 서정적인 여운을 거느린 문장들이 빠르고 정확하게 내리꽂히는 강속구처럼 내 뇌리를 느닷없이 강타할 때 그 맛에 취해 한 번 느끼자는 게 암송의 경지가 되고 짜릿한 채독은 가시지 않고 여운도 길다. 근원적이고 존재론적인 탐색들, 시퍼렇게 날이 선 직관과 빛나는 성찰의 매콤한 문장들. 소소함에서 시작해 경이로운 환영을 느끼는 순간들이다. 그럴 때마다 글이란 결국 삶의 이력이요 사람 자체임을 여지없이 실감하게 된다. 얼마나 갈고 닦아야 저 경지에 오를까. 자신이 만족하는 일은 곧 행복이고 이는 좋은 글을 다듬는 과정과도 같다.

그런데 나도 그렇지만 아무리 해도 글이 어렵다는 사람들이 있다. 인생도 매번 그러하지 않았는가. 고달프고 힘들 때 의심의 반문을 수도 없이 하는 게 어쩌면 정상이다. 분명 재질의 차이는 있다. 모차르트와 그의 재능을 질투한 살리에리처럼. 큰 재능은 축복이지만 작은 재능은 늘 타박거리기 마련이다. 그래도 어둠을 오래 응시하고 견디면 사물은 서서히 윤곽이 드러난다. 그러면서 선명하게 다가설 때가 있다. 사물이 그 자체로서 우리에게 자신을 말해 달라고 애원하고 달리 예뻐 보일 때가 분명히 생긴다. 그때는 더는 주저하지 마라. 비로소 발돋움할 때가 온 것이다. 끼의 발산이다. 다만 도약할 때 주의할 게 있다. 너무 집착하고 빽빽하면 숨 막혀 질식하고 이내 식고 만다. 때로는 정반대로 밋밋하면 맛이 나지 않기도 한다. 참신한 사유나 기발한 표현이 맛의 재료다. 남들은 하찮다고 여겨져 거들떠보지도 않은데 유독 눈에 들어오는 것은 글 소재로서도 행복의 소자로서도 충분히 역할을 다할 것이다.

바라는 좋은 글쟁이가 되지 못하여도 꿈을 이루지 못하는 멋쟁이가 되지 못하여도 좋은 참관자로 늙어갈 수 있다면 그 또한 충만한 축복이다. 예나 지금이나 글을 좋아하는 나로서는 나를 가장 매혹시키는 사람은 글쟁이답게 뭐니 뭐니 해도 글 잘 쓰는 사람이다. 예리하게 벼려진 감각으로 성찰의 깊이를 드러내는 문장의 근력이 미스터 헬스 복근보다 백 배는 더 매혹적이다. 그런 글들의 위엄 앞에서라면 언제라도 흔쾌히 좌절할 준비가 되어 있다. 어쨌든 글이든 무엇이든 마인드가 중요하다. 무엇인가를 잘하는 사람보다도 즐길 줄 아는, 즉 좋아할 줄 아는 사람이 글도 잘 쓰고 행복감도 얻는다. 비록 일상이 힘들어 행복이 차갑다고 할지라도 노력하며 갈구하면 그것만으로도 이미 그대는 다시 행복을 되찾은 것이다. 나는 지금 나만의 템포를 유지하려 그렇게 애쓰고 있다. 몽테뉴도 그렇게 자성하며 20년간 수십 번을 뜯어고치며 나날이 새로워졌으며 책 한 권으로 우리에게 행복을 전하지 않았는가.

　수수한 글 한 편이 나를 행복하게 한다.

아직 못 산 연필통

퇴직할 때 책상 위 연필통도 같이 박스에 담았다. 이 연필통은 내가 돈 주고 산 순전히 내 사물이다 그렇지만 솔직히 탐탁하지는 않다. 연필통이 못나서가 아니라 들어온 경위가 썩 내키지 않아서 그러하다. 내 직장은 잡상인 출입이 불가능하지만 대신에 어찌 알았는지 책이라 할지 물건들 판매 알선이 꽤 많았다. 특히 장애인들의 물건 알선이 줄을 이어 솔직히 진땀을 빼기 일쑤였다. 진천 꽃동네부터의 후원지원도 마찬가지였다. 그렇다보니 적당한 선에서 전화 끊는 요령도 꽤 필요했다. 휴대폰이 상용화되기 전 일이다. 아마도 연구소쯤 다니니 먹고 살만하다 싶고 인텔리라고 생각해 집중공략 대상이 된 것인지 모른다.

기실 나는 그 무렵 사주고 싶었던 연필통이 하나 있었다. 안 사준다고 해서 탈이 날 것도 아니고 그렇게까지 머릿속에 담아 둘 성질의 것도 아닌데 이상하게 나는 그 연필통이 두고두고 미련으로 남아 내게 많은 생각을 하게 한다. 나는 당시 어느 전화 한 통을 무척이나 기다렸다. 분명히 오리라 믿는 전화였다. 그간 그가 보여준 인내로 보아 꼭 올 것이라 생각했다. 애타게 기다리는 그런 그였지만 정작 나는 그를 모르는 처지다. 안다면 기다릴 것이 아니라 벌써 그에게 먼저 전화라도 했을 것이다. 내가 당시 그를 안다는 정도는 그가 말을 한 대로 그가 장애인협회에 속한 사람이고 말을 꽤나 더듬는 사람이라는 것뿐이다.

그가 맨 처음 내게 전화를 걸어 온 것은 어느 해 초여름이었다. 전화를 받자 그는 나를 알고나 있는 것인지 조 과장님이시지요 하고 대뜸 말하였다. 그런데 그가 그 말 한 마디를 하는 데는 꽤나 긴 시간이 필요하였다. 떨려서는 아닌 것 같고 느낌으로서는 선천적인 말더듬이로 느껴졌다. 그는 이어서 말을 하였다. 들어보나마나 다 알만한 내용의 것인데 굳이 그는 답답함을 유지한 채로 딴에는 또박또박 전하려 애쓰는 것이었다. 결국 나는 그의 말을 끝까지 참고 듣지 못하였다. 나는 대화를 빨리 끝낼 속셈으로 말을 가로채 답하였다. "취지를 알겠으니 계좌번호를 불러 주세요." 응해 주겠다는 호의이니 그 말에 나는 그로부터 당연 고맙다는 말이 나올 줄 알았다. 그런데 그는 그렇게는 할 수 없다는 것이었다. 그리고 그는 또 떠듬떠듬 그렇게 할 수 없는 이유를 설명했다. 더 듣다가는 회의가 늦을 판이라 그에게 내가 물어볼 것만 물어보겠노라고 하였지만 그는 도통 멈추지 않았다. 나는 어쩔 수 없이 수화기를 사무실 아가씨에게 맡기며 계좌번호를 적어두라고 일러두고 회의하러 갈 수 밖에 없었다.

그리고 그 다음날 그로부터 또 전화가 왔다. 어제 의사전달이 미흡하다고 생각했는지 왜 돈을 먼저 받을 수 없는지에 대해서 다시 말을 하는 그였다. 수제품을 받고 그 물건에 동봉한 지로용지에 돈을 입금하여 달라는 그의 말이었다. 나는 그렇게는 할 수 없노라고 하였다. 연필통은 이미 많아 따로 보낼 필요 없이 돈만 보내겠다고 하였다. 그러자 그렇게는 안 된다는 그의 얘기였다. 나는 지금까지 몇 통의 연필통이 아무 쓰임 없이 방치되고 있으니 필요한 곳에 주는 것이 맞고 정 그러하면 연필통 값을 제하고 오만 원만 입금하겠노라 다시 설명하였다. 하지만 그는 막무가내였다. 더 이상 시간을 끌다가는 결론 없는 대화만 계속될 것이기에 다시 생각하여 볼 터이니 전화를 다시 하라고 하였다. 그리고 이후 두세 차례 전화가 왔었다는데 나와는 타이밍이 안 맞았는지 전화연결이 안 되었다.

나에게는 해마다 장애인협회라고 하여 대여섯 군데서 전화가 걸려온다. 그해만 하여도 네 군데서 전화가 왔었다. 첫 번째 전화 때는 여자였는데 연필통을 전해 받고 두말없이 입금하였다. 두 번째는 남자였는데 말이 유창한 것이 번들거리는 것도 같아서 꼬치꼬치 물었더니 그쪽에서 먼저 바빠서 다음에 전화를 하겠노라 하면서 먼저 수화기를 놓았다. 그리고 세 번째는 꽤나 상냥한 여자 목소리였는데 웬 장애인협회가 그리 많으냐 하니 불쌍한 사람 등치는 시중잡배가 많다면서 조심하여야 한다고 하면서 연필통이 많아 안 받겠다면 돈만 부쳐도 좋다고 하였다. 오히려 그것이 내겐 더 편하였다. 7만 원인데 5만 원만 부치면 되니 2만 원이 줄어들고 수년간에 걸쳐 모은 수북하게 쌓인 연필통을 어쩌지도 못하고 갖고 있는 터라 마침 잘되었다 싶었던 것이다. 기실 그 연필통이라는 것이 학생도 아닌 바에 거의 쓸모가 없다.

책상 위에 수북이 쌓인 연필통이다. 보면서 그들이 손쉽게 만들 수 있는 것이 연필통이겠구나 하면서도 좀 더 쓰임새 많은 것이면 어떨까하는 생각을 한 적이 있다. 해외출장을 가면서 대충 업무를 정리하고 책상도 말끔하게 치우던 홀가분하다 싶던 마음이 일순 멎는 듯하였다. 먼지를 수북하게 담고 쓸모없이 우두커니 자리한 연필통을 버릴까 말까 망설이려니 문득 그가 다시 떠오르는 것이었다. 말도 잘 못하면서 고작 연필통을 파는 신세려니, 가련함이 겹쳐져 마음이 아파왔다. 그는 왜 세 번째 전화 왔던 여자처럼 그렇게 하지 않고 자기 뜻을 굽히지 않은 것일까.

그렇다면 내가 하자는 대로 한 세 번째 여자는 혹 가짜가 아니었을까. 두 번째는 분명히 가짜였던 것 같고 첫째는 연필통을 보내왔으니 당연 믿어야 할 것인데 그것마저도 꺼림칙하고 믿어지지가 않고 온통 뒤죽박죽이다. 그 전 해 의심이 나서 알아보았더니 어디 단체라 하더니만 가르쳐 준 전화가 가짜인 적이 있었다. 그래 할 짓이 없어서 장애인을 등쳐서 먹는 놈이 이 세상천지에 있단 말이던가. 참으로 얄궂은 세상이다. 어느 사람은 동정을 팔고 어느 누구는 동정을 빙자해 사기까지 치고, 그래서인지 말더듬이 그는 동정을 극도로 염려한 장애인으로서 떳떳한 사회인 대접을 바라던 용기 있는 사람으로만 느껴졌다.

어쩌면 그는 그런 절규를 내게 한 것인지 모른다. 그렇다면 나는 그의 가라앉은 마음 밑바닥을 건드렸다는 이야기가 된다. 꾹 참고 세 번 넘게 전화를 한 데는 필시 그런 마음이 우선했기 때문일 것이다. 그래서 정리된 마음으로 그의 전화를 기다린 것인데 이후 아쉽게도 그는 전화가 안 왔다. 장애인 하면 으레 떠오르는 단어가 동정심이다. 사회는 이 의미를 두고 여전히 갈팡질팡 한다 싶다. 나도 지금까지 그렇게 애매한 입장으로 산다. 동정심의 관점에서 보자면 나의 행위란 꽤나 실용적이었던 것처럼 보이지만 기실 삶의 자기모순을 그대로 노출한 것이다. '이 정도 배려하면 된 것 아니겠어.' 하며 우월적 사고에 기인한 그저 그로서 편안해진다는 안위를 얻고 싶었던 것이다. 간곡한 삶의 애착을 동정으로 쉬이 간주해버렸다면 이는 나의 패착이다.

아무리 생각해도 나는 그의 마음을 짓밟았던 것만 같다. 그의 말이 새삼 떠오른다. "더 이상도 안 받습니다." 그 말은 분명 나에게 전하는 그의 자존이었다. 수천 번도 더 꺾였을 그의 자존. 나는 지금도 그의 전화 한 통을 기다린다. 떳떳하게 제 값 주고 사주고 싶다. 그래서 내 잘못된 마음을 깨끗이 씻고 싶다. 요즘 나는 마음의 화평은 동정도 연민도 아닌 존중에 있다는 생각을 많이 한다. 그게 또 진정한 행복으로 가는 길이라는 생각을 한다. 행복은 배려이고 사랑이다.

하나의 소중함

하나이기 때문에 비록 작을지라도 더욱 간절하고 간직할 것들이 의외로 많다.

새해 첫날 어느 여성으로부터 전화를 받았다. 누구인지 모를 따스한 전화 한 통에 나는 어린애처럼 지금도 곱게 젖어있다. 한 통의 전화가 나를 들뜨게 하고 그리 기쁘게 할 줄은 미처 몰랐다. 자신감도 생기고 어눌한 속이 확 뚫리는 기분이다. 한 명의 독자를 위해서라도 열심히 써야 한다는 말이 새삼 밀착된다.

한 명의 독자, 한 통의 전화, 한 통의 편지, 쌀 한 톨, 동전 한 닢. 하나의 소중함이 성큼 다가선다. 어릴 적 많이 불렀던 동요가 〈우리의 소원은 통일〉이었다. 지금도 그 노랜 하나를 연상시킨다. 간절함은 하나로 모아진다. 흔한 것 여럿 중 기억해 둘 하나는 그 무엇의 애틋함과 절실함이 따로 있다.

흔하면 무뎌지고 만다. 귀하던 땐 귀한 가치로서의 간절함이 그대로 정서가 되어 콕콕 가슴 속에 다가섰었는데 흔한 만큼 절절한 마음도 없으며 오히려 그로 인해 소홀하거나 게을러지고 만다. 대부분의 것을 편하고 흔하게 만들어 버린 문명의 발달은 나태를 낳고 어떤 것은 그 혜택으로 의미도 없어졌다.

  한 개라는 것은 이제 고작 그것밖에로 통할 수밖에 없으며 급한 전갈의 전보란 것도 한때는 꽤 소중한 것이었으나 더 이상 의미가 없다. 편지 한 통을 요즘 들어 누구에겐가 건네 본 적이 있던가. 하루에도 수십 통을 걸고 받는 것이 전화인데 의미를 부여하고픈 전화 한 통에 대해서는 그 소용을 잊고 있으며 그런 서정을 지운 지 또한 오래다.

  꼭 닫은 부스에 잠입하여 톡톡 튀는 동전을 통에 가두고는 조바심 나는 눈빛으로 다이얼을 사각사각 돌렸던 때의 전화 한 통에 느낄 수 있던 서정이 무척 그립다. 그 시절 어느 전화 한 통은 나로선 큰 고통이었으며 꽤 간절한 정서였다. 며칠 밤을 고민하다 택한 절실함은 부끄럽고 또한 은밀하기도 하여 누가 알까마는 큰 거리까지 몰래 나와야 했다. 거울을 보며 준비한 말이건만 준비한 말은 전혀 소용이 없었다.

  수북하게 바꾼 동전인데 통화는 더 이상 이어지지도 않았다. 전화를 끊고서야 미처 하지 못한 말들이 마른 땅에 봇물처럼 상자 안에 밀려 들어왔다. 그리고 두 달 후 그녀가 시집을 갔다는 사실을 알게 되었다. 난 전화 한 통에 담아내지 못하였던 아쉬운 미련을 지금도 기억한다. 그것이 바로 인생이란 생각도 더불어 하면서.

아버지는 여간하여서는 자식들에게 전화를 잘 하지 않았다. 그런 아버지가 회사로 전화를 걸어왔었다. "야! 손이 떨리고 잘 안 굽혀지는 게 이상하다." 난 연로하여 생긴 류마티스성 관절염이라 생각하였었다. 친구에게 물어 특효약이라도 찾을 생각이었다. 그런데 아버지의 그 전조는 불행하게도 뇌경색 증세였다.

병원으로 모실 생각을 바로 왜 하지 못하였던 것인가. 소홀히 대하였던 전화 한 통, 그 아쉬움을 난 평생 마음속에 지니고 산다. 꼭 챙겨 두어야 할 마음의 것은 이렇듯 한 가지의 절실함으로 나타내지는 것이 아닐까. 인생의 의미 또한 여럿에 속하는 것들 속에는 찾을 것이 아닌 것만 같다. 기억되는 것은 꼭 하나의 의식 속에서 제대로 존재한다.

일상의 여럿 일에 섞여 보이는 것 같아도 다가서면 뚜렷한 하나이다. 생각해보면 미웁하던 그때 전화 한 통은 분명 사랑이었고 당신의 가슴 아픈 전화 한 통은 분명한 이별의 시작이었다. 어릴 적 그리움을 상기하며 쓰는 이 글도 또한 하나의 그리움의 발로이다. 그리움 앞에 선 작은 투쟁은 아무 의미도 없다. 말간 얼굴이 그립고 하얀 느낌이 그립거나 사람의 느낌을 보듬고 싶을 땐 마음 한쪽에 간직되어 온 유년 시절의 오솔길에 꼭 머문다.

외따로 나 있는 그 오솔길이 하나이듯 외로움은 하나의 느낌이라 여기게도 된다. 난 외롭고 고독하다는 것이 둘이라 생각한 적이 없다. 둘로 외롭다는 것은 큰 낭패가 아닐까. 그런 외로움은 하나이기에 마음에 꽁꽁 묻어두고 기억해 둘만 한 소중한 것이란 생각하곤 한다. 나는 그런 외로움 속에 하나인 인생이 존재한다고 생각한다. 나이듦도 일련의 하나가 되어가는 과정 같이만 느껴진다. 어느새 나도 머리에 서릿발 하얗게 내려 하나의 일개 자연으로서 그렇게 단출하게 동화되어간다. 단출해 외롭다고 해도 하나인 단순함 그 자체가 행복이면 그저 좋겠다.

　이 세상에 단 하나인 내 얼굴이듯 하나의 소중함으로서 이제 나는 마음의 하나를 오늘에 남겨두고 싶다. 단순한 뜻을 전한 전화 한 통으로서의 고작 한 개일 수도 큰 의미로 전하여진 커다란 하나일 수도 있는 하나. 고작이면서도 크고 거룩할 수 있다는 하나의 가치, 그 소중함을 일깨우며 하나밖에 없는 나의 생, 진한 느낌을 위해서 오늘 주어진 마음의 한 통은 무엇이면 좋을까. 작은 것의 소중함이 아름답게 느껴지고 그 속에 행복이 들어 있다고 생각이 드는 것은 왜인지 모르겠다. 순전히 나이 탓인지 아니면 큰 병으로 쇠약해지고 순해져 그런 것인지 아니면 자연스럽게 자연 속에 동화되는 과정이라 그런지…. 그렇게 곰곰이 밤늦도록 생각해 보는 것이다.

아내의 웃음소리

시련을 겪다 보면 가족의 소중함이 절실해진다. 가족은 필시 행복의 보금자리이다.

삭풍처럼 흔들어대던 어금니를 기어이 뽑았다. 음식을 씹고 소화해내는 것은 거의 다가 어금니가 도맡아 한다. 앞니도 그렇고 송곳니도 사랑니도 어금니에 견줄 바가 아니다. 수십 년간 죽도록 일만 하다가 버림받아 죽는 황소처럼 아쉽고 서운할 것 같아 견딜 때까지 견뎌 보다가 그러다가 스스로 뽑히면 좋고 도저히 안 되겠다 싶을 때 치과를 찾으려 했었다. 그런 어금니는 마취 주사 한 방에 풀 없이 죽고 말았다.

나자빠진 자리가 아플 테니 그래서 얼음찜질하라는 간호사 말과는 달리 전혀 아프지도 않다. 그간 혹사당하여 신경이 무뎌진 탓인지 아니면 이쯤 나이에는 다 그런 것인지 모르겠지만 지운 흔적도 없이 통증도 없다는 것이 허무하다. 아프다는 핑계로 잠자리에 드러누웠다. 혀로 없어진 이빨 자리를 훑었더니만 숭하고 뚫린 것이 휑하니 황소바람이라도 끌고 올 것만 같다. 불을 끄고 누웠지만 잠이 오지를 않는다. 입안의 빈자리에 자꾸 신경이 쓰인다.

이빨 빠진 호랑이란 말이 새삼 가깝게 느껴진다. 그렇게 다 늙은 몰골이 되어 가나보다. 아내는 막둥이 녀석과 무엇이 그리 유쾌한 것인지 마루에서 TV를 보면서 낄낄거리고 있다. 아프다는 나를 내세울 필요가 있다는 생각이 든다. 나는 어디까지나 환자가 아닌가. 문을 닫아달라고 했다. 말뜻을 곧이곧대로만 듣지는 않을 것이라 하였다. 그런 아내는 빛이 살며시 밸 정도만큼만 문을 지그시 눌러 닫는다. 그리고는 깔깔대는 소리가 여전하다. 첫 번째 시도는 불발탄이다. 듣는 둥 마는 둥 한 거나 다름없다. 그렇다면 이쯤 행세를 구체적으로 하는 것은 어떨까 싶기도 하다.

강하게 말한다면 아마 이쯤 해야 할 게다. '환자 앞에 두고 그렇게 오밤중에 웃음이 나와. 시끄러워 잘 수가 없잖아.' 그리 못할 것은 없다. 아직은 호기 넘치는 내가 아니던가. 하지만 어제까지 깔깔 웃어대도 아무렇지도 않던 사람이 오늘 갑자기 이빨 하나 뽑고 왔다고 이럴 수가 있느냐 하는 식의 응수라면 사실 궁색해진다. 설사 그 말이 먹힌다고 해도 냉랭한 기류를 만든 이상 몸도 처량 맞은데 견뎌내기가 거북할 것이다. 그러니 아무래도 그 말은 좀 과격한 것 같다.

그럼 통증은 없는데 통증이 한밤중 찾아온 것처럼 하면 또 어떨까. 그것은 또 사건 전개상 들어맞지 않는다. 그럴 줄 알았더라면 진즉 집에 들어올 때부터 끙끙 앓는 소리를 냈어야 했다. 설령 얼음찜질을 준비한다고 해도 다소곳하게 내 머리맡에 앉아서 해줄 리도 없다. 괜찮다고 하여도 밤새워 가며 지켜주던 낭만의 시절도 있었는데 무덤덤해지고 만 것은 무슨 이유에서일까. 행여 내가 그 사이 이빨 빠진 호랑이가 다되어 버린 것은 아닐까. 그렇다하여도 이제는 되돌릴 힘도 없지 싶다. 아들마저도 모두 엄마의 수중에 있으니 말이다.

　차라리 아내 웃음소리를 자장가로 들으면 어떨까. 이빨 빠진 호랑이는 달리 살기 위해서라도 어차피 길이 들어야 한다. 오늘 이빨 빠져 허무한 이 날이 길들이는 그 첫날쯤이라 해두자. 그리 생각하니 한결 아내의 웃음소리가 듣기 좋아진다. 그런 아내는 뭐가 그리 좋다고 가슴까지 내려치며 웃는 것일까. 간격이 일정치는 않지만 끊이질 않는다. 그러다가 끊어지면 오히려 답답할 것도 같다. 가만 들으니 내가 저렇게 아낼 웃음 나게 하던 적이 있었던가 생각도 해보게 된다.

　정작 아내의 삶에서는 저렇게 실하게 웃어대던 경우가 드물었던 것 같다. 그러자니 웃음이 더 커져도 괜찮겠다 싶고 코미디가 더 오래 끌었으면 하는 생각도 든다. 오늘 하루만 놓고 보아도 그러하다. 아내는 온종일 집안에 혼자 있었다. 사월 초파일이 다가온다고 보시할 뜨개질을 아마도 쉼 없이 하였을 것이다. 무관심한 척하였지만 빠른 진척에 내가 놀라고 말았다. 그런 아내는 아들의 늦은 귀가에 때맞추어 같이 마루에 앉아 신이 난다고 하는 것이다.

아내는 지금에서야 편안한 느낌을 마음껏 발휘하고 있다. "엄만 뭐가 그렇게 웃긴다고 그래?" 간간이 아들이 하는 그런 말투로서도 대강 알 것도 같다. 허니 아내의 웃음은 꿈결로서도 들을 만한 것이다. 이빨 빠진 호랑이가 어디 성이라도 따로 부릴 것이던가. 그러하다 싶으니 졸음이 밀려온다. 참으로 묘한 것이 조금 전까지만 해도 웃음이 성가시다 싶었는데 꿈결의 고운 느낌의 소리로 들린다. 그러다 잠이 들었는데 깨어보니 날이 환하다. 어느 참 부엌에서는 아내가 바스락대고 있다. 저 소리는 필시 우리 가정의 행복을 다듬는 소리다. 조금 있으면 그윽한 내음이 온 집안에 이내 퍼지리라. 이는 곧 행복 바이러스다.

뒷담화의 참 의미

 2020~21년쯤 BTS나 〈미나리(어느 한국 가족의 원더풀한 미국 이야기)〉가 전 세계를 휩쓸더니 그에 이어 〈오징어 게임〉이라는 우리나라 드라마가 또 전 세계를 휩쓴다. 믿기지 않는 현실이다. 그 드라마에서 기억에 남는 노인(오일남)이 한 "재밌는 게 없어. 그 시절엔 온종일 돈 한 푼 없이 재미나게 놀았는데." 대사처럼. 그 시절 정말 해 저무는 줄 모르고 재밌게 놀았다. 아무도 돈도 없었고 오전에 시작한 다방구니 자치기니 비석치기 술래잡기는 저녁때 누구네 집에서 "누구야 밥 먹어라." 하며 하나둘 집으로 들어갈 때 겨우 끝이 났으니. 어느 동네든 겨울철에 햇볕이 잘 들고 바람이 불지 않는 넓은 공터는 최상의 놀이터였다. 조무래기들은 약속이나 한 듯 매일 모인다. 편을 갈라서 하는 '죽자 살자' 형태의 오징어 갈생, 사다리 갈생 같은 게 있었고 전적으로 개인전인 딱지치기, 팽이치기 같은 것도 있었다.

 그런 개인전에는 유독 뛰어난 아이가 있었다. 내가 마이너스 손이라는 것을 나는 그때 진작 알아봤다. 내 경우 다마치기를 제일 많이 했던 것으로 기억한다. 양지녘에 자리한 구멍가게 앞마당은 늘 붐볐다. 구경도 볼만했기 때문이다. 짤짜리라 불리는 홀짝과 쌈치기, 이사치기, 삼각형 그리고 구멍을 파고 하는 봄·여름·가을·겨울. 깔빼기는 또 어떤가. 이 모두가 다마가 차지하는 종목이다. 시대가 바뀌어 구슬치기라고 하는 다마치기. 나는 구슬치기라고 하면 떠오르던 옛 기억도 도로 잠이 드는 것만 같다. 초등학교도 같은 경우다.

내가 다마도 잘 못 치면서 좋아한 데는 다마치기에 명수인 형이 바로 옆집에 살았기 때문이다. 내가 다 잃은 것을 옆집 형이 다시 다 따와 개장 옆에 보물창고를 만들어 따로 모셔두곤 했다. 유리다마로는 도저히 대적이 안 되는 사기다마, 그보다 더 강력한 쇠다마. 쇠다마는 다마 크기도 비슷한데 여간 묵직한 것이 아니라 한 번 굴렸다 하면 셋 넷은 무조건 나가 떨어졌다. 나중에는 왕쇠다마까지 등장했다. 쇠다마 하나에 유리다마 열 개와 바꾸던 그 시절. 나는 형 덕분에 쇠다마 대여섯은 갖고 있었다.

비록 일본말이지만 나에게 다마란 말은 추억의 단단한 알갱이다. 그런 다마가 나이 들어 옹골차게 변신했다. 요즘의 속어 뒷다마, 이 무기에 까이는 게 내 처지고 수시로 당하는 게 능사다. 우리가 잘 아는 뒷담화라는 말, 이 말은 우리말 '뒤'와 한자어인 '담화'가 결합된 단어로 뒤에서 남을 헐뜯는 것을 말한다. 이 뒷담화는 뒷다마라는 속어에서 비롯된 단어다. '다마'는 일본어 '아타마'에서 유래됐다. 아타마는 저속한 말로 머리통이라는 뜻이다. 그런 뒷다마란 말은 뒤통수를 친다는 뜻과 같으며 이 말이 표준어인 뒷담화로 승격한 것이다. 이 말은 그러니까 잘근잘근 '씹는다'쯤 되는 은어다. 그런데 이 뒷다마라는 말의 인류학적 뜻풀이가 아주 그럴 듯 하다.

유발 하라리가 쓴 인문학 최고의 명저 중 하나라는 『사피엔스』에 보면 인류가 7만 년 전에 인지 혁명을 겪으면서 지금까지 발전해 온 가장 큰 이유 중 하나가 바로 이 뒷담화 때문이라는 것이다. 언어를 사용하게 되면서 인류는 타인에 대한 이야기를 자연스럽게 가장 많이 하게 되었고 바로 그 뒷담화 덕분에 인류는 누가 신뢰할 수 있는 사람이고 또 그런 정보들을 교환하면서 관리라던가 조직을 다스리는 방법 등을 자연스럽게 발전시켰고 그로 인하여 인류는 지속적으로 발전하였다는 내용이다.

실제 우리가 살면서 하는 이야기 중 거의 대부분은 남 이야기라는 걸 감안하면 이 뒷담화 이론은 지금에 이르러 인류발전 가설 중에서 가장 많은 지지를 받는 가설이 되어 있기도 한 셈이다. 누구는 그래서인지 뒷다마는 직장인의 가장 저렴한 오락이라고 했고 사회생활의 균형을 배우는 방법으로서 위로이자 위안이라고도 했다. 상사 씹는 맛이 오징어 씹는 맛보다 한 수 위인 것은 자명하다. 나는 뒷다마의 영역을 넓혀 이미 일은 저질러져 되돌릴 수 없는 상황인데도 불안한 나머지 뒤늦게 조근조근 씹는 것도 이 범주에 속한다고 본다.

요즘 내 머리가 앞뒤로 엄청 아프다. 퇴직 후 아내와 거의 같이 있다시피 하니까 즉각적인 잔소리에 뒷다마까지 꾸준히 늘어 의기소침을 넘어 급기야 주눅이 든 상태다. 시키는 대로 하는 데도 문제가 생기니 여간 큰일이 아니다. 내 주변 환경이 어디 그뿐이랴. 우리 엄마는 나 같은 직설적 성격이라 구십의 나이에도 바로 그 자리에서 꾸짖고 혼을 낸다. 평생 한 엄마의 노고다. 자식 잘 되라고 하는 일종의 앞다마인 셈이다.

그러게 요즘 나는 두 여인 때문에 늘 어지럽다. 앞다마가 다다닥 선발로 나서면 이를 가만히 듣고 있다가 일은 이미 벌어져 어쩔 수가 없는데도 아내가 그 잘못됨을 세세히 분석하고는 뒷다마로 조근조근 따진다. 진작 말하지 왜 후일담으로 말하는가 말이다. 집 살 때도 그랬고 TV를 바꿀 때도 그랬다. 앞다마는 그때뿐인데 뒷다마는 당할 때 엄청 아프다. 논리적이라 대꾸도 어렵다. 분석의 세세함에 기가 질릴 수밖에 없다. 그 세세함이 주눅을 들게 하는 것이다. 정말 뒷머리를 한번 맞아봐라, 얼마나 아픈지. 정수리를 넘어선 뒤쪽 머리는 살살 때려도 엄청 아프다.

밀고 들어가 유리다마 셋 넷을 몰아내는 양 쇠다마 같이 인정사정없이 무조건 돌격이다. 그런데 참 이상하다. 하도 얻어맞다 보니까 뒷다마 중독에 걸렸는지 잔소리에 얹힌 뒷다마를 안 들으면 더 불안하고 이상하게 모든 게 발진이 안 된다. 아내가 어쩌다

비운 날은 무엇이든 일이 손에 잡히지도 않고 무엇을 어찌해야 할지 갈팡질팡한다. 그러게 뒷다마를 들으면서도 전화를 한다. 이게 속 편한 노릇이니 어쩌면 좋단 말인가. 생각해 보면 아내의 뒷다마라는 것도 기실 노파심이 반 끔찍이 사랑한 나머지 내쏟는 말이 아닌가. 다시는 이런 일이 반복되지 말아야 한다는 재교육이며 '백전무퇴'의 예방책이기도 하다. 요즘 아내 말 들어 손해 난 경우가 없다는 게 그 근거다. 운전할 때는 거의 따발총 소리에 가까운 아내, 요즘은 무엇이든 가르쳐 주면 금세 까먹고 되묻고 실수 연발이다. 나는 나이 탓이라고 생각하는데 아내의 핀잔은 계속된다. 당연히 혼이 나야 맞다. 하지만 뒷다마는 너무 아프다. 그대들은 어찌 사시는지. 어쨌든 나는 두 여인의 앞뒤 담화가 바로 내 안전과 행복을 여는 KEY라고 여기며 지겹기는 하지만 앞으로도 부지런히 경청하기로 했다. 이게 또 행복이 아니겠는가.

고독한 남자

　사람은 누구나 나이를 먹는다. 그런 나이듦의 모습은 사람마다 다르게 나타난다. 어떤 사람에게는 축 처진 피부만이 느껴질 것이고 또 어떤 사람에게는 평온해진 얼굴 혹은 지혜로움으로 다가올 수 있다. 노령인구가 급속도로 늘어난 만큼 노인 환자도 급속도로 늘고 있다. 눈부시게 발전한 의학이 인류 수명을 늘려주었다지만 그 안에는 어둠도 함께 자리 잡는다. 온전한 늙음은 없는 것 같다. 사지가 멀쩡한 왕년의 유명 인사도 늙으면 결국 평범한 동네 할아버지가 되기 십상이다. 늙음은 명성과는 아무런 관련이 없다. 그렇게 뒷방 신세로 전락하다 보면 어려운 처지에 있는 이들은 우리 사회에서 '투명 인간'이 되는 비극적인 현실도 존재한다. 이러한 처지에 놓인 노인은 얼마나 두려운 처지인가. 그래도 세월은 아랑곳하지 않고 결국 우리를 저 멀리 끌고 갈 것이다.

　나는 비록 세월의 덧살이 덕지덕지 달라붙어 쭈글쭈글한 모습일지언정 비굴해 보이지 않는 엷은 미소의 늙음이 되고 싶다. 얼굴에 내 삶이 고스란히 들어있다고 생각한다. 나이의 값은 어쩔 수 없다지만 얼굴 속에는 저마다의 향기가 담겨 있다. 나는 이 향기를 아름다움의 냄새라고 생각한다. 원래 아름다움은 두 갈래로 보고 느끼는 외적 유형과 마음속에 그려지는 내적인 무형체가 같이 존재한다 싶다. 골이 팬 나이듦은 어쩔 수 없이 외적 아름다움을 포기하게 하지만 그럴수록 내적 아름다움은 굳건히 구축해야 한다 싶다. 아름다움을 꾸준히 추구한 사람들은 왠지 모르게 다르고 멋있다. 인자하다 싶고 곱게 늙었다 싶고 미적 감각이 향기로 베어 은은하게도 보인다. 아름다움이 인간의 고결한 품성을 키운다는 생각을 많이 한다. 분명 인품은 내적 아름다움을 겸비하고 있다.

퇴직 후 여실히 느끼는 거지만 나이가 들수록 사람들과의 만남이 조금씩 줄어든다. 어린 시절 평생을 같이할 것 같았던 친구들과 자연스럽게 알게 되었던 새로운 사람들도 내가 사회와 멀어지니 따라서 저 멀리 떠나버렸다. 내 평생의 행복이었던 자식들도 독립하고 나와 함께하는 시간은 겨우 생일이나 명절같이 특별한 날이 아니면 만날 기회가 극히 드물다. 각자의 삶이 따로 존재하는 것이다. 갈수록 세월 속에서 새로운 사람을 만날 기회보다 알고 지내던 사람과의 헤어짐의 빈도가 더 늘고 있다. 갈수록 이런 현상은 극심해지고 외로움을 자초할 것이다.

외로움이 쉽지 않은 감정이란 것을 늙어서 제대로 알 것만 같다. 사랑 따위에 토라진 감정은 대상도 아니다. 젊을 적 이별은 가슴만 아프면 그만이었지만 나이 들며 생기는 외로움은 불안해

공포감까지 곁들여 잘 견뎌낼 것 같지 않다. 시중에 고독사란 말이 심심치 않게 들려온다. 그럴 때마다 새로운 사람을 만나보고 싶다는 생각이 문득 들곤 한다. 하지만 나이 먹고 새로운 인연을 만난다는 것이 어디 쉬운 결단인가. 부담스럽고 신경 쓰이고 두렵기까지 한 새로움이다. 그러기에 나이 들어서는 무엇보다도 혼자가 되어도 괜찮다는 마음을 가슴 속에 지니고 살아야 한다 싶다. 여기서 혼자라는 의미는 '독수공방'하는 것이 아니다. 자연인과 같이 사회에서 벗어나 세상과 단절되어 산속에서 혼자 사는 의미일 리가 없다.

혼자라는 진정한 의미는 내가 혼자 있어도 괜찮은 그런 마음의 평안을 말한다. 불가피하게 갑자기 혼자가 되더라도 받아들이고 안정적으로 잘 살 수 있는 것을 의미한다. 고행과 즐거움, 그 어느 것도 끼어들지 않는 그저 고요한 마음이라 표현하면 좋겠다. 오히려 주변에 사람이 많아도 혼자 있는 시간을 만들어서 나 자신에게 더 집중하고 자신을 존중하는 것을 의미한다. 나이 들어서 가장 중요한 것이 나는 자존감이라 생각한다. 자존심은 버리고 자존감을 키우는 게 상책이다.

주변에 사람이 많든, 혼자가 되든 상관없이 나를 향해서 숭고한 일을 행하게 되는 것이다. 내가 혼자여도 흔들리지 않게 된다는 것은 타인에게 의존하지 않는다는 것이다. 인생을 살아가면서 발생하는 만남과 헤어짐 속에서 나 자신을 지키고 설사 혼자가 되더라도 흔들림 없이 인생을 행복하게 살아갈 수 있는 것을 말한다. 나는 90이 넘은 노모와 87세의 장모님이 계신데 그 두 분은 삶의 방식이 판이하다. 엄마는 의지력이 강하고 독립적인데 장모님은 정서가 불안해 하루에도 몇 번씩 딸에게 전화한다. 두 분을 동물에 빗대어 죄송하기는 한데 엄마는 고양이 같고 장모님은 영락없는 개처럼 느껴진다. 아버지가 일찍 돌아가셔서 엄마는 혼자 지내오며 자신을 지켜오셨는데 장모님은 장인어른이 몇 해 전 갑자기 돌아가셔서 자신을 추스르는 훈련이 안 되어서 그렇다 싶기도 하다. 나는 당연히 엄마보다는 장모님이 더 걱정이다.

　밖에 날씨가 차다차다 싶으면 엄마는 집 안에서 걷기를 수도 없이 반복한다. 말을 해보아도 엄마는 나름의 건강한 삶의 가치를 알고 덤덤하게 그리고 순순히 하루를 잘 챙긴다 싶다. 당신의 홀로서기는 내게도 좋은 귀감이다. 그런 당신은 뉴스란 뉴스는 다 훑어보는지 불쑥 건네는 질문에 내가 당황할 때가 많다. 세상에 눈을 열어두고 타인에게 의존하지 않으며 홀로 서는 것이 성숙한 어른의 삶의 방식이란 생각이다. 역으로 말해 나에게 주어진 삶에서 나 홀로 설 수 없다는 건 내가 누군가에게 의존하고 있다는 뜻이다. 완벽한 혼자가 되려면 자신에 대한 이해도를 계속해서 높이는 작업을 해야 한다. 지금 내가 어떻게 행동하고 있고 내 생각과 행동 패턴은 어떤지 나의 상태에 대해 파악이 되어 인지하는 것이다. 지금 나의 행동이나 주변 관계들을 파악했을 때 '아, 내가 스스로 무너뜨리고 있구나.'라는 단 한 가지 깨달음만 얻어도 우리의 다음 행동은 달라질 것이다.

  나는 원래 글을 쓰자고 침잠하는 시간이 많았지만 퇴직한 요즘은 더욱 그러하다. 그렇게 조용히 지내면 외로움이 결국은 고독으로 정착이 되지 않을까. 만약 그렇다면 이는 진정으로 내가 바라는 바다. 누구는 폐색 짙은 감옥살이를 연상할지 모르지만 고독 속에는 깊은 사유와 더불어 침묵의 질서가 있으며 고요함 속에서 일군 달콤한 행복이 있다. 외로움은 혼자 있는 고통을 표현하기 위한 말이고 고독은 혼자 있는 즐거움을 표현하기 위한 말이다. 혼자 있는 것이 정말 행복한 일일 수 있다. 요즘 TV에 등장하는 〈나는 자연인이다〉 프로를 보자면 그들은 한결같이 의연하고 태연하며 엷은 미소에 여유를 장착하고 살고 있다. 객관적으로 생각하는 외로움은 그들에게는 헛말이다. 분명 마음이 단단하고 편안해 보인다. 고독은 곧 평안을 위한 정적인 마음의 상태다. 어느 암자에서 만난 스님이 내게 이런 말을 했다. 사유가 깊을수록 고독은 심화가 되고 불심도 강해진다. 마치 산에 오르며 우주를 섭렵하듯 힘든 것도 답답했던 것도 외로운 것도 마음속에서 활활 타버린 것같이 느껴지고 홀가분해진다. 내가 아직 이 경지일 리는 없지만 그럴 것이라고는 생각한다. 분명 나 혼자서도 외롭지 않다는 것은 흔들리지 않는 철저한 고독이 내게 있다는 것이고 이는 행복한 사유가 또 그 안에서 자리해 달콤한 속삭임을 말하는 것이라고 믿는다. 분명 고독은 외로움과는 별개의 사고이며 또 하나의 묵시적인 사상이다. 나는 고독한 남자가 되고 싶다.

취미의 변천사

퇴직한 사람에게 취미를 묻는 것은 실례가 아닐까. 답에 따라 느낌이 확연히 다를 것 같다. 듣기에 따라 불편할 수도 있으니 그냥 '여가 시간을 어찌 보내시는지요.'가 무난하다 싶다. 바쁠 때나 취미이지 한가한 사람에게 취미라 한다면 본업이 따로 있는 것처럼 들린다. 자기 인생은 죽을 때까지 자기가 사는 것이다. 정작 나이 들어 해볼 것이 여태 못 해보았던 삶의 여가 활용 내지 취미생활이다.

아주 오래전 이력서를 쓸 때 취미라는 빈칸에 '독서와 음악 감상'이라 쓰면서도 이건 아닌데 하며 칸을 채웠었다. 이렇게 써 둔 것은 단순히 고상해 보일 것이라는 촉감에서였다. 무슨 책을 몇 자나 들여 보았다고 독서라고 쓴단 말인가. 한때는 그 칸을 다른 것으로 채우면 어떨까 하고 생각해보기도 하였지만 딱히 마땅한 게 없었다. 학습지 보기도 바빴고 먹고 살기도 바쁜 처지로서 취미활동이 어엿하지 않았던 그 시절이다. 그런데 어느 경우는 그 옆칸에 더한 것을 요구하는 숨 막히는 글자가 있어 실로 난감했었다. 특기, 취미도 시원치 않은데 한술 더 떠 특기라니. 숫제 이는 나를 놀리는 거다. 자존심 상해 에라 모르겠다 하며 '고독'이라 썼던 기억이 있다. 고독이 취미가 되고 특기가 될 수 있는 것인가. 지금 생각해도 어처구니없다 싶고 우습다. 어쨌든 그 말이 씨가 된 것인지 내 수필 처녀작은 「내 외로움의 실체」란 작품이었고 한때 이 외로움의 밑천으로 나 홀로 등산을 열심히 다니기도 했었다. 노후에는 고독이 좋은 명약도 된다는 것을 미리 알아차리기라도 했던 것인지.

원래 취미란 미학적으로 일정한 감각적 사물에 대해 미적 가치를 쾌, 불쾌의 감정과 연관을 지어 받아들이거나 판정하는 능력으로 서구에서는 17세기 후반 처음으로 미학 용어로 취급되었다고 한다. "취미에 관한 한 논쟁은 성립이 안 된다."고 하는 말이 있다. 취미가 갖는 특권을 말하는 것이다. 딱딱한 일상에서 부여받은 바가 크다. 한마디로 내가 좋아서 한다는데 뭐가 대수야 하는 의미가 잔뜩 들어가 잘만 하면 뻐김으로 존재감을 드러낼 소지가 큰 당위성을 지녔다. 그런 점에서 취미란 스스로 좋아서 하는 일이고 그것을 함으로 해 즐거워지고 얻어내는 충족감이 따르는 일로서 마음에 느껴 일어나는 멋과 정취라 할 것이니 다분히 주관적이고 감정적이다.

그래서 친하게 지내고 싶을 때 흔히 물어보는 말이 "취미는 뭐에요?" 하는 말이다. 상대방의 주관적이면서도 감성적인 면을 한번에 알아차릴 수 있는 좋은 대상인 것이다. 하지만 그 무렵은 대개의 경우 나이 들어서도 취미 하나 일구지 못하고 살았다고 말들을 하였으며 나같이 흐지부지 신상카드 칸을 제대로 채우지 못하는 경우가 '비일비재' 하였었다. 그래서 무취미가 취미라 말하기도 하였다. 인간은 늘 마음의 쉼터가 필요하다. 그러기에 그 시절은 내가 ○○에 소질이 있긴 한데 차마 밥숟가락 때문에 포기하고 말았다는 말이 종종 따라다녔었다. 실제 그 시대 어르신들은 취미고 뭐고 하루 20시간 가까이 일에 매달려 살았던 게 사실이고 그래도 가난은 면치 못했었다. 그러던 것이 2000년대 초반 '참살이'로 번역되는 웰빙이라는 말이 등장하면서 세상이 달라지기 시작했다. 그때까지만 해도 토요일은 정시 근무를 했다. 그러다 서서히 시작된 것이 토요일 1시까지 근무! 그것만으로도 정말 기다려지고, 금요일까지 즐거웠던 기억이 있다. 그러다가 잠시 격주 토요일의 휴무가 생기다가 2005년 7월부터 관공서부터 시작해서 토요일 날 쉬기 시작했다. 하지만 갑자기 생겨난 토요일 휴무가 정착된 것은 그 후 한참 지나서였다. 이제는 주 5일 근무에 탄력 근무 등등 넘쳐나는 복리후생이 넘쳐나고 있다.

 못 살던 시절을 넘어선 우리는 어제의 가난을 새겨 오늘의 풍요로움을 즐기고 있는 것이다. 요즈음 유행하는 단어 중에 '워라밸'이란 말이 있다. 일(Work)과 생활(Life)의 밸런스(Balance)를 맞추자는 뜻으로 앞 자를 따왔다. 일과 삶의 균형을 맞춘다는 것은 일상에서 일만 하지 않고 자기 시간을 가지라는 것이다. 여가의 중요성을 강조한 것이다. 그런데 최근 여가활용조사(2016년 문화체육 관광부 실시)에 따르면 한국인 평일 여가는 평균 3.1시간이고 휴일 여가는 5시간이며, 여가에 지불하는 비용은 월평균 13만 6,000원으로 나타났다고 한다. 여가 활동 중에는 TV 시청이 46.4%로 압도적이다. TV 앞에 앉아 있는 게 여가인지는 모르겠으나, 사람들이 저녁이면 TV를 본다. 2위는 인터넷 게임이다. 따로 개발한 취미가 없는 사람은 TV와 인터넷으로 시간을 보내는 거다. 놀라운 것은 여가를 누구와 즐기느냐는 것인데, 혼자서 즐기는 사람이 59.8%나 된다. 이 부분은 혼자 놀기 좋아하는 사람이 많은 것이 아니라 같이 놀아줄 사람이 없기 때문이다. 가족 여행은 자녀가 중2병에 걸리는 순간 끝났다고 봐야 하는 게 현실이다. 수험생이 되면 더더욱 그렇다.

고령화 시대에 같이 여가를 즐길 사람이 적어지니 혼자서 즐길 훈련을 해야 한다. 꾸준히 즐길 수 있는 나만의 행복 거리를 만들어야 한다. 농촌의 노인을 보면 다들 뭐가 그리 바쁜 것인지 늘 부지런하다. 자세히 보면 무언가 끊임없이 만들어내고 만들어 먹고 누군가를 또 만난다. 건강하게 사는 이유다. 그런 농촌 사람들은 가만히 있으면 좀이 쑤시는지 행락철만 되면 또 놀러도 잘 다닌다. 고속도로 휴게소에서 흔히 보는 게 시골분들 단체 관광이다. 역시 최고로 고려해야 할 것은 행복이다. 어떻게 하면 내가 행복해질 수 있을까를 주변에서 찾는 것이 중요하다. 키우는 밭작물이며 먹이를 주는 누렁이와 꿀꿀이가 취미이자 여가이자 행복이다. 요즘은 그렇게 시골 촌부가 부러울 수 없다. 내가 요즘 특별히 관심이 가는 것은 어울림이란 의미와 바로 자연을 대하는 전원의 삶이다. 노후는 여가 활용이 관건이다. 무엇이든 열심히 일구어야 오래 살고 삶이 즐겁다.

백수 생활은 만족스럽지 않다

아무나 게으를 수는 없는 노릇, 퇴직하면 제일 먼저 배우고 싶은 게 나의 경우 게으름이었다. 시간의 자유를 만끽한다는 게 직장인은 가능할 리 없다. 보복 차원은 아니라 해도 자유로서 얻는 해방감으로서는 게으름만 한 게 없지 싶다. 게을러지려면 과연 어떻게 해야 하나. 무엇이든 느리게 한다. 그것도 일종의 방편이겠지만 그간의 제한적 자유의 앙갚음으로서는 만족할 만한 대성공은 아니었다. 결국에 생각해낸 것이 잠이다. 오뉴월 엿가락처럼 늘어지게 잠을 자는 게 소원까지는 아니라 해도 그간의 노고에 답하는 첩경이란 생각이 들었다. 36년이라는 긴 시간의 나의 노고란 촉박하거나 초조한 시간의 개념으로서 얻어낸 산물 내지 짧은 잠으로부터서 만들어진 성취가 아니겠는가. 못 입고 못 자고 그렇게 거두어 먹였다는 말을 우리는 참 많이 하는데 나 역시도 그 대열에 합류하는 셈이다. 그런데 고기도 고기를 먹어 본 사람이 제맛을 안다고 하듯 게으름이 쉬운 것이 아니다.

이제는 뇌신경줄이 뇌줄 만한데도 속절없이 새벽 4시 반쯤이면 어김없이 기상이다. 평소 습관과 늘그막 잠이 없어진 게 합동으로 내 의지를 굴복시키는 것이다. 퇴직 말년에 생겨난 것이 탄력근무제란 제도인데 나는 과감히 6시에 출근하고 4시에 퇴근을 감행했었다. 퇴근하면서도 솔직히 개운하지는 않았다. 이게 제대로 된 직장생활의 품행인가. 젊은 친구들은 당연하다 하지만 아무래도 나는 방정하지 못한 반칙 같았다. 그 습관이 퇴직 후에도 나를 끈덕지게 물고 늘어지는 것이다. 잠이 만만한 상대가 아님을 익히 알고 있었지만 이렇게 속을 썩일 줄은 몰랐다. 아무리 청해도 잠이 오지 않는다는데 어찌할 거냐.

 나는 생각 끝에 게으름에서 조금만 부지런하기로 했다. 그래서 아침 일찍 내 사는 곳 바로 옆집인 현충원을 가기로 했다. 오늘은 군인 내일은 경찰관 그다음 날은 애국지사 그렇게 두루두루 살피며 조금은 활발해졌는데 온종일 돌아다닐 수도 없고 다녀 오면 아무리 늦어도 열 시, 식사하면 졸음이 밀려왔다. 그러면 나는 소파에 기대어 나로서는 멍 때리기라고 말하고 싶은데 그러다가 번번이 잠이 들어버려 온전한 멍 때리기를 행했다고 말하기는 좀 그렇다. 어쨌든 하루 중에 그래도 제일 맛 나는 순간이 그 시간대다.

 '멍 때린다'는 말은 신조어다. 나같이 연배가 있는 사람에게는 생경한 단어다. 처음에는 멍청하다는 말뜻과 사촌쯤 되는 줄 알았다. 사전을 찾아보니 "아무 생각 없이 멍하게 있다.", "정신이 나간 것처럼 아무 반응이 없는 상태, 넋을 잃은 상태, '뺑찌다'라는 말과 비슷하다."고 되어 있다. 그래도 뭔가 멍청하다는 생각을 지울 수가 없다. 그런데 그렇지만은 않은 모양이다. 지금까지 멍하게 있는 것은 비생산적이라는 시각 때문에 부정적으로 받아들여졌으나 최근 멍한 상태의 생리적 의미가 재해석되고 있다. 우리나라에도 최근 '멍 때리기'가 유행이다. 2014년부터 매년 대회도 열린다. 우리나라에도 최근 '멍 때리기'가 유행이다.

고대 그리스의 수학자 아르키메데스는 헤론 왕으로부터 자신의 왕관이 정말 순금으로 만들어졌는지 조사해달라는 부탁을 받고 고민에 빠졌다. 그러다 머리를 식히기 위해 들어간 목욕탕에서 우연히 부력의 원리를 발견하곤 너무 기쁜 나머지 옷도 입지 않은 채 '유레카'라고 외치며 집으로 달려갔다. 뉴턴은 사과나무 밑에서 멍하니 있다가 떨어지는 사과를 보고 만유인력의 법칙을 알아냈다. 또한 아인슈타인도 바이올린과 보트 타기를 하며 휴식을 즐겼으며, 비판 철학의 창시자인 칸트는 산책을 좋아했던 것으로도 유명하다. 금세기 최고의 전설적인 경영인으로 불리는 잭 웰치도 GE 회장 시절 매일 1시간씩 창밖을 멍하니 바라보는 시간을 가졌다고 한다. 나도 생각해 보면 책상 앞에서 머리를 쥐어짤 때보다는 화장실에서 때로는 지하철을 타고 가면서 멍하니 있을 때 불현듯 좋은 아이디어가 떠오르는 때가 많았다. 실제로 미국의 발명 관련 연구기관이 조사한 바에 의하면 미국 성인의 약 20%는 자동차에서 가장 창조적인 아이디어를 떠올린다고 한다. 뉴스위크는 IQ를 쑥쑥 올리는 생활 속 실천 31가지 요령 중 하나로 '멍하게 지내라'를 꼽기도 했다.

그럼 '멍 때리기'처럼 아무런 생각을 하지 않을 때 오히려 문제의 해답을 찾는 경우가 많은 것은 과연 과학적으로 근거가 있는 일일까. 미국의 뇌과학자 마커스 라이클 박사는 지난 2001년 뇌 영상 장비를 통해 사람이 아무런 인지 활동하지 않을 때 활성화되는 뇌의 특정 부위를 알아낸 후 논문으로 발표했다. 그 특정 부위는 생각에 몰입할 때 오히려 활동이 줄어들기까지 했다는 것이다. 뇌의 안쪽 전전두엽과 바깥쪽 측두엽, 그리고 두정엽이 바로 그 특정 부위에 해당한다. 라이클 박사는 뇌가 아무런 활동을 하지 않을 때 작동하는 이 특정 부위를 '디폴트 모드 네트워크(default mode network: DMN)'라고 명명했다. 마치 컴퓨터를 리셋하게 되면 초기 설정(default)으로 돌아가는 것처럼 아무런 생각을 하지 않고 휴식을 취할 때 바로 뇌의 디폴트 모드 네트워크가 활성화된다는 의미다.

DMN은 일과 중에서 몽상을 즐길 때나 잠을 자는 동안에 활발한 활동을 한다. 즉, 외부 자극이 없을 때다. 이 부위의 발견으로 우리가 눈을 감고 가만히 누워있기만 해도 뇌가 여전히 몸 전체 산소 소비량의 20%를 차지하는 이유가 설명되기도 했다. 그 후 여러 연구를 통해 뇌가 정상적으로 활동하는 데도 DMN이 매우 중요한 역할을 한다는 사실이 밝혀졌다. 이는 자기의식이 분명치 않은 사람들의 경우 DMN이 정상적인 활동을 하지 못한다는 것을 뜻한다. 스위스 연구진은 알츠하이머병을 앓는 환자들에게서는 DMN 활동이 거의 없으며, 사춘기의 청소년들도 DMN이 활발하지 못하다는 연구 결과를 발표했다. 또한 DMN이 활성화되면 창의성이 생겨나며 특정 수행 능력이 향상된다는 연구 결과들도 잇달아 발표됐다.

'멍 때릴 때' 기발한 아이디어가 떠오르고 뇌 속의 상태가 리셋(reset)되어 머릿속이 산뜻하게 된다는 것. '멍 때리기'와 유사한 것에 명상(瞑想)과 선(禪)이 있다. 비슷하다고 하면 관계자들로부터 한 소리 들을 듯 하지만 명상이 마음을 가라앉히고 정신적 평정을 얻는다는 것인데, '멍 때리기'의 학문적 뒷받침으로 이도 설명이 가능할 것 같기도 하다. 하지만 혹자는 '멍 때리기'의 천박한 행동과 고결한 명상을 어떻게 같이 볼 수가 있냐고 딴지를 걸까 봐 걱정이 있기는 하다. 어쨌든 온종일 쉴 틈 없이 일하고, 움직이는 현대인에게 '멍 때리기'는 필수가 되고 있다.

사람의 뇌는 몸무게의 약 3% 정도에 불과하지만, 몸이 사용하는 에너지의 20%가량을 사용한다. 일상에서 생각하고, 행동하고, 느끼고, 움직이는 모든 활동을 뇌에서 관리하기 때문이다. 내가 글을 쓰고 나면 축 처져 아무 것도 못하는 게 다 그런 이유에서다. 몸에 아무런 이상이 없더라도, 뇌가 건강하지 않으면 몸을 제대로 움직일 수 없고, 정상적인 생활을 하기 어려워진다. 건강한 뇌를 유지하기 위해서는 몸을 쉬듯이, 뇌도 휴식을 취하게 해줘야 한다. 그러나 현대인들은 '아무것도 하지 않는 것'을 상당히 두려워한다. 업무, 공부, 대화 등을 통해 뇌에 쉴 새 없이 지식을 입력한다. 이렇게 뇌가 계속해서 정보를 받기만 하면 스트레스가 쌓이고, 뇌가 부담받으면서 신체적 문제를 유발할 수 있다. 나도 그렇게 우두커니 있으면 개운하다고 느껴진다. 나처럼 가끔은 '멍 때리기'로 뇌에 쉴 틈을 주는 게 어떨까.

그런데 문제가 있다. 우선은 아내는 그런 나를 멍 때리는 사색으로서 곱게 보아주지 않았다. 그렇게 할 거면 안방으로 들어가라고 핀잔을 주기 일쑤였다. 자는 게 아닌데 잠을 자고 있다는 것이다. 코 고는 소리를 들었다고 하니 명상만 한 것은 아닌 것도 같다. 더 큰 문제는 그렇게 하고 나서는 더는 할 일이 없다는 것이다. 요래조래 요령을 펴보지만 백수 생활은 만족스럽지가 않다. 기실 바쁜 일상일 때 짬을 내 멍도 때리는 것이고 그래서 효과도 보는 것이지 맨날 멍인지 졸음인지 나른한 신세로는 효율적이라고 말하기는 좀 그렇다. 이러면서 어떻게 여생을 보낼까 싶으니 아득하고 암담해질 뿐이다. 아마 아내도 내 앞날이 암담하여 그랬을 것이란 생각이 든다. 아직은 젊다 싶은데 목표가 없어서 그렇다. 솔직히 게을러지니까 내 취미라 하는 글도 점점 멀어진다. 서울의대의 어느 교수는 은퇴 후 세 가지 '3관(三關)'에 충실해야 한다고 했다. 겪어 보니까 정말 이 말이 맞겠다 싶다. 첫째가 '관절(關節)'

둘째가 '관계(關係)' 셋째가 '관심사(關心事)'라고 한다. 한 마디로 소일거리가 있어야 한다는 것이다. 다 의미 있고 뼈 있는 참언이다 싶다. 그의 글 중에 지금도 특별히 명심하는 글은 다음의 글이다. "어렸을 때는 엄마라는 여자의 말을 잘 들어야 하고, 결혼해서는 아내라는 여자의 말 잘 들어야 하고, 늙어서는 딸이란 여자의 말을 잘 들어야 한다고 한다. 하나 더 첨가하면 운전할 때는 내비게이션에서 나긋나긋하게 안내해 주는 여자의 말을 잘 들어야 한다다. 사녀(四女)의 말을 금과옥조(金科玉條)처럼 받드시길. 그리고 적어도 한 끼는 나와서 먹는 용기를 가지기 바란다. 여자들은 이식(二食)이나 영식(零食)이를 좋아한다는 것이다. 24시간 그 얼굴을 마주 보고 산다는 것도 꽤 지겨울 것이다. 거기다가 삼식이(三食)까지 합치면 아내는 '까불지 마라'라고 경고할지 모른다.(가스불 조심해라, 불-조심해라, 지-갑이나 지-퍼 잘 단속해라, 마누라 생각해라, 라 면 끓여 먹어라)"

이 新 명심보감의 명을 받잡고 내 황금 시기는 벌써 지났다고 그렇게 다짐하면서 앞으로 내 목표를 어디에 둘 것이며 어찌해야 아내에게 사랑을 받을 것인지 소파에 걸쳐 앉아 그렇게 오늘도 명상 중이다. 두드려라! 그러면 열릴 것이다. 나는 이 말을 굳건히 믿는 사람이다.

시련 속에 피는 꽃

 순순한 시절이 언제였던가. 굴곡진 세월은 가혹하게도 우리 부부에게 큰 좌절을 안겼다. 암담한 현실, 다시는 헤쳐 나오지 못할 줄 알았다. 어찌 이 난관을 극복해 이 글을 쓰고 있는지 지금 생각해도 아득하고 아찔하기만 하다. 그때처럼 가족에 대해 깊이 생각해 본 적이 없다. 가족은 '나'라는 존재의 본원으로서 나란 존재의 디딤돌이자 거울이다. 가족은 분명 사랑으로서 똘똘 뭉쳐진 동일체이다. 그동안의 삶이 너무 안일했음을 뼈저리게 느꼈다. 제발 한번 기회를 달라. 병상에서 줄곧 그 믿음을 기원했다. 아내에게 너무 무심했고 자식들에게 소홀했다. 못남이 그렇게 억울했다. 지금도 묻는다. 아내의 헌신적인 노고가 아니었더라면 현재의 내가 과연 존재할까. 나는 '가족을 위해서라면'이라는 전제하에 세 번째 삶을 사는 것이다.
 가족을 위해 온몸으로 산 그런 아내는 청초한 시절이 언제였더냐 하듯 현재 온전하지 않다. 잘 걷지 못한다. 무릎 수술을 두 번이나 하고 줄기세포까지 시술했는데 효과가 없다. 저러다가 이번에는 아내가 좌절하지 않나 하고 늘 노심초사다. 내게 보낸 막둥이 문자가 나를 더욱 안타깝게 한다. "엄마 저러다 우울증 걸리는 게 아닐까요." 솔직히 말해 예전과 달리 아내는 잘 웃지 않으며 긍정적이지도 않다. 어떻게 해야 아내의 삶의 환경을 바꿀 수 있을까, 그것이 나의 고민이고 소망이다. 봄에 차를 바꿔 준 것도 좀 마음을 편하게 먹고 적극적으로 활동하였으면 좋겠다는 기대가 담긴 것이다. 예전 아내가 나를 구출하였듯 이번에는 내가 아내를 구출해야 한다.

한때 아내는 꽃나무를 무척 사랑했었다. 이제는 전에 살던 아파트가 되었지만 용산동에 아파트를 보자마자 사기로 한 것은 내부 구조보다는 다락방과 그에 곁들인 테라스가 마음에 들어서였다. 열 평 남짓이지만 꽃과 나무를 좋아하는 아내에겐 더할 수 없는 장소이고 친구가 되리라 믿었다. 틈만 나면 묘목 시장으로 유명한 이원에 들러 나무를 사들이고 흙을 퍼올려 어설프지만 자그마한 하늘 정원을 꾸몄다. 잠들던 때 온 녀석들은 어느덧 마른가지에 새싹이 나고 꽃을 피워내더니만 싱싱한 터전이 되었다. 연거푸 당한 태풍에 불평도 없이 굳건히 버티더니 공중에 매달린 아기 손 닮은 가냘픈 잎 몇몇을 내려놓았다. 실로 신통방통하고 대견스러운 일이 아닐 수 없었다. 그 무렵의 아내와의 외출은 거의 나무를 보러 이원 방향이었다. 그런 우리의 열정은 아내 다리 수술로 이내 시들어버렸다. 다락을 오르는 계단을 아내는 넘지 못했다. 그게 그렇게 큰 벽으로 작용할 줄 나는 몰랐다. 테라스에 가꾸어 놓은 나무들을 죽일 수는 없어서 모두 옮겼다. 그리고 우리는 지금의 사는 곳으로 이사를 했다. 이후 더는 아내가 꽃나무 이야기를 안 했고 그래서 이를 다시 끄집어내는 것은 아픔을 곱씹는 것이라고 나는 생각해왔었다.

그런데 퇴직하고 유심히 살피니 아내는 키우고 싶은 꽃나무를 메모지에 깨알같이 잘 정서해 놓고 있었다. 그리고 때때로 유튜브로 꽃나무 키우는 것을 보는 아내, 이는 소망인가 아쉬움인가. 어쩌면 하며 불쑥 말을 했다. 우리 다시 꽃나무를 키워보면 어떨까. 아내가 벌떡 일어섰다. "응! 꼭 다시 하고 싶어. 그런데 땅도 없고 내가 해낼 수 있을까." 이후 나와 아내는 2백 평 정도 터를 찾아 이곳저곳을 살폈다. 교차로도 들여다보고 경매 사이트도 알아보고 공주 일원을 두루 살폈다. 내게도 계룡산 밑자락에 맹지가 있기는 한데 대상이 될 만한 땅은 아니다. 접근이 어렵고 전기도 없고 물도 없는 땅에서는 꽃을 피워낼 재간이 없는 것이다. 기획 부동산은 한 번 선이 닿자 거의 매일 전화가 왔다. 지금은 평당 30만 원인데 산을 밀면 금방 80만 원으로 뛴다는 것이다. 중구에 보문산 뒤쪽의 땅도 마찬가지였다. 아내를 위해서라면 뭔가 마련해야 한다 싶은데 땅이 영 마음에 들지 않았고 잘못하면 사기에 걸려들 것 같기도 하고 너무 비쌌다. 그런 아내와 나는 아직 심을 땅도 없는데 유튜브에 자주 등장하는 이원의 대림 조경이니 중앙농원을 찾아 나무 구경을 하러 다녔다.

　이제 내게 시련 속에 피울 꽃을 위한 땅은 지상과제가 되어버렸다. 나도 그렇지만 아내 또한 힘차게 솟아 나오는 생명의 신선을 느끼고 구성진 여름과 삶의 의지를 뿌듯이 느끼게만 된다면 어쩌든 해낼 일이라, 이 나이에 꽃을 가꾼다는 것은 얼마나 아름답고 소박한 정서인가. 처음으로 꽃을 가꾼다는 것에 대해 진지하게 생각했다. 꽃은 아름답기도 하지만 순진하면서도 고귀한 정신을 가졌다. 꽃의 마음을 아는 아내, 필시 그녀는 꽃밭 속에서 예전 늘 웃고 희망으로 살던 때로 다시 회귀하리라. 시련은 견디고 보면 인생의 큰 보시였다. 그러기에 시련 속에 피는 꽃은 파리하지만 청초하며 시련을 견뎌낸 만큼 슬픔을 견제하며 따뜻할 것이라고 나는 믿어 의심치 않는 것이다. 그러기에 오늘도 나는 간절한 마음으로 꽃나무 심을 땅을 알아보러 다니는 것이다.

　그런데 말이다. 살다 보니 이런 날도 온다. 1986년도에 투기 목적으로 잘못 사 지금까지 맹지로 버려진 땅이 어느 날 갑자기 기지개를 켠 것이다. 과거에는 도로에서도 한참을 지게나 메고 꼬불꼬불 산 밑까지 처들어가야 겨우 당도했던 땅으로 꽃을 가꾸고 싶어 하는 아내는 걸어 들어갈 엄두조차 나지 않던 땅이었다. 그러던 것이 갑자기 주변에 아파트가 들어서더니만 가까이 새 도로가 개설되고 옆쪽 산을 깎아 전원주택이 들어선 것이다. 그렇다고 맹지에 길이 뻥 뚫린 것은 아니고 전원주택 단지를 통해 들어서서 그들 땅을 또 통해 옆으로 내려가면 다리가 불편한 아내도 그런대로 통행이 가능한 정도가 된 것이다. 불과 일 년 새에 삼십여 년 묵혔던 땅이 해금됐으니 이런 경우를 기적이라고 하지 않겠는가. 물론 차는 여전히 들어 올 수가 없어 그곳에 꽃을 피우려면 일일이 수레로 날라야 하지만 이는 나로서는 천지개벽한 일이 아닐 수 없다.

　절제력만을 고집하던 그런 나에게 맹지에 문이 열린 것은 실로 기적 같은 일이다. 그것도 고난의 시절에 시간 타이밍 딱 맞춰 생긴 것이니 일생일대 처음으로 걸려든 때맞음이고 운수 대통이다. 일이 되려니까 기회가 순순히 찾아온 것이다. 이를 천재일우의 기회라 하지 않던가. 삶에 위기가 찾아올 때 기회도 찾아온다. 나는 어쨌든 기회를 살려야 한다. 지름길은 없다. 씨앗이 하루아침에 거목이 되지는 않는다. 열정의 불을 지펴야 한다. 온 마음과 온 영혼을 다해서 헌신해야 한다. 전혀 농사를 모르니 더더욱 그렇다. 삶의 계단을 한 계단 한 계단 성실히 밟고 올라간 사람들은 언제나 자기 위치에서 흔들림이 없다. 성실하게 사는 사람들은 그들 나름대로 행복을 누리며 산다. 때로는 소박하지만 아름답게 살아간다. 성실하면 가족이 화목해지고 인정받는다. 성실은 삶을 사는 데 가장 중요한 도구다. 성실하지 않으면 항상 문제가 생긴다. 성실하지 않으면 삶의 가치가 떨어지고 보람을 느낄 수 없다. 이제 내 삶도 변해야 한다. 내 인생도 변해야 할 때지만 오늘의 시대는 그렇지 않아도 급변하고 있다. "변화하지 않으면 살아남지 못한다."라는 소리가 도처에서 터져 나온다. 변화하려면 시시때때로 막다른 벽에 부딪히게 된다. 절망하고 낙심하게 된다. 하지만 고난은 뛰어넘기 위해서 존재하는 것이다. 고난과 싸우다 보면 그것을 극복할 수 있는 방법을 찾게 될 것이다. 몇 번이고 고난과 씨름하는 가운데 힘과 용기가 용솟음치게 된다. 그리하여 자신도 모르게 정신과 인격이 완벽하게 단련되는 것을 느끼게 되리라. 하나의 절망을 극복하면 다른 절망도 쉽게 극복하는 힘이 절로 생긴다.

내가 그렇게 지금 변하고 있다. 영화 〈사운드 오브 뮤직〉에 이런 대사가 나온다. "하나의 문이 닫히면 새로운 문이 열린다." 분명 맞는 말이다. 어차피 시간은 묶어두거나 붙잡아둘 수 없다. 그 누구도 세월의 흐름을 막을 수는 없다. 내 터전 위에 우람차게 펼쳐질 나무들은 살아온 만큼의 삶이 쏟아져 뿌리 내린 것이다. 나의 열정이 농축되는 것이다. 이 나이, 희망은 더 절실하다. 누구든 희망은 삶에서 피어나는 꽃이다. 희망이 가득 찬 얼굴은 이 순간도 꿈꾸고 누구든 사랑한다. 희망이 있으면 얼굴은 빛나고 웃음이 나온다. 질곡의 세월 속에서도 희망은 있다. 벼랑 끝에서도 살아날 수 있는 길은 있다. 문득 헬렌 켈러의 말이 떠오른다. "문이 닫히면 다른 쪽 문이 열린다. 그러나 흔히 우리는 닫힌 문을 오랫동안 보기 때문에 우리를 위해 열려 있는 문을 보지 못한다." 참 좋은 말이다. 나이 든 사람들은 과거에 집착하기 쉽다. 주저하다 기회를 잃고 열정도 희망도 없이 그저 그렇게 살아 갈 수 있다. 베이비부머들이여! 용기를 가져라! 희망을 이야기하라!

이렇듯 내가 농사를 지으며 얻고 배우는 것이 열정과 희망이라 할 것이지만 자연의 삶 속에서 마음 깊숙이 자리하는 게 또 하나 있다. 달리 생각해보면 36년간 묵힌 땅은 내게 큰 광명이 되었다. 전기와 물을 끌어들이고 농막을 지었다. 나는 이곳을 내 아지트로 삼기로 했다. 잔디와 나무, 비료를 일일이 들어 나르느라고 알이 배기고 힘이 들지만 알이 배긴 것은 근육이 되고 고통은 절제의 한 방편인 인내력이 되었다. 나를 괴롭히는 잡초는 또 아니 그런가. 녀석이 쏙 뽑힐 때 느끼는 감정은 해본 사람만이 안다. 분명 역지사지가 들어맞는 말이고 새옹지마 전화위복도 맞는 말이다. 이 세상은 모든 게 역지사지다. 인생은 고달프다고 할 때 뭔가 또 하나를 잉태한다. 2년 새 참 많이 변하고 있다. 내가 제일 좋아하는 바지는 단돈 5천 원의 몸빼 바지다. 이 바지가 그렇게 소중하고 자랑스러울 수가 없다. 두 번째 서른 앙코르 내 라이프는 그렇게 나날이 새로움과 즐거움을 낚으며 오늘도 번창 일로에 있다. 그간 멀리 있던 친구들도 불렀다. 멀리서 친구가 찾아오니 아니 기쁜가. 무엇보다도 아내와 내 취미가 서로 닮아가고 있다는 데 큰 의미가 있다. 3년 넘게 꼬박 붙어산다고 하니 믿지를 않는다. 신혼 때보다 더 오순도순 정을 나눈다 싶다. 내 맹지가 나는 그렇게 고마울 수가 없다. 삶은 목표를 두고 죽을 때까지 찬찬히 꾸준히 일구는 것이다.

자연 속에서 산다는 의미

 비록 맹지이기는 하지만 내 농막은 산과 인접한 행운으로 다양한 자연의 소리를 감상할 수 있다. 새벽녘 뭔지 모를 야생동물의 외침은 이곳이 오리무중 산속임을 재인식하게 한다. 저 녀석은 과연 누굴까. 한때 어디론가 사라지며 외쳤던 고라니의 외침은 갈증이 나면서도 다급한 상황으로 들리곤 했었다. 산비둘기 우는 소리는 호젓한 산속의 검은 그림자처럼 무섭게만 느껴진다. 터줏대감 까마귀의 잔소리에 꿩의 끄억 하는 소리가 안 들리면 오히려 어색할 정도다. 그런저런 동물들의 소리에 요즘은 꽤 익숙하다. 일정한 패턴으로 외치는 소리가 이제는 정겹고 내게 소통을 하려는 움직임으로도 느껴진다. 무엇보다도 귀가 번쩍 트이고 밝은 것은 새소리다. 여명이 밝아오는 아침을 알리는 새들의 지저귀는 소리는 한 옥타브를 올랐다 내리며 지극히 반복적인 게 주고받는 리듬이 존재하며 서로 대화를 하는 게 분명해 보였다. 나도 따라 흉내를 내면 또 반응이 들린다. 나한테 하는 소리라고 나는 믿고 연실 신호를 보내려고 애를 쓰기도 하는 것이다. 분명 그들은 뭔가를 전하고 받으며 하루를 펼친다 싶다.

인간만이 소통하는 언어를 사용하는 것이 아니라, 동·식물과 미생물도 언어를 갖고 있다는 생각을 요즘 많이 한다. 비가 올라치면 분주히 움직이는 작은 생명체들, 본능적이라지만 일사분란한 것이 그들만의 지령이나 소통이 전달된 것임에 틀림이 없다. 어쩌면, 그들은 변함없이 전하고 통하는데 오래전에 숲을 떠난 인간이 그들의 언어를 알아듣지 못하는 것인지도 모른다. 인간에게 숲은 항상 고요하고 아늑한 쉼터로 콘크리트 세상에서 지친 심신을 위로하는 휴식처이지만, 숲속 생명에게는 생존을 위협받는 상황이 될 수도 있다. 인간의 눈에 보이지 않도록 숨거나 도망가고 급박하게 소리를 내서 위험을 알리는 게 지극히 당연한 것이다. 그 와중에도 동·식물 가릴 것 없이 그들은 종족 번식을 위한 짝을 찾기 위해서 사랑의 메신저를 보내고 밀당하는 언어가 쉬지 않고 송수신되고 있다. 자연이 변함없이 활기찬 것은 그들의 그런 생동감 넘치는 부지런함에 있다. 활동하는 동물은 말할 것도 없고 식물도 광합성으로 만든 양분의 일부를 흙 속의 미생물에게 먹이로 제공하며, 도움을 받은 미생물은 식물에게 필요한 광물과 유기물을 분해하여 양분으로 돌려준다. 식물 중에는 자신의 몸에 미생물이 살 수 있는 집을 제공하기도 하며, 위험에 직면했을 때 신호를 보내서 미생물의 도움을 받기도 한다. 전문 책에서 그런 글을 보았다. 식물과 미생물의 공생은 지구생태계 전체에 영향을 줄 뿐만 아니라, 인간의 식량을 제공하는 농업에서도 매우 중요한 역할을 한다. 농사를 짓다 보니 출현하는 작물에 미생물이 달라붙는 게 예사롭게 보이지 않는다. 배춧잎을 갉아먹는 배추흰나비 애벌레는 천적 곤충의 먹이가 되기도 하며, 살충 미생물에 감염되어 죽기도 한다. 이러한 현상은 그냥 저절로 이루어진 게 아닐 것이다. 뭐 그들만의 살고자 하는 합종연횡 내지 연합전선이 아닐까.

 나는 숲속에서 그들과 호흡하며 그들과 소통하고 공생하기를 원한다. 내가 그들과 소통이 이루어지는 기적은 일어날 리 없겠지만 내가 숲으로 돌아가고자 한 본능의 욕구처럼 인간이 숲으로부터 멀어진 채 살아온 시간은 너무 많이 흘렀지만, 숲을 찾는 자체가 애초의 본능이 남은 것이고 그들을 이해하고 경청하자면 자연히 내 몸에 또 다른 원기가 돋아나지 않을까 싶다. 나는 정말 느끼고 있다. 온몸의 세포가 깨어나는 육감과 몸속에 오랫동안 기억하고 있던 신호를 감지한 것 같은 민첩한 더듬이 촉감을.

 굳이 숲속 생명체를 거들먹거리지 않아도 향유할 자연은 충만하다. 사실 나는 농부로서 이 느낌에 더 친근하고 또 충실하다. 추운가 더운가 말고도 꼭 알아야 할 바람과 비의 행방. 늘 들려오는 바람 소리와 작은 냇가의 물소리 그리고 샘터 옆의 새 소리는 현악 3중주쯤 된다. 들어도 들어도 지치거나 지나치지 않는 연주곡이려니 이 소음이 평상시 귓전을 적시는 대표적인 자연의 소리가 아닐까. 이에 싱그런 빗소리까지 더한 신록의 명화는 감히 말로 형언을 다 못하겠다. 젊은 날 힘들었던 나의 삶의 보상으로 이 정도면 충분하다 여긴다. 아니 자연을 이렇게 공짜로 받은 만큼 보답을 꼭 해야 한다 싶기도 하다. 다시는 돌아가고 싶지 않은 회색빛 도시의 소식, 정말 꿈에도 궁금하지가 않다. 이럴 때 이런들 어떠리 저런들 어떠리 만수산 드렁칡이…라는 답이 제격이다 싶은데 이 좋은 시조를 정략적으로 써먹다니. 번지수를 한참 잘못 찾은 시조라는 생각이 들어 아쉽기만 하다.

바람과 빗소리는 숲속이라고 따로 있는 게 아닌데 요즘 나는 생경하게 듣는다. 바람은 보이지 않아 자연히 청각에 의지할 수밖에 없지만 내리는 비도 청각적으로 들어야 제맛이라는 게 참 의아하다. 그런 빗소리는 그 시절 과거를 어김없이 소환한다. 이 세상 빗소리는 유난히 추억의 그림자를 달고 다닌다. 비도 여러 형태지만 빗소리도 여러 갈래다. 땅에 떨어지는 소리, 물에 떨어지며 내는 소리, 나뭇잎에 떨어지는 소리, 그리고 도시의 회색 빌딩 숲 사이로 아스팔트 바닥에 내는 소리, 부잣집 기왓장에 떨어져 내는 소리, 빈민가의 양철 지붕 위에 울리는 소리, 그 울림이 다르니 당연한 것인데도 어디서든 운치가 있어 귀 기울여 듣게 된다. 생각해보니 비의 음향을 잊어버린 지 꽤 오래되었다. 안양에 학교 밑창 선술집에서 친구랑 양철지붕 아래서 빗소리 들으며 〈충청도 아줌마〉라는 노래를 젓가락 치며 부르던 때가 엊그제 같은데 그 기억이 아련하기만 하다. 그런 친구는 경상도 여자를 만났고 나는 그 가사 대로 충청도 여자를 만났으니 나는 노래 가사대로 행한 셈이다.

비는 온 세상을 적시는데 도심에서는 그렇지도 않다. 비는 비의 서정을 머금어야 제대로 빗소리를 들을 수 있다. 나는 서정이랍시고 젊을적 슬프거나 괴로울 때 비를 자학의 길잡이 삼아 걷곤 했다. 그래도 그 시절은 자학일지언정 감성이 풍부해 차라리 괜찮았던 게 아닐까. 근자에는 감흥조차 없이 무덤덤하게 비를 바라볼 뿐이었다. 그러던 것이 자연 속에 머물러서 그런지 좀 달라져 가고 있다. 빗소리만 들어도 달달해지고 어느새 촉촉이 마음속으로 배어든다. 빗소리가 감정에 따라 달리 들리는 것도 최근에 알았다. 빗소리가 세세히 들리자 내 삶에 생명의 물기가 촉촉이 배어드는 것만 같다. 비가 내려도 빗소릴 듣지 못하는 것은 서글픈 일이다. 농부의 감정은 또 사뭇 다르다. 몸에 토닥토닥 부딪치며 간지럽고 싱그러운 말을 해주는 것만 같다. 빗소리는 그냥 맹물이 아니다. 산천을 다독이며 기르고 마음을 다그치고 가르치는 생명의 소리다. 비 한 방울에 담긴 질소로 온 세상은 또 부쩍 달라질 테다.

한참 비 구경을 하던 아내가 우산을 받쳐 들고 정원으로 향한다. 그러던 그녀는 우산을 아예 비켜 세우고 열심히 쓰러진 한 무더기 꽃을 세운다. 과거에는 상상도 못 하던 일이다. 저렇게 빗속을 누벼도 괜찮을까. 과거의 비는 우수에 찬 물줄기였지만 지금은 그렇지 않다. 나도 어느새 정원으로 내려가 잡초를 뽑는다. 빗소리가 정겹고 달달하기만 하다. 젊을적 들었던 "다정스런 너와 내가 손잡고 이 빗속을 걸어갈까요 둘이서 말없이 갈까요 아무도 없는 여기서 저 돌담 끝까지 다정스런 너와 내가 손잡고."라는 <빗속을 둘이서>를 들으며 그 느낌을 동경하곤 했는데 육십 넘은 이 나이에 이를 제대로 만끽하는 것 같다. 아내와 나는 그렇게 자연 속에 한참을 머물렀다.

아점 집에서

　요즘은 아점(아침 겸 점심)을 즐긴다. 시대상황을 밤늦도록 점검하다보니 늦게 일어난 탓이다. 모처럼 향하는 소고기집, 소고기 몇 점하고 된장찌개를 합쳐 1만 5천 원이니까 싸다고 할 수 있다. 그런 생각은 나뿐만 하는 게 아닌지 오전 11시인데도 그야말로 문전성시다. 빈자리가 없어 대기를 했다, 그런데 아무리 둘러봐도 모두 노인네들이다. 초고령층의 급격한 변동을 실감했다. 일할 사람은 없고 일거리만 늘어나는 판국이니 나라가 걱정도 된다. 빈자리를 찾아 겨우 입성을 하는데 누군가 큰 소리로 나를 부른다. 낯익은 나를 부르는 사람, 반가운 표정의 그를 나는 바로 알아보았다. 박○국 사장, 그는 전기 계장 쪽 전문가로 연구소에 이십 년 가까이 출입한 사람이다. 너무 반가웠다. 십 년도 지난 참으로 오랜 만남이었다. 그런데 그가 나를 부르는 호칭이 사뭇 수상하다. 일종의 부조화가 대번에 느껴진다. 그는 나를 부를 때 헤헤거리며 꼭 '조 팀장님'이란 칭호를 붙여주었었다. 그런 그가 이번에는 '조성원 씨'로 부른다. 아무리 오랜만이지만 느낌이 어색하다.

　퇴직을 했으니 당연한 것인데 그 호칭의 위엄을 갖고 그를 바라보던 나였는데 이제는 어찌 보면 가치 추락이다. 그와 나는 동갑이다. 그래서 친하다면 친한 사이인데 한때의 갑을의 관계로 그 선을 넘지 않았다. 사회에서 만난 사람들은 이렇듯 대등한 관계를 갖기가 어렵다. 알고 보니 그도 나처럼 사회에서 은퇴하고 농사꾼으로 변신했다. 버섯 재배를 한다고 했다. 특기를 살려 자동 제어하도록 농장을 꾸렸다는 것이다.

　문득 사자를 훈육하는 훈육사가 떠오른다. 그는 어릴 적부터 돌보던 사자를 다 커서도 슬리퍼 한 짝으로 다스린다. 그가 슬리퍼를 드는 순간 사자들은 찍소리 못하고 머리를 조아린다. 과거로부터 이어온 잠재의식이다. 나도 그런 잠재의식이 꽤 깊이 존재한다. 나이가 들면 그런 우려의 폭한에서 헤쳐 나오기가 쉽지 않다. 누군가 알아주기를 바라는 그런 의식은 소외로부터 출발한다. '내 때는 말이지.' 나는 이런 말을 상투적으로 쓰고 싶지 않다. 이는 스스로 뒷방 신세임을 자백하는 거나 다름없다.

　인간이 동물과 다른 점은 바로 이성적 판단과 상호가치의 존중에 있지 않은가. 내가 언제부터 갑의 존재인가. 이 짧은 만남의 순간, 과거의 나로서 여전히 존립하기를 바란다면 아마 그와의 만남은 종지부를 찍게 될 것이다. 현명한 선택을 두려워할 텐가. 새로움은 마음속에 상재한다. 나는 그의 도발에 응수해 "어이! 박○

국이 잘 지내." 했다. 그 말뜻이 뭐를 의미하는지 그도 나도 잘 알 것이다. 예전에 그가 내게 명절 때면 건네던 구두 티켓 생각이 났다. 포장용 한우곰탕을 사서 그에게 불쑥 내밀었다. 순간 그가 의아해 한다. 아마 그도 구두 티켓이 생각났을지 모른다. 나는 말 했다. "농장 가면 노루 궁뎅이 버섯 좀 줘."

  돌아오는 길, 갑과 을로 지낸 많은 관계의식들이 떠오른다. 위치한다는 의식은 부담을 갖는 일이다. 되돌릴 수는 없겠지만 내려놓을 것들이 많다는 생각도 같이 들었다. 지금 내 나이에는 내 이름 석 자를 그냥 부르는 경우는 없다. 선생님이 무난하다 싶은데 요즘은 어르신이라는 말까지 달라붙는다. 대접을 받아 좋다는 생각을 한 번도 한 적이 없다. 이 세상은 부르는 이름은 참 상대적이다. 은행에서는 손님이라는 말을 곧잘 듣는데 행정 보는 데서는 그런 존칭을 들어보지 않은 것 같다. 내 이름 석 자에 붙은 사회 속 다양한 이미지, 그때는 그것이 곧 품위와 권위로 생각했는데 지금은 낯뜨겁고 궁색하게도 느껴진다. 그 직함에 내 수십 년의 세월이 담기다니, 부질없었다는 생각이 요즘 자꾸 든다. 기억하건대 내 이름이 초롱초롱하고 가장 빛나던 때는 소싯적이다. 이름을 호명하면 나는 씩씩하게 "네!" 하고 답했다. 그러면 선생님은 얼굴을 반드시 들어 꼭 확인했다. 그때는 출석여부의 단순한 체크로만 생각했는데 지금 생각해보니 얼굴을 보며 잘 자라고 있는지 확인도 곁들였던 것 같다. 나는 눈빛이 마주할 때 씩 웃으며 답례했다. 그 시절의 이름 석 자의 호명은 씩씩하고 밝게 자라라는 대명사였다. 이름에 계급 일병이 붙고 또 '씨'자가 따라붙고 직함이 부여된 후는 뒤따르는 게 있었다. 책임과 권리 그리고 의무는 사회의 통념이다. 호랑이는 죽어서 가죽을 남기고 사람은 죽어서 이름을 남긴다는데 이는 명예를 머릿속에 두고 한 말이다. 명예로운 삶, 잘 산 것이고 소중함이지만 이 또한 순순함을 지나 꽤 무거운 질량을 얹은 말이다. 글쎄! 명예, 나와 절친인 임병식 수필가의 글에서 본 내용이다. 무덤 앞 비석이 백비였다. 그때는 무심코 그 글을 보았는데 이 나이 왜 백비가 의미 깊게 다가오는 것일까. 나는 그 백비가 도를 득한 사람의 운명같이 느껴진다. 나옹선사가 바람같이 전한 말처럼.

靑山兮要我以無語(청산혜요아이무어)	청산은 나를 보고 말없이 살라하고
蒼空兮要我以無垢(창공혜요아이무구)	창공은 나를 보고 티 없이 살라하네
聊無愛而無憎兮(료무애이무증혜)	사랑도 벗어놓고 미움도 벗어놓고
如水如風而終我(여수여풍이종아)	물같이 바람같이 살다가
聊無怒而無惜兮(료무노이무석혜)	성냄도 벗어놓고 탐욕도 벗어놓고
如水如風而終我(여수여풍이종아)	물같이 바람같이 살다가 가라하네

나도 결국 한 줌 자연으로 이름 없이 나옹선사처럼 돌아갈 거다. 진정한 행복은 그렇게 다 내려놓고 아래로 내리고 내려 땅속 깊숙이 닿는 것이 아닐까. 무릇 석가가 말한 "천상천하 유아독존

(天上天下 唯我獨尊)"일체개고 아당안지(一切皆苦 我當安之)"라는 말이 삶의 진리라는 생각이 자꾸 드는 노릇이다.

엄마의 구순과 자존감

　엄마의 구순 때 우리 삼 남매는 기념적인 행사를 하기로 정했다. 그렇다고 거창한 것은 아니고 생신에 맞춰 삼남매 부부와 엄마가 같이 짧은 여행을 다녀오기로 한 것이다. 막내인 여동생이 여행의 키를 잡았고 우리는 그대로 따랐다. 산보다는 시야가 트이는 바다가 좋겠다고 하여 그래서 잡은 안면도 여행이다. 꽃지해변 한가운데 있는 호텔을 예약하고 서산에서 만나 점심을 먹고 행선지로 향했다. 서산에 유명하다는 개국지집은 정오도 안 됐는데도 붐볐다. 개국지 음식 하나만 시킨다는 게 축하 기념으로는 왜소하다 싶어 개국지보다 더 비싼 보리굴비를 시켰다. 입맛을 돋우며 그렇게 막 숟가락을 뜨려는데 웬 할머니가 불쑥 우리 앞에 나타났다. 손에는 젓가락이 들려 있었다. 그런 할머니는 대뜸 굴비를 잡더니 먹기 좋게 찢기 시작했다. 이런 친절이 다 있나 하고 놀라는 와중에 그 집 젊은 주인이 소리를 쳤다. "엄마 그만 하세요. 왜 또 힘들게 나서서…."
　그러자 할머니는 젓가락을 집어 던지고는 방안으로 들어가 버렸다. 순식간에 벌어진 일이라 얼떨떨한 건 우리였다. 잠시 후 상황을 제대로 알 것 같았다. 아들은 일하는 노파가 염려되어 하는 소리였고 할머니는 아들의 잔소리가 듣기 싫어 화가 난 것이다. 아마도 이 유명하다는 개국지집을 일군 것은 할머니이고 이를 물려받아 번성시킨 것은 아들일 것이다. 험한 일을 자처하는 엄마를 차마 못 본다 싶은 아들과 아직도 일할 만하다고 항변하는 엄마의 그런 헝클어졌지만 따스한 느낌도 드는 앙상블 장면이다. 아들의 효심과 엄마의 자존심. 편안하게 모신다는 게 늘 하던 일상으로부터 손을 터는 것을 말하는 걸까. 차를 안면도로 모는 내내 그 생각이 떠올랐다.

만리포부터 해서 해안을 따라 내려오며 이곳저곳을 돌다 드디어 숙소에 여장을 풀었다. 꽃지해변은 일몰이 장관이다. 우리는 호텔 바로 앞 해변으로 모였다. 어느새 삼 남매 모두는 환갑이 다 지난 나이가 되어버렸다. 황혼이 깃든 꽃지 해변의 저녁놀은 너희들도 어느새 황혼이야 그렇게 말하고 있었다. 짧은 순간이지만 마치 우리 인생을 되돌아보는 것만 같았다. 솥단지 달랑 하나 들고 살림 차렸다고 엄마가 늘 말하듯 억척같이 한 평생을 살며 우리를 키운 엄마의 일생도 저 붉게 타오르는 저녁놀 속에 녹아 있었다. 우리 집이 불같이 일어난 것은 어느 한 시절 참고 견딘 노고의 참된 결실이다. 나는 "이재에 밝은 엄마가 아니었더라면"이란 말을 되뇌곤 한다. 우리 가족의 따스한 모닥불의 심지는 어디까지나 엄마로부터였다. 억척으로 사람을 꾸린 엄마는 곗돈이 모이자 고구마 밭을 샀고 차츰 재산을 늘려갔다. 출가를 할 즈음에는 늘린 재산의 증여를 일찌감치 해 삼 남매가 터전을 이루는 기초가 되었다. 재산을 나누지 않아 초상집이 싸움의 장이 되는 것을 자주 목격한 나로서는 엄마의 현명한 기개에 정말 놀라지 않을 수 없다. 늘 고맙지만 나는 그런 물질에 치중한 엄마의 사고 때문에 가끔 충돌하곤 했다.

 우리는 저녁을 먹으러 근처 횟집으로 향했다. 음식을 시키고 옆 테이블을 무심코 쳐다보는 데 허리가 반쯤 휜 할머니가 상을 치우고 있었다. 점심 때 본 할머니보다 허리가 굽혀진 정도를 보아서는 나이가 훨씬 들어 보였다. 솔직히 정말 더는 일을 하면 안 되겠다는 생각마저 들었다. 그런 할머니가 아주 편안하게 보이는 게 신기했다. 신역은 고달픈데 행복하다는 그런. 마침 한 아줌마가 다가오면서 뜬금없이 하는 말, "회장님! 오늘은 손님이 아주 꽉 찼어요." 한다. 역시 이 할머니는 이 집 왕할머니임에 틀림이 없다. 할머니는 바로 웃음꽃을 피우며 그제야 훔치던 행주를 들고는 주방으로 향한다. 나는 순간 할머니한테 비운 반찬 그릇을 들이대며 "회장님! 이것 더 주면 안 되나요." 했다. 그러자 왕할머니는 회장님이라는 소리에 기분이 좋은지 "이것 소라 썰어서 미나리하고 버무린 건데 비싸." 하면서 갖다 주신다.

 왕할머니를 회장님이라 부르는 집을 보며 서산의 개국지집과 자연히 대비된다. 그들로 엄마를 편안히 모시는 비결이 무엇이어야 할까 다시 생각하게 된다. 자존심과 자존감, 우리는 자존심이라는 말과 자존감이라는 말을 많이 듣고 또 쓰기도 한다.

  우리는 자존감에 대해 달리 생각해 볼 필요가 있다. 자존감, 즉 자아존중감은 자신이 사랑받을 만한 가치가 있는 소중한 존재이고 어떤 성과를 이루어낼 만한 유능한 사람이라고 믿는 마음이다. 나이 들면 정작 필요한 게 자존감을 높이는 게 아닐까. 자아존중감이 높은 사람은 스스로 존중하고, 다른 사람의 평판이 아닌 나 자신의 가치관에 따라 행동한다. 내가 주체이고 남들은 객체인 것이다. 다른 사람이 나를 깎아내리거나 험담을 할 때도 확고한 자아정체성을 가지고 있으므로 자존심이 상하거나 흔들리지 않고 확고한 자기 주관을 견지한다. 이와는 대조적으로 자존심이 높은 사람은 다른 사람들이 나를 어떻게 평가하는지에 대하여 신경을 많이 쓰며, 다른 사람들의 평가 기준에 맞추기 위해 애를 쓴다. 나이 들어 그렇게 산다는 게 얼마나 귀찮고 하찮은 것인가.

  나는 회장님이라 부르는 가족에게 한 표를 더 주고 싶다. 힘든 일이지만 그냥 놔두며 스스로 자아 존중을 꾀하며 또한 남들이 그렇게 대해주니 기분은 하늘 높이 승천하는 마음이 아닐까. 자존심과 자존감의 결정적 차이는 한마디로 말해 '시선의 방향'에 있다. 자존심의 시선은 '나의 밖'을 향하고 있고, 자존감의 시선은 '내 안'을 향한다. 즉 자존심은 '남들이 나를 보는' 것이라면, 자존감은

'나 스스로 나를 보는' 것이다. 따라서 자존심은 남들이 나를 어떻게 바라보고 평가하는가에 민감하게 반응하지만, 자존감은 내가 나를 어떻게 보느냐가 중요하다. 나이 들어 자연히 왜소해질 수밖에 없는 처지에 정말 필요한 것은 우울하지 않으며 자신감이 아니겠는가 싶은 것이다. 젊을 적 유창하며 활발하게 살던 사람들은 쉽게 자존심을 못 버린다.

  어떻든 엄마는 자존심이 세지만 갈수록 자존감은 낮을 수밖에 없다. 나이가 그렇게 조율하며 삶을 위축시킨다. 나도 그런 나이에 닿았다. 나는 그날 용기 내 엄마에 대한 찬사를 길게 늘였다. 마음으로부터 우러나는 왕회장이라는 찬사의 말처럼. 기실 나는 그런 표현을 잘 못 하는데 아니 한 번도 한 적이 없는데 그날은 꼭 그래야 할 것 같았다. 아니 앞으로도 그러려고 한다. 우리 집안의 왕할머니는 그야말로 진정한 CEO로 그 덕분에 우리는 그렇게 복 터지도록 행복하게 살고 있다. 그런 엄마의 의지와 집념은 여전하다. 나이 86세에 인공 관절 수술을 했다. 안 해줄까 봐 나이까지 속여 가며. 또한 나이 구십에도 혼자서 꿋꿋하게 삶을 꾸리는 것을 보면 그렇지 않은가. 나는 치매 걱정은 전혀 안 한다. 숫자 개념은 지금도 철저해 며느리들이 여전히 쩔쩔맨다. 아마 이 글을 쓰는 이 시간쯤 엄마는 동네 한 바퀴를 마저 돌고 있을 게다.

행복은 어디서 오는가

　바람도 살랑살랑 개울물 소리도 졸졸졸 시나브로 봄은 봄이다. 봄이다 싶으니 마음이 더 바쁘다. 이제 어엿한 농부가 다 된 모양이다. 그제는 올들어 제일 일을 많이 한 날이다. 구하기 힘든 마사토가 있다고 해서 앞뒤 안 가리고 오라고 했다. 5톤에 십만 원이면 아주 싼 가격이다. 그런데 내 맹지에 들어올 방법이 마땅치가 않다. 산길을 선택했다. 지난번 벌목을 해 트럭이 나간 것을 보아서도 5톤 정도는 거뜬할 것으로 보았다. 그래도 불안해 길목에 지켜 섰다. 트럭 기사가 땅이 물러 터져서 절대로 오를 수 없다는 것이다. 내가 봐도 응달진 곳은 축축해 미끄러질 것만 같다. 그냥 돌아가라고 할 수도 없고 난감했다. 생각 끝에 그냥 흙을 내 밭 위에 위치한 전원주택 도로 위에 부어버렸다. 주택 단지를 표시하는 경계 철망을 풀고 그쪽에서 아래로 내릴 작정이었다.
　그 시각이 오후 5시, 막둥이가 서울서 내려와 아내와 나 세 식구는 삽을 들고 달라붙었다. 정신없이 푸고 또 푸고 손에 쥔 삽은 기계같이 움직였다. 어느새 훤한 달이 떠 있다. 그렇게 2시간가량

하니 끝이 보였다. 나야 늘 하던 삽질이니까 괜찮다싶지만 아내와 아들녀석이 걱정이다. 그래도 가족은 환하게 웃었다. 이루어냈다는 후련함이 큰 의미를 차지한다. 아내는 토질이 좋다는 것으로 지친 마음을 대신했고 아들은 엄마의 흡족한 소리에 강한 자부심을 마저 챙기는 것 같아 보였다. 의기양양해진 아들녀석이 부모 고생한다고 장어를 사주겠다고 했다. 힘은 들었지만 왜 이렇게 뿌듯한 것인지. 자식은 내 분신임에 틀림이 없다.

낮에는 아들이 아치를 정원에 세 개 조립해 반듯하게 세워놓았었다. 아내가 요즘 장미에 빠져서 장미에 매다는 아치를 사둔 것이다. 장미는 연초 내 생일이 지나자마자 독일장미며 영국장미를 사들인 것이다. 겨울에 사야 싸다고 한다. 장미를 비닐하우스에 넣어 놓고 아내는 그간 매일 아침 물을 주며 심을 날을 기다렸다. 그렇게 자식들이 준 생일 축하비는 모두 장미 사는데 들어가 버렸다. 벼르고 벼른 터라 나로서는 막을 방도가 별로 없었다. 아니 속으로는 참 잘했다고 외쳤었다. 아내는 그날 아치에, 장미에, 마사토를 얻으니 금세 화색이 돈다. 그렇게 꽃이 좋을까. 나도 덩달아 기분이 좋다. 신발사려는 것도 포기했으면서 말이다. 얼마만에 세 가족이 달빛 아래서 화목을 다지며 헤헤거린 것인지, 두고두고 내 기억 속에 남을 것이다. 한데 모여 오붓한 정경을 만든 게 실로 오랜만이다. 그제는 참 달이 밝았다.

어제는 그토록 애태우던 호스가 뻥 뚫려 연못에 물이 콸콸 쏟아지기 시작했다. 콤프레서가 막힌 호스에 바람을 넣어준 덕분이다. 봄바람이 호스에 닿자 어이쿠 봄이구나 하며 시원하게 뻥 뚫린 것만 같다. 봄은 바람이 나도 좋은 계절이다. 나만 기쁜 게 아닌 것인지 엉겁결 대장 같은 잉어 한마리가 쑥 올라오더니 수면위로 올라 시찰을 한다. 오늘은 연못에 수위가 올라오자 기미가 좀 수상했다. 아니나 다를까 어제 나왔던 붉은색 잉어를 필두로 우르르 몰려나온다. 녀석들도 봄을 무척 기다렸나 보다. 아내는 그간 못 먹은 것을 보충이라도 해 줄 양으로 연신 먹이를 투척한다.

오늘은 엄마가 좋아하는 감자를 심을 땅에 거름을 주고 고랑을 판다. 맹지 특성상 기계가 못 들어오는 바람에 직접 삽질을 해야만 한다. 도저히 혼자로는 안 될 것 같아 동네 아저씨를 불렀다. 일당 13만원. 나와 아저씨는 바쁜 손놀림으로 온종일 바빴다. 바쁘게 움직이기 시작한 내 전원생활, 힘들겠지만 나는 이를 행복이라 여기니 그것으로 족한 것이 아닐까. 사실 좀 피곤은 하다. 그래도 나는 글 쓰는 것을 내 직업인 양 한다. 오늘 아침 일찍 일어나 '슬기로운 전원생활'이란 책 제목을 붙이고 55편 글 마무리를 했다. 이제는 다듬고 정리하고 있다가 혹시나 내게 찾아올 지도 모르는 행운을 기대하고 기다리면 된다. 만약 응모한 곳에서 간택이라도 된다면 나는 정말 올해 운수대통이다. 가문의 영광일 것이다. 사실 안되는 게 정상이다. 그만큼 어려운 관문이기도 하다. 큰 기대는 큰 실망을 낳기 때문에 전과 달리 그렇게 큰 기대는 안 한다.

　나는 이제 늙었다. 인정하고 수긍할 것은 그대로 받아들이는 게 맞다. 그럼에도 행운이 정말 온다면 나는 업 된 기분을 살려서 내 농막서 출판기념회라도 해볼 생각이다. 물론 아내는 싫어하겠지만. 나도 그쯤에는 할 얘기는 할 거다. 내 생일축하비 강탈해 저렇게 예쁘게 장미정원을 꾸몄는데 파티는 한 번 해야 될 것이 아닌가 하고. 달착지근한 봄바람을 안고 오늘도 어둑해진 밤길을 따라 귀가다. 일에 충실한 만큼 쉼도 즐겁다. 실체 없는 행복이란 게 보일 리 없지만 오늘은 그 실체가 선명하게 내 눈에 보이는 것만 같다. 마음속에서 '행복은 어디서부터 오는가.'하며 나에게 그렇게 되묻고 있다. 오늘도 달은 참 밝다.

딱 이틀만 아프자

내 취미는 글쓰기다. 술발이 다해 선택한 종목이 바로 글발이라고 나는 일찍이 천명한 바가 있다. 이 두 종목은 전혀 다른 향방 같지만 마음 다스리기 위해서라는 측면에서 서로 유사하고 이 수작에 열을 올리면 열을 오히려 받아 몸이 축 나고 속이 상한다는 것도 똑 같다. 이에는 배설이란 필수과목이 따라 붙기 때문이다. 이 행위로 찾아오는 배설이 온전하면 속도 후련하고 가뿐하지만 그렇지 않으면 기진맥진하고 영 개운치가 않고 후유증은 오래간다. 글이 미끈하게 빠질 때는 그저 기분이 좋은데 아닐 때는 머릿속이 맑지 않아 짜증도 난다. 어쨌거나 나는 일기 쓰듯 글을 수십 년째 쓰고 있다. 남들은 지겹지 않냐 어렵지 않냐 하지만 전혀 그런 적이 없으니 신통방통한 일이고 사람은 어디까지나 자기 하고 싶은 일을 해야 한다 싶기도 하다. 하고 싶은 것을 하면 전혀 그런 감정이 안 든다는 게 왜 그런 것인지 잘 모르겠지만 꽤 신기하다.

이제는 구력이 붙어 기술적으로 글이 쓰는 것 같아 그것이 두렵고 갈수록 감정이 메마르는 것 같아 또한 그것이 걱정이다. 왜 나이가 들면 감정이 무뎌지고 감정이입이 점점 어려워지는 걸까. 나는 그럴수록 감정을 찾아 일상 속에서도 헤맨다. 애틋함을 찾지만 각박한 세상이라 그런지 이 발견은 어려워 요즘은 아름다움이란 미적 감각에 기대어 글의 소재를 발견하곤 한다. 나는 청춘을 거반 전혀 다른 분야(연구소 원자력)에서 먹고 살았다. 그 덕에 그간 가까이 기댄 언덕이라는 게 좀 엉뚱하다. 원자력학회니 기계학회 등…. 나는 꽤 오랜 기간 그 범주를 벗어나지 못하였다. 그런 나로서는 글을 쓴답시고 2000년 넘어 새로 부여된 문인이란 칭호가 어색하고 그런 모임에 기웃한다는 것도 사뭇 부담이 된다. 그냥 좋아하는 글만 묵묵히 썼다. 이공계 출신 월급쟁이로서는 도저히 엄두가 안 나는 노릇이었다.

  그래도 좋아하는 글쓰기는 멈출 생각은 한 번도 한 적이 없다. 직장에서도 비아냥을 들어도 꼿꼿했다. 내가 좋아하는 일이니까 충분히 감내할 수 있었다. 그러면서도 내심 좀 걱정은 됐다. 자성의 마음으로 나를 돌보기 위해 글을 쓴다지만 글에 대한 평가라 할까 견주는 마음이 늘 아쉬웠다. 수필 모임이라는 데가 흔하였지만 나름의 충실함을 요구하기에 나로서는 역부족이었다. 발전을 도모해야 한다는 차원에서의 의식, 그런 자각이 존재하지 않는다면 내 취미란 것도 지속으로 유지되지 않았을 것이라는 생각을 하곤 했다. 나는 연에 한 번 기말고사를 보듯 시험을 치룬다. 나는 이를 국가고시라고 부른다. 정부기관에서 작품공모를 할 때 벼르고 별러 답안지를 제출해왔다. 번번이 낙방이지만 가뭄에 콩 나듯 내 이름 석 자가 껴있을 때도 간혹 있다. 그 바람에 덤으로 몇 번의 글집을 냈다. 대전문화재단이나 한국출판 문화산업진흥회 같은 곳은 내게 그런 큰 기쁨을 안겨준 곳이다.

사람이란 게 욕심은 끝도 없다. 제일 높은 곳이라 여겨지는 늘 바라보는 데가 한 군데 있다. 거기는 열 번도 넘게 응모를 했는데 딱 한 번 되고 한 번도 된 적이 없다. 하필 한 번 내 차지가 될 때가 큰 병을 앓아 병원에 누워있을 때라 낚아 올린 맛을 제대로 느껴보지도 못하고 훌쩍 지나 버렸다. 그 후로는 지금까지 깜깜 소식이다. 이런 기분을 알지 모르겠는데 자기가 제일 좋아하는 일로 정성을 다하는 최고의 애장품을 고사 상에 올려놓고 심판을 받는 기분은 정말 남다르다. 간절함이 들어 있다. 이번에는 될 거야 하는 생각부터 늘 그래왔듯 고배를 마실 텐데 뭘 하면서 마음을 누구러트리기까지 번민은 응모하고 발표하는 순간까지 내내 지속된다. 나는 늘 연말이면 마음 속 지옥을 그렇게 겪는다. 확률적으로도 떨어지는 게 당연한 것인 데도 늘 마음 둘 곳을 모르고 애가 탄다. 애착을 넘어서 집착하는 이런 마음은 필시 욕망의 깊은 잔재일 것인데 내 마음 속 주체가 안 되며 어쩌지를 못하였다.

그런데 요즘은 좀 달라졌다. 집착한 만큼 사랑도 깊다 할 것이지만 스토커로 변질되어서는 애초의 사랑에 대한 초심이 망가지는 것이다. 나는 꽤 노력했다. 나는 체념 같은 면역 봉쇄 말고도 마음 다스리는 법을 공공연하게 내 마음속에 수시로 유포하고 싶는다. 이 글을 쓰는 지금도 마찬가지다. 글을 쓴다는 것만으로 화평했던 순간들을 떠올리고 그 기억을 다시금 되새기는 것이 나에게는 큰 위로가 된다. 연구소에서 팀장으로 지낼 때 글 쓸 겨를이 거의 없었다. 그럴수록 글은 더 쓰고 싶었다. 그때 내가 생각해낸 방법은 글 소재를 머릿속에 담아두었다가 금요일 유성 온천의 사우나탕에 들러 압축파일 풀 듯 구체화해 그날 밤부터 주말에 풀어 썼다. 그 암호가 풀리는 순간의 감격은 이루 말할 수 없다. 55주에 한두 편이면 책 한 권이 거뜬히 나온다. 그렇게 해서 나온 책이 이제 스무 권이 된다. 티끌모아 태산이라고 한 편 한편 내 삶의 양식으로 그렇게 나를 보살피고 살찌웠다. 역사, 기행, 사회 이슈, 순수한 서정 등등 잡학다식이라 할까.

그 덕에 많은 글들을 접했고 머릿속에서 글 기획하는 압축능력이 재간을 발휘해 여차하면 짧은 시간 내 수필 한 편이 장전된다. 이만한 복이 어디 있는가. 열약한 환경이 나를 그만큼 일깨웠는지 모른다. 지금의 내 순발력을 나는 믿는다. 해낼 수 있다는 자신감. 그런 식으로 나를 위로하고 또 마음을 다스리면 생채기는 이내 치료가 된다. 내게 이런 재질이 있다는 게 얼마나 행복한 일인가. 한 이삼일 아프다가 이내 훌훌 털고 이번에도 내 머릿속 샘물을 다시 채울 것이다. 분명 행복은 마음속에서 자기를 조절할 때 그 여유로움으로 큰 희망이 되고 원동력이 된다. 삶의 탄력성은 실로 소중하다. 좌절과 희망은 공존한다. 한 이틀 쯤은 자신을 탓하고 고뇌도 해 볼 필요가 있다. 승승장구는 헤쳐 나갈 물결이 있을 때 유영이 폼 나고 비로소 가능하다. 이번에도 행복하기 위해 아플 준비가 되어 있다. 어쨌든 견뎌주마. 내일의 힘찬 도약을 위해.

에필로그

　진중하게 고민했다. 자신을 진술하게 얼마만큼 까발리느냐 하는 수필 장르에 머무는 나지만 이 정도까지 말해야 하는가 하는 갈등이 있었다. 하지만 내 삶을 돌아보자면 이 굴곡진 세월을 말하지 않고서는 나라는 사람의 진면은 영영 숨겨지고 어느 글을 쓰든 위작으로 비추어질 것만 같았다. 아픈 상처나 힘든 여정은 창피하기도 하고 못나 보이기도 해 남에게 보여주기를 꺼리게 된다. 숨기고 싶은 그만큼 내 50대 중반은 파란만장했다. 시간도 어느덧 10년이 지났다. 그로부터 헤쳐 나오는 과정은 지금 생각해도 아슬아슬하다. 한마디로 50대의 나는 백만 원(파란만장: 파란 돈 만 장이면 딱 백만 원이다)짜리 인생이었다. 밀린 숙제하듯 그간 써놓았던 일기를 주섬주섬 모았다. 그리고 이번에 쓰라린 과거를 정리해 작품집을 내게 된 것이다. 내용을 보니 제일 많이 나오는 단어가 '행복'이란 단어다. 수술대에 오르고 다시 깨어나 제일 먼저 생각한 것이 바로 행복에 대해서였다. 그때처럼 간절하고 구체적인 적이 없었다. 지금도 나는 '행복하다면'이라는 전제를 달고 산다. 그런 연유로 본고는 1. 행복하고 싶었다는 마음의 절규와 그러면서 과거를 되풀이해서는 안 된다는 자각으로서 달라져야 할 내 삶의 근저 2. 행복을 다시 생각하게 됐으며 그렇다면 3. 행복을 위해서 무엇을 어찌해야 할지에 중점을 두고 글을 써 내려갔다. 그러니까 이 글은 병든 몸의 수기로부터 발원해 일기형식으로 4. 행복하다고 느끼는 현재까지의 전 과정을 마음 속에 그림 그리듯 시간 따라 쓴 글이다.

내가 체험하고 바라는 바를 풀어낸 글이라고 하지만 행복이란 의미가 워낙 추상적이며 주관적인 무형이라 때로는 딱딱하고 듣기 민망한 꼰대의 정신을 담은 것 같은 그런 느끼한 구석이 없지 않으며 마치 성자인 양 주절댄 흔적도 여럿 보인다. 하지만 나에게는 교훈적인 가르침으로 그대로 마음속에 새겨두려 한다. 지금 행복하다면 과연 나는 얼마쯤 될까. 십 년새에 돈을 제법 많이 벌었다. 천만다행이니 천만 원쯤. 마침 '소확행'이란 의미가 널리 퍼지는 그쯤에 내 행복도 절대 손해 본 장사가 아니었다. 소소하고 작은 행복이라서 그런지는 몰라도 넘쳐나 쓸 데가 없어서 오히려 걱정이다. 이제는 가능하다면 남에게 퍼주고 싶다.

글에 언급했지만 50대 후반에 나는 남다른 큰 경험을 했다. 인생의 최고 시련기였다. 직장의 사형이라 할 파면도 당해봤고 실제 대장암 3기로 죽을 고비도 거의 같은 시기에 겪었다. 절체절명의 순간들로 극단적이기까지 한 비참하기 짝이 없는 굴곡진 삶이었다. 하지만 욕망만을 추종하며 헤프게 세상을 대하고 덤벙덤벙 산 어리석은 위인의 굴곡이 그나마 이쯤으로 멈춘 게 나는 그렇게 고마울 수 없다. 기고만장은 파란만장으로 향하는 첩경이다.

아프고 십 년이 넘은 요즘은 보는 사람마다 얼굴이 좋아 보인다고 한결같이 말한다. 내가 봐도 흰머리만 아니라면 젊은 청춘이 되돌아온 것만 같다. 분명 나는 파란만장한 세월을 겪으며 많이 달라져 있다. 죽다 살아난 자가 갖는 소망은 결단코 부유하지 않다. 뭘 바라겠는가. 나는 극기라는 의미를 요즘 제대로 배우며 산다. 버릴 것은 웬만하면 다 버리고 꼭 남겨두고자 하는 바도 애써 참아내는 용기, 나는 이를 나의 극기라 부른다.

행복은 과연 무엇일까. 여전히 알 수 없는 노릇이지만 자신이 처해 있는 어떤 환경과 처지에 서도 행복은 존재한다 싶다. 행복은 각자의 마음에서 우러나오는 것이니까. 나는 대박도 싫고 그냥 하고 싶고 보고 싶고 만나고 싶은 것들만 골라서 만끽하며 또 이를 찬찬히 음미하고 사유하며 천천히 걷는 게 제일의 행복감이라고 생각한다. 그러기에 행복은 소소한 마음에서 피어오른 희망이 무럭무럭 자라나는 집단적 무형체가 아닐까 싶다. 물론 욕망이 없어서야 희망이 어찌 힘을 얻겠느냐 할 것이지만 낮은 위치에서 절제된 극기로서 수용하는 가치는 또 다른 차원으로 이끌며 평안을 안긴다고 믿는다. 나는 이 의미를 글로 찬찬히 옮겼다.

나이 들어서는 돈이 무슨 소용이 그리 많을까. 풍파를 견디며 무척 외로웠다. 대인기피도 덤으로 생겼었다. 인간은 혼자서는 살아갈 수 없다. 삶 그 자체가 관계성이다. 특히 노년기에는 친교의 대상이 줄어들면서 소원(疏遠)해질 수밖에 없기에 정서적으로 격의 없이 만나 정담을 나눈다면 그만한 행복은 없다. 그런 행복을 위한 친교적인 관계성은 비단 대상이 인간만이 아니라 신을 향한 관계성도 있고 자연과의 관계성뿐만 아니라 그 대상이 음악이나 미술 등 예술적인 것으로 확장되어 관계를 넓게 형성할 수도 있을 것이다. 나이 들어 젊을 적의 의기에 찬 욕망에서 벗어나 그 무엇을 가꾸는 행복한 사람들을 나는 많이 본다. 생각해 보면 행복은 삶의 아름다운 파편(破片)이 아닐까? 마음속 아름다움은 이상하게 행복을 닮아있다. 그 조각들은 멀리 떨어져 있는 것이 아니라 우리 주위에 여기저기 흩어져 있다. 그것들은 하도 흔한 것이라 무시하거나 눈에 잘 띄지 않아서 그냥 지나칠 수도 있는 것들일 수 있다.

하지만 나는 그런 행복도 꼭꼭 가두지는 않겠다. 마음에 살포시 두었다가 잠시 스치는 바람결에 모른 척 놓아주고 싶다. 행복은 달콤한 미소처럼 한번 느껴지고 지워져야 다시 스미듯 찾아올 것 같아서다. 바로 행복은 소유가 아니다. 그러기에 빈 곳은 어디든 행복이 또 깃들여 있다는 생각도 더불어 한다. 생각할 여지와 시간의 여지에는 행복할 순간을 찾는 시간이 남아 찾기가 훨씬 쉬울 것 같다. 문명의 혜택은 편리함이지만 행복의 혜택은 여유로움이다. 그런 행복은 생각이 아니라 청정한 느낌으로 바람처럼 왔다 갔다 하며 살기를 원하지 않을까.

행복은 덩어리가 아니라 미소 짓는 삶의 실마리다. 그런 점에서 물질과 속도감이 만능(萬能)으로 치부되는 현세의 야수 같은 눈빛으로는 행복의 조각들을 쉽게 찾기란 참으로 어려울 것 같다. 그러한 행복은 과연 어찌 꽃피는 것일까. 생각해 보면 우린 가난해도 행복할 수 있으며 부자로도 불행할 수 있으니 행복은 객관성이 아니라 철저히 주관적인 자아실현이다. 우리는 때때로 행운의 네 잎클로버를 찾기 위해 행복이라는 세 잎 클로버를 짓밟거나 지나친다. 우리는 행운 때문에 진정한 행복을 잃기도 하고 시간을 그냥 아낌없이 버리고 만다. 이는 나에게는 큰 교훈이었다. 그러기에 나는 슬기롭게 헤쳐 온 나라는 존재를 오늘의 삶의 가치로 늘 사랑할 뿐이다.

조성원 수필집

행복을 위하여

2025년 10월 5일 초판 1쇄 발행

지은이 조성원 | 펴낸이 김은영 | 펴낸곳 북나비
출판신고 2007년 11월 29일 제380-2007-00056호
주소 04992 서울시 광진구 자양로9길 32 4층(자양동)
전화 (02)903-7404, 팩스 02-6280-7442
booknavi@hanmail.net
블로그 www.booknavi.co.kr

ⓒ 조성원 2025
ISBN 979-11-6011-161-3 03810

※ 본 사업은 대전광역시, (재)대전문화재단에서 사업비 일부를 지원받았습니다.
※ 이 책의 저작권은 저자에게 있으며 출판권은 북나비에 있습니다.
※ 이 책의 전부 또는 일부를 이용하시려면 저작권자와 북나비의 동의를 받아야 합니다.
※ 책값은 뒤표지에 있습니다. 잘못된 책은 바꾸어 드립니다.